·毛泽东谈文论史全编·

顾　问：龙新民　郑欣淼　陈　晋　阎晓宏

致周世钊书信手迹

MAOZEDONG ZHI ZHOUSHIZHAO
SHUXIN SHOUJI

毕桂发　主编
吴起凡　周彦瑜　吴美潮　编著

中国文史出版社

总　序

2023年12月26日，是中国人民的伟大领袖毛泽东同志诞辰130周年。经过多年酝酿策划和组织编撰，我们于今年正式出版发行《毛泽东谈文论史全编》（以下简称《全编》）以示隆重纪念。

十年前，习近平总书记在纪念毛泽东同志诞辰120周年座谈会上的重要讲话中指出："毛泽东同志是伟大的马克思主义者，是伟大的无产阶级革命家、战略家、理论家，是马克思主义中国化的伟大开拓者，是近代以来中国伟大的爱国者和民族英雄，是党的第一代领导核心，是领导中国人民彻底改变自己命运和国家面貌的一代伟人。" 同时，毛泽东同志又是世所公认的伟大的文学家、史学家、诗人和作家。在深入学习贯彻党的二十大精神、纪念毛泽东同志诞辰130周年的重要时间节点上，组织编撰出版这一大型项目图书，为人们缅怀毛泽东同志的丰功伟绩，学习毛泽东同志的伟人品格、政治智慧和文化思想，提供了一套非常重要的文化历史资料；对于弘扬中华优秀传统文化，学习贯彻党的二十大报告中关于"推进文化自信自强，铸就社会主义文化新辉煌"的重要精神，具有十分宝贵的启示和积极的意义。

在组织编撰这部大型项目图书的过程中，我们坚持以习近平新时代中国特色社会主义思想为指导，认真学习党中央关于历史问题的三个决议精神，特别是十九届六中全会通过的《中共中央关于党的百年奋斗重大成就和历史经验的决议》精神，对全部书稿的政治观点和思想内容进行了认真把关，使其符合三个决议精神，也符合习近平总书记十年来有关论述毛泽东同志历史功绩和毛泽东思想指导地位的重要讲话精神，以及关于学习党史国史和弘扬中华传统文化的重要讲话精神。

《全编》计 27 种 40 册 1500 万字。编撰者耗费数十年心血收集、整理、阐析、赏评，把毛泽东在各个时期的文章、诗词、书信、讲话、谈话中引用、化用、批注、圈阅、点评、编选的古今人物和文史作品，把毛泽东传记、年谱、回忆录中提及或引用和评点的古今人物和文史作品，即使片言只语、寸缣尺楮也收集入册，希望能够集散为专、分门别类，尽量避免遗珠之憾，力求内容全面系统、表述科学客观。

这部《全编》有以下几个特点：

资料齐全。毛泽东同志一生酷爱读书，可以说是博览群书、通古贯今。他曾说："饭可以一日不吃，觉可以一日不睡，书不可以一日不读。"他熟读《二十四史》《资治通鉴》等中国历代著名历史著作，熟读中国历代优秀的诗词文学作品，且不动笔墨不读书，读书时做了大量批注和圈画，还常常在自己的文章、诗词、讲话、谈话中引经据典、巧妙运用，真可谓博学约取、学以致用。这就给我们留下了浩如烟海的珍贵史料。在编著这部《全编》时，我们想最大限度地收集、整理、汇编其所涵盖的各个方面的文献史料，力争做到文献可靠、史料精准，可读性、知识性和趣味性兼具，使其成为研究毛泽东思想特别是毛泽东文化思想的重要资料。

分类精细。毛泽东同志喜欢中国古代文学，阅读、圈评了大量各类体式的文学作品，他的诗词创作尤为脍炙人口。因此，收录《全编》中关于毛泽东同志的文史资料，浩瀚如海，编撰者都进行了认真严格的划分整理，将其分三辑，文学类就有两辑，所占分量最大。比如，编撰者将其细分为评点名诗、名词、散曲、辞赋、小说、散文、戏曲的“毛泽东同志评点中国传统文化赏析”7种19册，以及《跟着毛泽东学诗词》《毛泽东诗话》《周世钊论毛泽东诗词》《毛泽东致周世钊书信手迹》与毛泽东读唐诗、宋词、元曲、古文等的“毛泽东与中国诗词曲赋”8种9册。

评述允当。在这部《全编》中，编撰者将每篇作品分为毛泽东评点、人物、事件评述或毛泽东评点、原文和赏析，力求评述或赏析允妥、适当，即深刻理解毛泽东原文含义，紧扣毛泽东的评点，不作过多发挥，文字力求简明生动。同时，编撰者注重史料收集整理的文献性，兼顾知识性和趣味性，这就使得这部大型项目图书兼具很强的可读性。

这部《全编》还有一个最突出的重要特点，那就是比较集中地梳理和呈现了毛泽东同志的历史自信和文化自信。习近平总书记在纪念毛泽东同志诞辰120周年座谈会上的讲话中明确指出，毛泽东同志“是马克思主义中国化的伟大开拓者，是近代以来中国的爱国者和民族英雄”。这个评价反映在毛泽东同志学习和运用、继承和发展中华优秀传统文化方面，鲜明地体现为他的历史自信和文化自信。因此，我们认为这部《全编》的编撰出版，有益于读者更深入体会党的二十大报告论述的“坚持和发展马克思主义，必须同中华优秀传统文化相结合”的重大论断。在这部《全编》中，有关毛泽东圈阅、评点历史人物和文史作品的材料，就很具体地体现了他作为“马克思主义中国化的伟大开拓者”，是如何运用马克思主义的世界观和方法论，去激活中华优秀传统文化的；又是如何通过继承、运用和发挥中华优秀传统文化，为坚持和发展马克思主义提供深厚滋养的。

《全编》除了引用毛泽东同志的相关评点外，主要篇幅是介绍、叙述和评论毛泽东同志评点的对象即历史人物和文史作品，所引毛泽东的评点内容都出自公开的出版物并注明出处。从目前已出版的各类关于毛泽东同志的书籍来看，这是目前更加全面系统反映伟人毛泽东同志的一部大型丛书，但每册又可独立成书，以满足不同读者的阅读喜好与多样需求。当然，限于编撰者的水平和时间，这部《全编》的体例编排和文字表述等方面还有改进和完善空间，恳请专家学者和广大读者朋友不吝批评指正。

《毛泽东谈文论史全编》编委会

2023 年 12 月 18 日

前　言

《毛泽东致周世钊书信手迹》见证了毛泽东与周世钊交往和友谊的一个侧面。它是一部具有史学、文学与书法三重价值的信史。

毛泽东（1893 年 12 月 26 日—1976 年 9 月 9 日），字润之（原作咏芝，后改润芝），笔名子任。湖南湘潭人。中国人民的领袖，伟大的马克思主义者，伟大的无产阶级革命家、战略家、理论家，中国共产党、中国人民解放军和中华人民共和国的主要缔造者和领导人，马克思主义中国化的伟大开拓者，近代以来中国伟大的爱国者和民族英雄，中国共产党第一代中央领导集体的核心，领导中国人民彻底改变自己命运和国家面貌的一代伟人。1949 至 1976 年，毛泽东担任中华人民共和国最高领导人。他对马克思列宁主义的发展、军事理论的贡献以及对共产党的理论贡献被称为毛泽东思想。因毛泽东担任过的主要职务几乎全部称为主席，所以也被人们尊称为“毛主席”。

毛泽东被视为现代世界历史中最重要的人物之一，《时代》杂志也将他评为 20 世纪最具影响 100 人之一。主要著作有《毛泽东早期文稿》《毛泽东选集》《毛泽东文集》《毛泽东书信选集》及《毛泽东诗词》等。

周世钊（1897—1976），字惇元，又名敦元、东园。湖南宁乡人，1913 年考入湖南省立第四师范学校，曾任第一师范学友会文学部部长，1918 年毕业。1927 年毕业于南京东南大学国文系。曾参加新民学会、文化书社、民盟与民进等组织，并担任《湘江评论》顾问、《湖南通俗报》主编及《南岳日报》主笔等。曾执教于长沙修业小学、湖南第一女子师范学校、省立高级中学与初级中学、长沙明德中学、省立一中、长郡中学、周南女子中学、湖南第一师范学校、长沙师范学校、妙高峰中学等校的国文课。长期担任周南女子中学教导主任，担任湖南第一师范学校代理校长、校长、名誉校长长达27年之久。20世纪50年代后，担任湖南省教育委员会委员、人民代表、教育厅副厅长、人民委员会委员、副省长，省政协委员、常务委员、副主席，中国民主同盟湖南省主委、中央委员、中国民主促进会长沙市主委，第二届、第三届、第四届全国人大代表，第四届全国人大常委会委员等职。主要著作有：《为长沙师范事敬告当局》《女子教育》《我所认识的毛主席》《第一师范时代的毛主席》《毛主席锻炼身体的故事》《毛主席青年时期的几个故事》《湘江的怒吼》《回忆毛主席“五四”前后在长沙》《我们的师表》《伟大的启示》《伟大的革命号角　光辉的艺术典范》《学好毛主席诗词　教好毛主席诗词》《毛主席青年时期的故事》《毛主席青年时期锻炼身体的故事》《少年毛泽东的故事》《毛泽东青少年时代的故事》及《周世钊诗词选》等。

周世钊从事文学事业一辈子，对古典诗词造诣尤高。早在1915年在湖南省第一师范学习期间就写出了《五律・濯清亭》及《五古・挽易昌陶》这样高质量的诗词。1917年湖南一师举行“人物互选”，毛泽东得49票（其中文学9票），名列第一。周世钊得47票（其中文学22票），名列第二。他爱好文学，具有文才、诗才，深受同学推崇。当时周世钊与毛泽东诗词交流甚多，毛泽东一次就赠给周世钊50首诗词。1949年后，周世钊的许多诗作均呈请毛泽东指正。《毛泽东诗词集》中就收入了毛泽东答和周世钊的《七律・和周世钊同志》《水调歌头・游泳》及《七律・答友人》三首诗词。1972年10月2日晚，毛泽东与周世钊在中南海长谈三小时，谈到林彪问题时，毛泽东念了明朝李攀龙的诗《七绝・怀明卿》和杜甫的诗《咏怀古迹》，并各戏改两字，以讥讽林彪。1976年初，周世钊还写下了学习毛泽东新发表的诗作的体会文字。纵观周世钊与毛泽东的诗词史，他们是诗交最早（1915年，甚至更早）、诗交时间最长（60年，甚至更长）、谈诗论词信件最多、酬唱奉和颇欢的“第一诗友”。

我们为什么要编著《毛泽东致周世钊书信手迹》呢？

1983年，在纪念毛泽东90诞辰的时候，中共中央文献研究室编辑、人民出版社出版的《毛泽东书信选集》[1]。该书选入毛泽东书信372封，其中给黄炎培的有16封，为最多的。给周世钊的有10封，列第二位。1983年12月27日的《人民日报》刊登了中央文献研究室冯蕙的《毛泽东书信选集介绍》一文。文章着重指出，“在同旧友的通信中，给周世钊的最多，共选入了10封，从谈诗论词、酬唱奉和到研究历史唯物主义，探讨对受任新职的态度，既有对他从事教育工作的鼓励，也有对他接触实际的督促。

这些书信，情意拳拳，不拘形迹，亲切感人。”从这10封发表的信中及其他保存的信中，可以清楚地看出两位友人的亲密无间。10封信，占了全部书信选372封信的近3%。还是1983年12月，文物出版社出版了《毛泽东书信手迹选》。共收入毛泽东1936年至1965年期间的书信84封，其中有给周世钊的2封，即，1950年12月29日及1959年12月29日的信。

21年后的2004年，由王树山、王建夫编著、山东人民出版社出版的《毛泽东书信赏析》[2]一书。该书共收毛泽东有代表性的书信199封，其中给周世钊的有7封，为最多的，给黄炎培的有4封。该书认为毛泽东致周世钊的7封信具有赏析价值。

2010年2月14日，中央文献研究室副主任李捷在人民网发表《关于毛泽东思想研究的若干思考》。他特别强调要加强三个文本的研究：《毛泽东早期文稿》《毛泽东书信选集》《毛泽东诗词集》，这三个文本中都载有毛泽东与周世钊的交往。他着重指出：“一是《毛泽东早期文稿》。毛泽东在成为马克思主义者之前的文章能够收录的都收录其中，目前国内研究还不够，但日本学者非常重视，因为这是中国近代史的缩影，非常值得研究；二是《毛泽东书信选集》。现在使用率不是很高，引用、提及比较少，但里边有很多很精彩的文章值得我们关注；三是《毛泽东诗词集》。毛泽东诗词在马克思主义中国化思想发展史上有重要的思想价值，这是毛泽东用中国古典诗词的语言表达马克思主义的基本世界观和方法论。”

由此，我们认为，毛泽东致周世钊的函电是有文献价值与历史价值的。其手迹更具有书法艺术价值。为此，我们从现在搜集到的资料中编辑了这本《毛泽东致周世钊书信手迹》。

从毛泽东与周世钊书信来往的漫长岁月中，我们看到了毛泽东独特的书法艺术的发展过程。书法是中国特有的艺术。数千年来，中国书法艺术不断完善和发展，形成了篆书、隶书、楷书、行书和草书等书体，并涌现出了许多独步书坛、自成流派的书法艺术大师，毛泽东即是其中杰出的代表人物。毛泽东对中国传统的书法艺术有着浓厚的兴趣和感情，无论是军旅倥偬之中，还是陕北窑洞的灯光之下，直到他进城坐定菊香书屋之后，他那支笔耕耘不止，流淌出俊逸潇洒而又豪气的墨迹，书法是他精神生活的主要内容之一。

毛泽东初练魏碑，酷爱王羲之、王献之之风格，后深得张旭、怀素狂草之神韵，汪洋恣肆，任意挥洒，独具豪情奔放之个性。尤其是草书，傲然不群，自成一体，用“开张天岸马，奇逸人中龙”来形容毛泽东的书法恰如其分。

周世钊是毛泽东唯一的既有答诗、赠诗、改诗、释诗又有和诗的一位诗友，是互为“第一诗友”的诗友。在有关毛泽东的不少场合，人们选择毛泽东答和周世钊的诗词作为他的书法代表作。其中《七律·和周世钊同志》及《水调歌头·游泳》屡见不鲜。遗憾的是《七律·答周世钊同学》手稿尚未披露。

《毛泽东致周世钊书信手迹》主要包括正编与副编两大部分。正编编入了目前收集到的毛泽东致周世钊函电 37 篇，一般包括译稿、注释及手迹三部分。副编编入了 32 篇文稿，其中有毛泽东致其他人函中涉及周世钊的，其他人信中涉及毛泽东与周世钊的，周世钊致毛泽东的重要信函等。正编和副编分别按时间顺序编排。书后尚有附录 11 篇。还有前编 4 则，后编 17 则。

我们认为本书是真实的史实，为后人提供研究历史的基石。可以让读者温习数十年以前的史实来认知今天的新义。

1959 年 6 月 27 日，在长沙合影。（前排右起：周世钊、杨开智、李崇德、李淑一、唐生智、毛泽东、程潜、曹典球；后排右起：华国锋）

目　　录

前　编

前 1　湖南省立第四师范学校预科一班同学录

1913 年的春天，毛泽东在报纸上看到省立第四师范招生广告。他想，师范学校毕业后办教育，当教师，是有益于人民，有益于人类的事情；这所学校不收学费、膳食费，又符合自己当时无钱交费的具体情况。过了几天，他报考后被录取了。

同时，周世钊小学毕业后不知如何是好，正在日夜焦虑。忽然一天，有人给他一张湖南省招收师范学校学生的广告。他仔细一看，这所学校以培养合格的小学教师为目的，预科一年，本科四年，共五年毕业，不收学费，也不收膳食费，还补贴一部分制服费。他看完后很高兴，想到家里人口多，田地少，尽量节省，才勉强能度日，要让他升入要花钱的学校是不可能的。但广告上说明每县名额很少，大县四名，中县二名，小县一名。宁乡县当时是中县，只有两个名额，他想，他有什么把握战胜全县高小毕业的五六百学生呢？谁料他在县里初试居然被录取，共计四名。三月初，他又到了长沙，住入贡院东街杨氏试馆，在全省师范参加了复试。头一场复试国文，题目是“孔子以六艺教士，与今教育宗旨是否符说”。试场监考是王季范先生，王看了周写的大半页文章，带笑点头，似认为文对了题。接着，考了算学、史地几科。七天后复试取录榜发出，宁乡的周世钊和王熙均正式录取。周世钊将行李从杨氏试馆搬入学校，编入预科第一班，从此，周世钊成了正式的师范学生。

此时，学校不叫全省师范了，校牌写的是湖南省立师范学饺，也叫湖南第四师范。他们预科第一班的 50 人中，年龄最大的 28 岁，最小的 15 岁，周世钊 17 岁，毛泽东 20 岁。

上了几天课后，教师和同学之间都有了些认识。第一班的学生中，个子最高的是易昌陶、王光，次之就是毛泽东和周世钊。毛泽东是班上大家注意的一个同学，他态度谦和，最喜和同学讨论问题。毛泽东也喜欢和周世钊讨论问题，这一对友人从此见了面，认识了。他们有着相似的经历，穷乡僻壤的童年时期，私塾、小学的学习生活，辛亥革命对心灵的激动。他们有着许多共同语言，所以在此以前，他们也可以说是一对未见面的朋友，因此能够一见如故。

何谓同学？一般的《辞典》《辞海》《字典》等工具书中，真的很难找到它的定义。在网络上也只有不严谨的定义。谓：同学，指在同一个课堂上课的同班同学，即同窗。

毛泽东与周世钊的湖南师范同学，在湖南四师的 1913 年一班共有 50 人，其中有易昌陶、毛泽东、罗学瓒、邹蕴真、王柄、田士清、王熙、田仁尊、周世钊及贺果等。

湖南省立第四师范学校预科一班 50 名学生的同学录复印件如后。

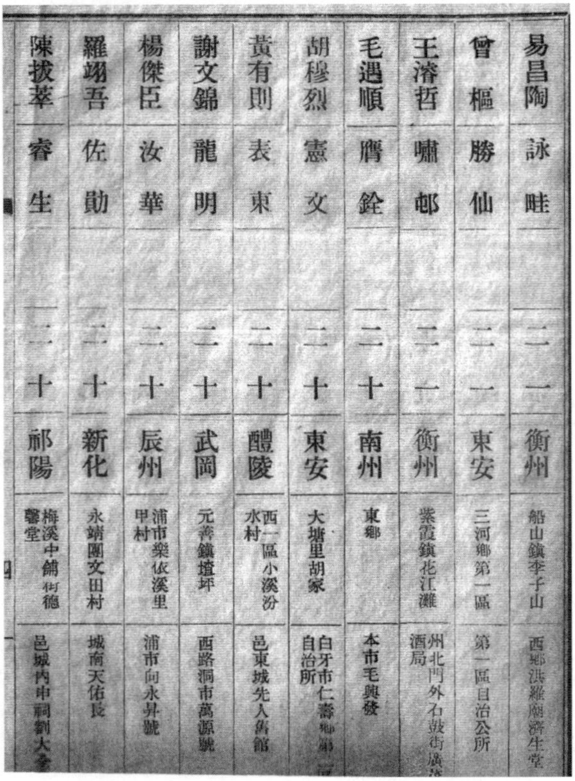

易昌陶	詠畦	二十一	衡州	船山鎮李子山	西鄉洪羅廟濟生堂
曾樞	勝仙	二十一	東安	三河鄉第一區	第一區自治公所
王濬哲	嘯郇	二十一	衡州	紫霞鎮花江灘	州北門外石鼓街廣[illegible]酒局
毛遇順	膺銓	二十	南州	東鄉	本市毛興發
胡穆烈	憲文	二十	東安	大塘里胡家	白牙市仁壽鄉第[illegible]自治所
黃有則	表東	二十	醴陵	西一區小溪汾水村	邑東城先人舊館
謝文錦	龍明	二十	武岡	元善鎮壇坪	西路洞市萬源號
楊傑臣	汝華	二十	辰州	浦市樂依溪里甲村	浦市向永昇號
羅翊吾	佐勛	二十	新化	永靖團文田村	城南天佑長
陳拔萃	睿生	二十	祁陽	梅溪中鋪街德馨堂	邑城內申祠劉大[illegible]

胡登瀛	文蔚	二四	衡山	白果貫塘	白果舖
陳善	策銘	二四	常甯	西鎮富貴塘	縣西門上街德元號
王湘廎	曉峯	二三	常德	前鄉石門鎮	城內馮定興店
張超	輝周	二三	瀏陽	南鄉荆坪里	邑東城富文堂
陳啓瑞	紹先	二三	祁陽	四畈鄉月塘	邑城內申祠大全堂
曾正邦	德卿	二二	茶陵	[illegible]溪	州城外七總出國珍[illegible]
宋傳殷	希周	二二	興甯	南鄉一都團	城內蔣氏宗祠
童國安	翰章	二一	漢壽	亞興鄉掛口內	縣農會
李灼三	文俊	二一	永興	長慶鄉塔院	縣坳頭上榮順槽坊
孫致祥	瑞階	二一	藍山	早禾洞	縣南正街松鶴堂

賀汝威	素銘	十九	湘鄉	湘西鄉桃樹塘	縣城北門天美青
胡光仙	潤夫	十八	瀘溪	邑城東正街	胡新茂貞
蕭鎮湘	春澄	十八	武岡	安全鄉文家坪	本城繁山街李同興號
李端綸	叔蘇	十八	湘鄉	邑城內務門前	務門前李養鹿堂
劉慶勛	厚洵	十八	湘陰	源塘鄉湄江	樂道古巷湘陰劉寓
田士清	懋齋	十八	益陽		
廖衡	潤泉	十八	常德	縣前鄉善卷村	本城下南門外天勝居
王熙	華廷	十八	甯鄉	一都十一區湘鄉街	湘鄉街彭復成號
田仁鑫	子安	十八	郴州	秀門鄉小溪	本城正一街山川壇紫荆堂
周世釗	惇元	十七	甯鄉	石潭鄉石子沖	邑城北門同德福號

五

一

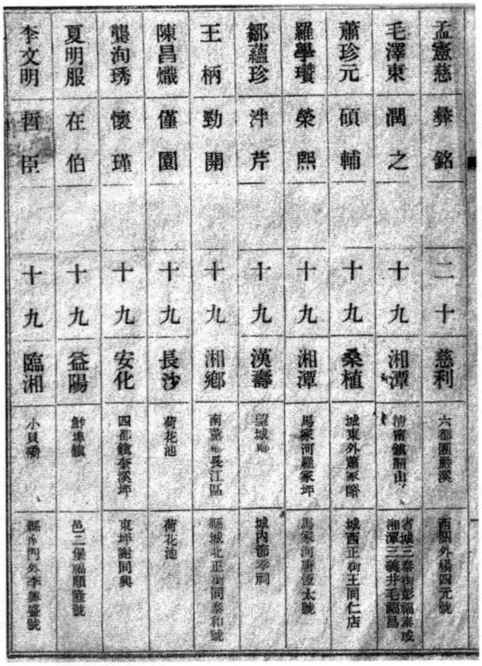

孟憲慈	彝銘		二十	慈利	六都匯殿溪	西關外楊四元號
毛澤東	潤之		十九	湘潭	清溪鎮韶山	省城三泰街彭福泰或湘潭三義井毛福昌
蕭珍元	碩輔		十九	桑植	城東外蕭家嶺	城西正街王同仁店
羅學瓚	榮熙		十九	湘潭	馬家河羅家坪	馬家河唐復太號
鄒蘊珍	泮芹		十九	漢壽	望城鄉	城內節孝祠
王柄	勁開		十九	湘鄉	南薰鄉長江區	縣城北正街同泰和號
陳昌熾	僅園		十九	長沙	荷花池	荷花池
龔洵琇	懷璉		十九	安化	四都鐵李溪坪	東坪謝同興
夏明服	在伯		十九	益陽	鮓埠鎮	邑三堡福順隆號
李文明	哲臣		十九	臨湘	小貝橋	縣南門外李興盛號

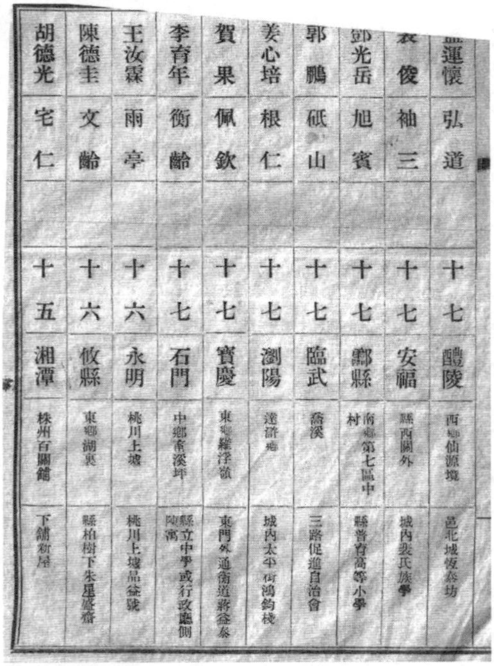

盧運懷	弘道		十七	醴陵	西鄉仙源境	邑北城恆泰坊
袁俊	袖三		十七	安福	縣西關外	城內裴氏族學
鄧光岳	旭賓		十七	酃縣	南鄉第七區中村	縣普育高等小學
郭鵬	砥山		十七	臨武	喬溪	三路促進自治會
姜心培	根仁		十七	瀏陽	達滸鄉	城內太平街鴻鈞棧
賀果	佩欽		十七	寶慶	東鄉羅浮嶺	東門外通衡道蔣益泰
李育年	衡齡		十七	石門	中鄉南溪坪	縣立中學或行政廳側陶寓
王汝霖	雨亭		十六	永明	桃川上壋	桃川上壋晶益號
陳德圭	文齡		十六	攸縣	東鄉湖裏	縣柏樹下朱星盛齋
胡德光	宅仁		十五	湘潭	株州百關舖	下舖新屋

前2　湖南省立第一师范学校八班同学录

1913年春，毛泽东与周世钊有缘在湖南四师结识，至1918年夏在湖南一师毕业，他们成为名副其实的同学，或称同班同学。

求学期间，毛泽东、周世钊在注重锻炼身体、刻苦学习的同时，还非常重视在社会活动的实践中增长才干。增长改造中国和世界的能力。在一师的几年中，他们取得了最早的社会活动经验，是社会活动的起步。毛泽东初步显示出杰出的组织才能。

1917年秋季开学后，学友会已届改选，毛泽东向学校建议，学友会实际是学生会，应由学生组织，一切活动应由学生自行主持。这个建议得到孔昭绶校长的同意。

于是，毛泽东修改学友会的章程，准备改选，他认为一师学生读死书的风气应该改变，所以起草会章时特别注意体育活动和培养研究精神。在总务下分设教育研究部、文学部、美术部、体育部、讲演部等。章程经学校批准，才进行选举。

选举结果，毛泽东任总务兼教育研究部部长，聘请杨昌济为教育研究部指导教师。毛泽东除督促各部积极开展活动外，召开了一次教育研究部的会议，决定创办工人夜学。毛泽东在主持学友会会议时，先是尽量听取大家的意见，很多互相对立的主张，辩论很激烈，他从不插话，不表示可否，等到所有要说话的人都说够了，然后再提出自己的看法，把各自正确的意见总结起来，作出决议，大家都表示同意。毛泽东在学生时期就表现了领导的才能。

学友会设有记事录，毛泽东亲自填写。凡各部活动都摘要记载，无一日间断，有时还加以评议，以督促有缺点的各部向有优点的各部看齐。

学友会改选中，周世钊被选为文学部部长。文学部分国学、英语、日文组。据周世钊回忆，文学部还有诗歌组。国学组聘请傅熊湘先生为指导员。傅先生字君剑，湖南醴陵人，参加南社，常在《大公报》发表诗作，颇有诗名，他每周进行一次指导。英语组聘请镜伯斯（美国人）为指导教师。

1950 年，毛泽东在北京的中南海对周世钊说：“我没有正式进过大学，也没有到外国留过学，我的知识，我的学问，是在一师打下了基础。一师是个好学校。”

1918 年，他们在湖南一师毕业时称为第八班，只有 30 个人毕业，其中有毛泽东、罗学瓒、邹蕴真、田士清、王熙、田仁尊、周世钊及贺果等。

大浪淘沙，经过 5 年半的相处，毛泽东在湖南一师获得了三大同学。1918 年 4 月，新民学会成立时，第八班同学中成为基本会员的为毛泽东、周世钊、罗学瓒、邹蕴真。这四人志趣相投，抱负一致，敢于挺身而出，参加同一个先进团体——新民学会。由此，周世钊、罗学瓒、邹蕴真成了毛泽东的三大同学。八班从进校时的 50 名学生到毕业时的 30 名学生。这 30 名同学的花名册复印件如后。

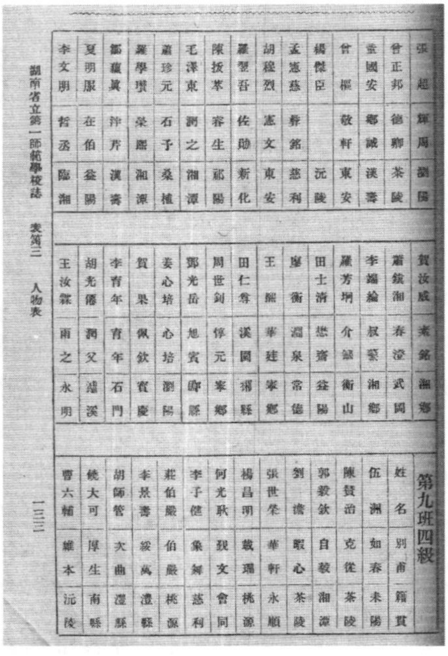
湖南省立第一師範學校誌　表第三　人物表　一三三

第九班四級

姓名	別甫	籍貫
張超	輝周	瀏陽
曾正邦	德卿	茶陵
壹國安	鄉誠	漢壽
曾楃	敬軒	東安
楊傑臣		沅陵
孟憲慈	彝銘	慈利
胡稷烈	憲文	東安
羅璽吾	佐勛	新化
陳扳岑	蓉生	祁陽
毛澤東	潤之	湘潭
蕭珍元	石予	桑植
羅學瓚	榮熙	湘潭
鄒蘊真	泮芹	漢壽
夏明服	在伯	益陽
李文明	哲丞	臨湘
賀汝威	素銘	湘鄉
蕭鎮湘	春澄	武岡
李端綸	叔嬰	湘鄉
羅芳炯	介[illegible]	衡山
田士清	悲齋	益陽
廖衡	溫泉	常德
王熙	華廷	寧鄉
田仁尊	溪園	[illegible]縣
周世釗	惇元	寧鄉
鄧光岳	旭寅	醴縣
姜心培	心培	瀏陽
賀果	佩欽	寶慶
李育年	育年	石門
胡光儒	潤父	瀘溪
王汝霖	雨之	永明
伍淵	如春	耒陽
陳贊治	克從	茶陵
郭毅欽	自毅	湘潭
劉濂	暇心	茶陵
張世棨	華軒	永順
楊昌明	藪瑚	桃源
何光耿	猊文	會同
李子健	象舞	慈利
莊伯嚴	伯嚴	桃源
李景壽	綏萬	澧縣
胡師管	大曲	澧縣
饒大可	厚生	南縣
曹六輔	維本	沅陵

前3　第一名和第二名

在第一师范，毛泽东一直好学不倦，善于钻研，他克己严谨，言行一致，作风谦逊，有伟大抱负；同时他富有反抗封建专制的精神和非凡的胆识与机智，有一种特殊的领导和创造才能，有着一种令人心悦诚服的吸引力量，先生们认为他是“异才”，是“伟器”；同学们认为他是“智囊”，是“怪杰”。

周世钊刻苦学习、炽烈而顽强的好学精神一直为师友同学传诵，他为人温和敦厚，待人赤诚，尤其他爱好文学，具有文才诗才。

1917年，学校当局设有一种考查学生学业与操行的办法，称作“人物互选”。选举内容与办法如下：

选举范围包括三个项目：（一）德育：敦品（敦廉耻、尚气节、慎交游、屏外诱之类），自治（守秩序、重礼节、慎言笑之类），好学（不缺课、勤温习、好参考之类）；克己（绝嗜欲、耐劳苦之类）；俭朴（菲衣食、尚俭约之类），服务（重公益、勤服务之类）。（二）体育：胆识（冒险进取、警备非常之类），及卫生、体操、竞技等。（三）智育：才具（应变有方、办事精细之类）；言语（长于演讲、论辩、应对之类），及文学、科学、美育等。

选举办法是在学期中的一天课后，各班学生在各自的教室举行，每人至多可以投三票，每票选举一个人。“各举所知将考语事实评注票内；被选举人与考语有数项相合者；可列举数项，务必名实相副。”被选举者可不以本班为限，但事实上各班学生多选本班人，因外班的不熟悉。

《一师校志》上记载的1917年7月的选举，全校共12班学生575人，毛泽东和周世钊都在第八班。在“人物互选”中，被选者要满5票才能当选。选举结果，全校有34人当选，票数第一的是毛泽东，获49票；票数第二的是周世钊，获 47 票。超过 40 票的就只有毛、周两同学。票数第三的是邹彝鼎，获 35 票；票数第四的是张昆弟，获 34 票。

毛泽东得的 49 票包括德育、智育及体育。全部同学中，只有六人包括了德育、智育，其他的只有德育、智育或体育之一。德育、智育中包括的细目也以毛泽东为最多，共有敦品（11 票）、自治（5 票）、文学（9 票）、言语（12 票）、才具（6 票）、胆识（6 票）等六项。其他当选者所占的细目最多的为周世钊，有四项。而具有敦品项目者，除毛泽东外，只有三人；具有才具项目者，除毛泽东外，只有一人，而言语与胆识两项，其他当选者无一人具备。除毛泽东、周世钊外，其他当选者的细目，大体都是具有文学、英算、图画、竞技等一技之长的。

周世钊也包括德育、智育两个方面，总计为 47 票，与毛泽东相差两票。它们的分布是敦品 5 票、自治 9 票、文学 22 票、好学 11 票，他的文学票数是全部当选者中最多的。

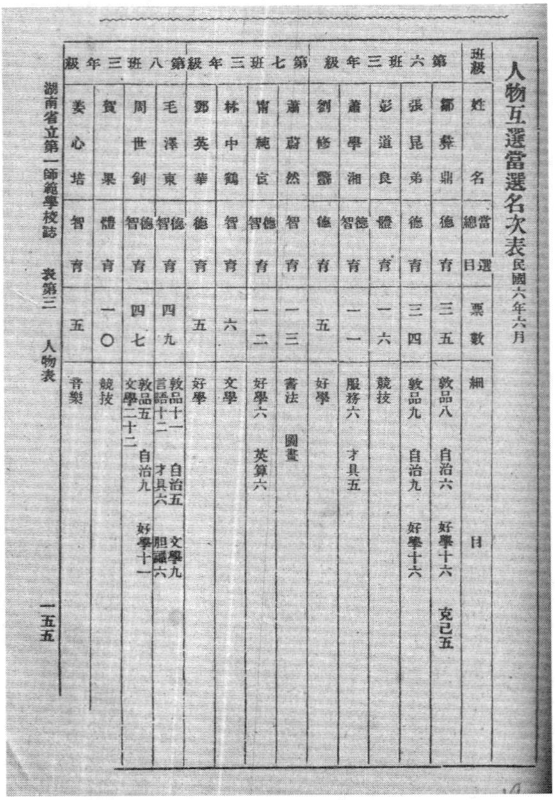

人物互選當選名次表 民國六年六月

班級	姓名	當選總目	票數	細目
第六班三年級	鄒彝鼎	德育	三五	敦品八 自治六 好學十六 克己五
	張昆弟	德育	三四	敦品九 自治九 好學十六
	彭道良	體育	一六	競技
	蕭學湘	德智育	一一	服務六 才具五
	劉修齡	德育	五	好學
第七班三年級	蕭蔚然	智育	一三	書法 圖畫
	甯純宦	德智育	一二	好學六 英算六
	林中鶴	智育	六	文學
	鄧英華	德育	五	好學
第八班三年級	毛澤東	德智育	四九	敦品十一 自治五 文學九 言語十二 才具六 胆識六
	周世釗	德智育	四七	敦品五 自治九 文學二十二 好學十一
	賀果	體育	一〇	競技
	姜心培	智育	五	音樂

湖南省立第一師範學校誌 表第三 人物表 一五五

班級	姓名	類別	次數	備考
第九班三年級	唐富言	德育	八	好學
	劉滌	德育	五	好學
	袁俊	智育	五	英算
第十班三年級	劉培基	體育	十二	競技
	文仙桂	德育	七	服務
第十一班二年級	周名第	德育	五	自治
	周傳琇	德育	六	自治
第十二班二年級	羅宗翰	德育	五	好學
第十三班一年級	蔣竹如	德智育	十一	好學六 文學五
	周意恒	德育	九	好學
	易翔	德育	七	自治
	張國基	智育	六	圖畫手工
第十四班一年級	高希舜	智育	十四	圖畫手工
	姜瑞瑜	德育	九	好學
	鍾秀	德育	七	好學
	[illegible]	智育	六	圖畫手工

班級	姓名	類別	次數	備考
第十五班預科	胡希亮	德智育	二七	自治五 圖畫七 好學十五
	張志成	體育	十五	競技
	袁鑄仁	智育	五	文學
第二部	李維漢	德育	五	自治
第一班	姚承緩	智育	五	音樂

前4 湖南一师的毕业档案

2012年1月10日的《光明日报》刊出《芷江新发现 毛泽东的毕业档案》。1月8日，记者从芷江侗族自治县获悉，该县档案馆发现毛泽东在湖南一师毕业时的部分“原始毕业档案”：即由中华民国教育部于民国七年（1918年）七月十九日核准咨复湖南省长的“湖南省立第一师范学校本科第一部第六、七、八、九、十班学生毕业名单”。

五年前，芷江档案馆曾向社会公布过毛泽东在湖南省立第一师范学校二年级三班（后改为第一部第八班）读书时的“原始学籍档案”，受到广泛关注。

此次向社会公布该馆收藏的该份名单刊登在94年前中华民国教育部编辑发行的、中华民国七年十月二十日出版的《教育公报》第五年第十三期“纪载”项第50至51页：“湖南省立第一师范学校本科第一部第六、七、八、九、十班学生毕业名单（查此案业经本部于七年七月十九日核准咨复湖南省长）”。这里的“本科”与现代大学的“本科”是否相同相等？还有待进一步研究考证。因为当年国家尚未有明确的学历学位规定。但毛泽东确实是经当时民国教育部批准认可的湖南一师本科第一部的毕业生。该份原始档案记载的“毕业名单”后有个“附注：本案内杨清、龚启莘、田士清三名应再行核办”。由于这三名同学名字与一师上报教育部备案的名字有出入，因而在七月十九日的批复中未能通过教育部的审查；后经湖南一师呈文解释澄清，教育部才于八月二十九日再次行文批准三人一起毕业。由此可见，毛泽东他们毕业时的学籍档案管理是十分严格的，教育部批复的湖南一师本科第一部毕业生名单应是准确无误、容不得半点差错的。

从该册《教育公报》所载内容来看，它属于现代档案工作中比较规范的“文件汇集”，应该是一份名副其实的“历史档案”。该份历史档案保存至今已有94年时间，呈右开书本形状，长23.7厘米、宽17厘米、厚0.9

厘米。封面文字从右至左竖排，依次为“中国邮务局特准挂号·电话·出版日期等”；封底上半部分为“本报价目表”；下半部分从右至左依次为“编辑者、发行者、电话、代售处、印刷所等”。

封面封底纸张呈蓝灰色，比内页纸张厚一倍；内页纸张与封面封底一样，均两面印字；封面上部有4处虫蛀小洞、一小块灰黑色污渍，脊背的中间及上下顶部有3处较小破损，均未伤及文字，保存品相基本完好。封二后为“教育公报第五年第十三期目录”，目录共有3页6面，每个页面中间印有一条较细的波浪线将页面分为上下两部分；目录依次分为“命令、法规、公牍、报告、纪载、译述、附录”7大项，正文中每项的页次单独编制，互不连贯，例如“命令”为1—6页，接下来的“法规”又为1—5页等。虽然保存至今已有94年时间，但字迹依然清晰可辨。全书包括封面封底加刊误表和各种广告在内共98页。

芷江县档案馆原馆长唐昭军表示，该册原始毕业档案的发现与公布，对深入探讨和研究青年毛泽东的学识学历水平，正确区别谁是毛主席的同班同学、同年级同学及同学校的校友提供了一个准确的证据，对推动和促进民国教育史、民国师范史、民国学历学位制度史的研究，必将产生更多影响。（本报记者 龙 军 本报通讯员 龚卫国）

《毕业档案》如下。

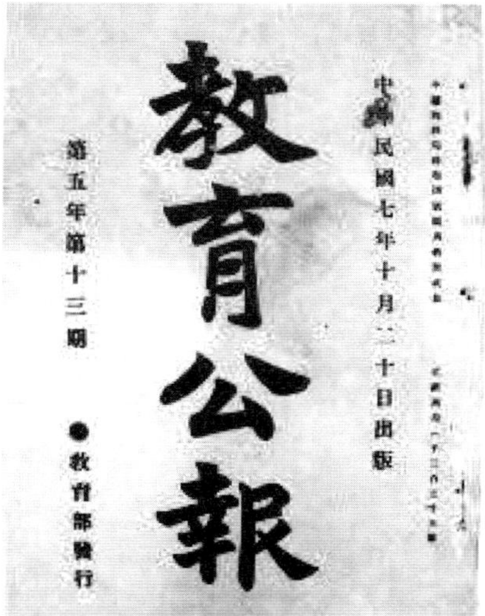

《教育公报》封面

教育公報

包澤閩　王德元　李厚宇　姜兆龍
曹典從　郭鎮華　李　榮　王孝進
（以上第六班）
熊科易　賀　梯　方　蔚　李長極
岳德威　蕭振漢　蕭蔚然　盛鳴麒
曹應龍　劉煥然　聶啓莘（原册作啓學）　劉宜民
劉爨向
（以上第七班）
周世釗　李端綸　張　超　田士清（原册作士青）
毛澤東　夏明翰　羅學瓚　姜心培
（以上第八班）
饒大可　裴　俊　李子健　雷　元
劉代崐　李宜灝　蕭慶藩　李　衡
鍾青齋
（以上第九班）
郭周瑤　彭國幹　李騰芳　劉能師
賀乘時　蔡先遠　潘筱岳　林世譜
（以上第十班）
（附註）本案內楊清賢啓莘田士清三

正　　编

1918 年 3 月，湖南第一师范第八班学生合影。四排右二为毛泽东，后排右一为周世钊

正 1　1920 年 3 月 14 日的书信

惇元[①]吾兄：

接张君文亮[②]的信，惊悉兄的母亲病故！这是人生一个痛苦之关。象吾等长日在外未能略尽奉养之力的人，尤其发生“欲报之德，昊天罔极[③]”之痛！这一点我和你的境遇，算是一个样的！

早前承你寄我一个长信，很对不住！我没有看完，便失掉了！但你信的大意，已大体明白。我想你现时在家，必正绸缪将来进行的计划，我很希望我的计划和你的计划能够完全一致，因此你我的行动也能够一致。我现在觉得你是一个真能爱我，又真能于我有益的人，倘然你我的计划和行动能够一致，那便是很好的了。

我现极愿将我的感想和你讨论，随便将他写在下面，有些也许是从前和你谈过来的。

我觉得求学实在没有“必要在什么地方”的理，“出洋”两字，在好些人只是一种“迷”。中国出过洋的总不下几万乃至几十万，好的实在很少。多数呢？仍旧是“糊涂”，仍旧是“莫名其妙”，这便是一个具体的证据。我曾以此问过胡适之[④]和黎劭西[⑤]两位，他们都以我的意见为然，胡适之并且作过一篇《非留学篇》。

因此我想暂不出国去，暂时在国内研究各种学问的纲要。我觉得暂时在国内研究，有下列几种好处：

1. 看译本较原本快迅得多，可于较短的时间求到较多的知识。

2. 世界文明分东西两流，东方文明在世界文明内，要占个半壁的地位。然东方文明可以说就是中国文明。吾人似应先研究过吾国古今学说制度的大要，再到西洋留学才有可资比较的东西。

3. 吾人如果要在现今的世界稍为尽一点力，当然脱不开“中国”这个地盘。关于这地盘内的情形，似不可不加以实地的调查及研究。这层工夫，如果留在出洋回来的时候做，因人事及生活的关系，恐怕有些困难。不如在现在做了，一来无方才所说的困难；二来又可携带些经验到西洋去，考察时可以借资比较。

老实说，现在我于种种主义，种种学说，都还没有得到一个比较明了的概念，想从译本及时贤所作的报章杂志，将中外古今的学说刺取精华，使他们各构成一个明了的概念。有工夫能将所刺取的编成一本书，更好。所以我对于上列三条的第一条，认为更属紧要。

以上是就“个人”的方面和“知”的方面说。以下再就“团体”的方面和“行”的方面说：

我们是脱不了社会的生活的，都是预备将来要稍微有所作为的。那么，我们现在便应该和同志的人合力来做一点准备工夫。我看这一层好些人不大注意，我则以为很是一个问题，不但是随便无意的放任的去准备，实在要有意的有组织的去准备，必如此才算经济，才能于较短的时间（人生百年）发生较大的效果。我想（一）结合同志，（二）在很经济的可能的范围内成立为他日所必要的基础事业。我觉得这两样是我们现在十分要注意的。

上述二层（个人的方面和团体的方面），应以第一为主，第二为辅。第一应占时间的大部分，第二占一小部分。总时间定三年（至多），地点长沙。因此我于你所说的巴黎南洋北京各节，都不赞成，而大大赞成你“在长沙”的那个主张。

我想我们在长沙要创造一种新的生活，可以邀合同志，租一所房子，办一个自修大学（这个名字是胡适之先生造的）。我们在这个大学里实行共产的生活。关于生活费用取得的方法，约可定为下列几种：

（1）教课（每人每周六小时乃至十小时）。

（2）投稿（论文稿或新闻稿）。

（3）编书（编一种或数种可以卖稿的书）。

（4）劳力的工作（此项以不消费为主，如自炊自濯等）。

所得收入，完全公共，多得的人，补助少得的人，以够消费为止。我想我们两人如果决行，何叔衡[⑥]和邹泮清[⑦]或者也会加入。这种组织，也可以叫做“工读互助团”。这组织里最要紧的是要成立一个“学术谈话会”，每周至少要为学术的谈话两次或三次。

以上是说暂不出洋在国内研究的话。但我不是绝对反对留学的人，而且是一个主张大留学政策的人。我觉得我们一些人都要过一回“出洋”的瘾才对。

我觉得俄国是世界第一个文明国，我想两三年后，我们要组织一个游俄队。这是后话，暂时尚可不提及他。

出杂志一项，我觉很不容易。如果自修大学成了，自修有了成绩，可以看情形出一本杂志。（此间的人，多以恢复《湘江评论》⑧为言。）其余会务进行，留待面谈，暂不多说，有暇请简复一信。

弟 泽东

一九二〇·三·一四

北京北长街九十九号⑨⑩

【注释】

①惇元：即周世钊，毛泽东在湖南一师读书时的同班同学，当时任长沙修业学校教师。

②张君文亮：即张文亮，号闻谅，湖南湘潭人。当时在长沙修业学校读书。

③欲报之德，昊天罔极：语出《诗经·小雅·蓼莪》。

④胡适之：即胡适（1891—1962），安徽绩溪人。早年肄业于上海中国公学，1910年赴美国留学，回国后任北京大学教授。曾提倡文学改良，为当时新文化运动中著名人物之一。1919年发表《多研究些问题，少谈些主义》一文，宣扬改良主义的政治主张，在思想文化界颇有影响。1946年曾任北大校长，后卒于台湾。

⑤黎邵西：即黎锦熙（1890—1978），湖南湘潭人，语言学家。1914—1915年任教于湖南一师，后在北京师范大学长期从事教学工作。

⑥何叔衡：（1870—1935），又名瞻岵、老武，湖南宁乡人。新民学会会员，中国共产党第一次全国代表大会代表，曾任中共湘区委员会组织委员、湘江学校校长、中华苏维埃共和国临时中央政府工农检查人民委员、最高法院院长等职。1934年红军长征后留根据地坚持斗争，1935年2月在福建长汀突围战斗中牺牲。

⑦邹泮清：即邹蕴真（1894—1985），又名半耕、泮芹，湖南汉寿人。湖南省立第一师范学校第八班学生，为毛泽东与周世钊的同班同学，新民学会会员。当时在长沙修业小学任教，曾在多处任教员，湖南通俗教育馆编辑员。新中国成立后任中央文史研究馆馆员。

⑧《湘江评论》：五四时期湖南学生联合会周报，毛泽东为主编和主要撰稿人，周世钊为顾问。该报以“宣传最新思潮为主旨”，有“东方大事述评”“西方大事述评”“世界杂评”“湘江大事述评”“湘江杂评”“放言”“新文艺”等栏目。1919 年 7 月 14 日在长沙创刊，共出 5 号，每号四开一张，第 2 号附有“临时增刊”。毛泽东在前 4 号和临时增刊共发表文章 41 篇。第 3 号第 4 版载有《勘误》，对创刊号和第 2 号的 12 处讹误作了勘正。8 月中旬第 5 号刚印出，未及发行，即被湖南督军兼省长张敬尧查封。

⑨北京北长街九十九号：这封长信是从北京北长街 99 号寄到长沙的。毛泽东说：“我现在觉得你是一个真能爱我而又真能于我有益的人。”毛泽东邀请周世钊共同过共产的生活，他说：“我们两人如果决行，何叔衡和邹泮清或者也会加入，”从这两处可以看到，毛泽东和周世钊的青年友谊真诚深厚，体现了我国古著作《易 · 乾卦》中的“同声相应，同气相求”的精神。

⑩此信曾发表于“新民学会会员通讯集”、《毛泽东早期文稿》[3]等。

1918 年 6 月，湖南省立第一师范学校本科第一部第六、七、八、九、十班毕业学生毛泽东及周世钊等合影

正 2　1920 年 3 月的手书

此件请暂莫发表于报纸（毛泽东手书）

湖南建设问题条件商榷[①]

（一）军政

（1）废督军[②]，设军务督办，驻岳阳。

（2）军队以一师为最高额，分驻岳阳、常德、衡阳。

省城治安，以隶属省长之警察维持之，绝对不驻兵。

各县治安，以隶属县知事之警察维持之，废除警备队及镇守使名目。

（3）军费支出总额，最多不得超过省收入总额十二分之一。

（二）财政

（1）湖南银行民办。银行发行纸币之准备金，由省议会监督存储。准备金额与纸币发行额之比例，由省议会议定。省议会有随时至银行查账之权。

（2）举办遗产税、所得税及营业税，减轻盐税。废除三年来新加各苛税。

（3）民办湖南第一纺织厂。

（三）教育

（1）教育经费独立，其数定为一百万元，以后应时增加。

教育经费之来源应确定。

教育经费保管权，属之由省立各学校组织而成之「教育经费保管处」。

（2）采普及义务教育方针。至迟于十五年内，完成七十五县之义务教育。

（四）自治

（1）筹备建设各县最小区域之真正人民自治机关。

（2）成立并公认县、镇、乡工会。

（3）成立并公认县、镇、乡农会。

（五）交通

（1）在最短时期内促进修竣粤汉铁路之湖南线。

（2）建筑全省各重要市镇与乡村间之汽车路。

（六）完全保障人民“集会”“结社”“言论”“出版”四种自由。

【注释】

①湖南建设问题条件商榷：此文起草情况不详。毛泽东曾在1920年3月12日《致黎锦熙》中作为附件寄黎[3]。附件与本稿稍有出入。当时，在北京的毛泽东似在同时将该文并手书“此件请暂莫发表于报纸”寄在长沙的周世钊。此时，周世钊在长沙修业小学任主任教员，指导学生办《小学生》、协助出版《湘江评论》《新湖南》《湖南通俗报》等。周世钊还常向《大公报》等投稿。为此，毛泽东叮嘱周世钊“此件请暂莫发表于报纸”。此件于1920年6月14日在上海《申报》刊出。

②废督军：“五四”运动后，张敬尧率兵入湘，无恶不作。《湘江评论》被封以后，毛泽东决意领导湖南人民进行驱张斗争。1920年4月1日，由彭璜、毛泽东等新民学会会员发起，为筹划驱逐湖南督军兼省长张敬尧及改造湖南大计的群众政治团体——湖南改造促进会成立。促进会重申“废督军”口号。

③《湖南建设问题条件商榷》曾发表于《毛泽东早期文稿》[3]等。

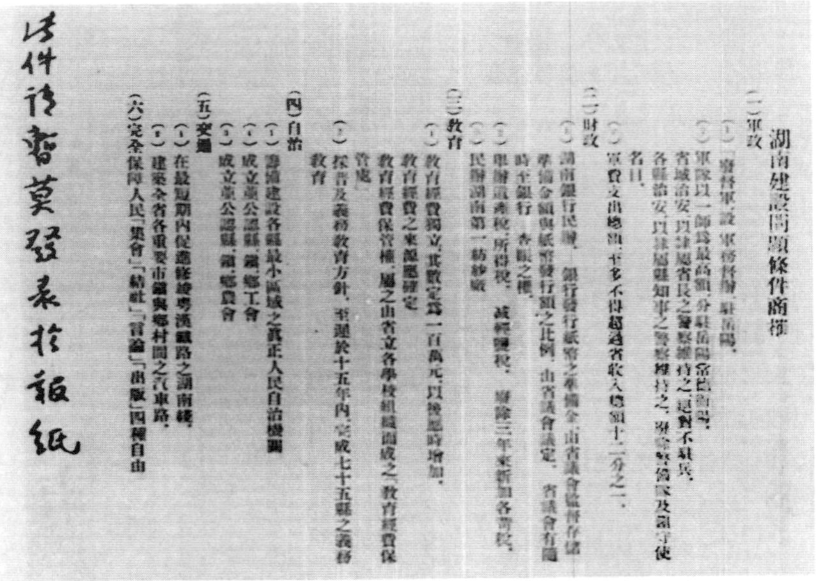
湖南建設問題條件商榷

(一)軍政

(1)「廢督軍」設「軍務督辦」駐岳陽。

(2)軍隊以一師為最高額，分駐岳陽常德衡陽。省城治安，以隸屬省長之警察維持之，絕對不駐兵。各縣治安，以隸屬縣知事之警察維持之，廢除警備隊及鎮守使名目。

(二)財政

(1)軍費之由總額，至多不得超過省收入總額十二分之一。

(2)湖南銀行民辦。銀行發行紙幣之準備金，由省議會監督存儲。準備金額與紙幣發行額之比例，由省議會議定。省議會有隨時至銀行，查賬之權。

(3)整理鹽稅，所得稅。裁撤釐稅。廢除三年來新加各苛稅。

(4)民辦湖南第一紡紗廠。

(三)教育

(1)教育經費獨立，其數定為一百萬元，以後隨時增加。教育經費之來源應確定。教育經費保管權，屬之由省立各學校組織而成之「教育經費保管處」。

(2)採普及義務教育方針，至遲於十五年內，完成七十五縣之義務教育。

(四)自治

(1)籌備建設各縣最小區域之真正人民自治機關。

(2)成立[illegible]公議縣，鎮，鄉工會。

(3)成立縣公議縣，鎮，鄉農會。

(五)交通

(1)在最短期內促進修竣粵漢鐵路之湖南段。

(2)建築全省各重要市鎮與鄉村間之汽車路。

(六)完全保障人民「集會」「結社」「言論」「出版」四種自由

此件請暫莫發表於報紙

正3　约1921年[①]的书信[②]

我无力升学，无钱读书[③]，非革命没饭吃，非革命没有出路。

【注释】

①约1921年:周世钊于1921年6月中旬去南京东南大学读特别生班，此信可能是1921年6月写的，待考。

②书信：2019年8月29日，加拿大多伦多大学东亚系吴一庆教授给我们发来一条微信称:

“周世钊在东南大学时期，有一次写了一封信给毛主席，大意说：现在活动(指革命活动)不能大发展，还是进大学读书吧，毛主席收信后立即写了一封回信：我无力升学，无钱读书，非革命没饭吃，非革命没有出路。

此材料是根据兰州大学革命委员会政治部政治课教研室编，中共党史教学参考资料　二，1972.09，第2页所载。

吴老师，这封信不知是否有保存？”

我们收到吴一庆教授微信的当天，立即回复了一条微信:

“根据史料及两人当时的思想状况，两封信的存在是可信的④，遗憾的是我们没有保存。或许在中央档案馆，或在红卫兵手中。谢谢告知!”

③我无力升学，无钱读书：2019年8月30日，周世钊侄孙、中南大学教授周浩明博士看到此材料后，给我们发来一条微信:

“主席说当时无力升学，无钱读书，应该是真的。当时，主席的数学很差，几乎只能交白卷，要想顺利通过大学入学考试是不可能的，所以，如果没有像一师的孔昭绶那样欣赏他的大学校长，进大学很难，这可能是主席所讲的无力升学的原因；无钱读书也有可能，当时，主席已与开慧结婚，孩子也有两个，妻子开慧又不可能出去工作，岳父杨昌济先生已逝，岳父家显然已无力支持他；自己的父亲也已逝，大弟泽民已婚，儿女出生，二弟泽覃正在读书，关键是泽民的营生能力不及乃父，还要照顾自己妻小与泽覃，哪有能力再资助哥哥读大学。所以，主席说的都是实情。”

④可信的：2019 年 8 月 31 日，周世钊的孙子、北京理工大学教授周晨亮博士看到此材料后给我们发来一条微信：

“我记得爸爸跟我说过很多次这个信。但是完全不是这个语气。而是毛泽东很羡慕爷爷，前面还有一句你真好之类的话。而且在前面还有毛泽东要爷爷负责湖南的党建的前因。”

正 4　1927 年的书信

根据《周世钊回忆录》:“……大概是十天后，我（周世钊）接了他（毛泽东）从武昌的来信，谈了中央农民运动讲习所一些情况。”

1927 年 1 月，周世钊在南京的东南大学毕业了，获得了一纸大学毕业证书，被授予学士学位。他回到了长沙，应徐特立之邀住入稻田师范，白天在稻田师范教课，夜间主编《南岳日报》。马日事变后，周世钊辞去了《南岳日报》的工作。

1927 年 1 月 4 日至 2 月 5 日，毛泽东在湖南考察了农民运动。他把考察报告告知周世钊，并征求他的意见。考察后，毛泽东积极地致力于创办武昌中央农民运动讲习所，他是讲习所的主要负责人。

就在 1927 年的三四月间，毛泽东从武昌给在长沙的周世钊写了信，谈了中央农民运动讲习所的一些情况。周世钊接读了这封珍贵的信，并且印象极为深刻。可惜的是这封信在以后颠沛流离的艰苦岁月中散失了。[4]我们在此处编写该篇的作用有二，一为记录历史，二为如有知其信件下落或线索者，请能通知我们或报告有关单位，我们不胜感谢，历史会不胜感谢，因为它是极为宝贵的历史文献。

1914 年 2 月，湖南省立第四师范学校职员和预科学员毛泽东及周世钊的合影。

正 5　1936 年 5 月的书信

根据 1949 年 10 月 28 日周世钊致毛泽东信中说："不见面已 22 年，不得书已 13 年。我记得在西安事变不久以前，奉读兄由延安寄来的信，欣喜之余，写了一封简单的复信。"此处"兄由延安寄来的信"，即是本编所述的 1936 年毛泽东致周世钊。而"写了一封简单的复信"则是副编所叙的 1937 年周世钊致毛泽东。

另据文献记载，1936 年 5 月，周世钊接到毛泽东发自延安的信，毛泽东在信中告诉周世钊：共产党正与国民党协商合作对外（抗日）。周世钊奉读后，觉得甚是欣喜。这封珍贵的信件已在动荡的年代中散失，可是直到 1976 年周世钊逝世前夕，他仍记忆犹新。此时距读信已 40 年了。[4]

由此，我们可以确信，毛泽东曾于 1936 年 5 月间致函周世钊，信函虽散失，而史实俱在。我们在此处编写该篇的作用有二，一为记录历史，二为如有知其信件下落或线索者，请能通知我们或报告有关单位，我们不胜感谢，历史会不胜感谢，因为它是极为宝贵的历史文献。

1971 年 6 月，周世钊（右一）、张国基（右二）、王季范（右三）及楚中元（右四）瞻仰延安毛泽东旧居。

正 6　1949 年 8 月 11 日的电报①

北平电信局 发长沙

湖南省立第一师范周世钊先生：

虞电③诵悉，极感盛意，目前革命尚未成功，前途困难尚多。希望先生团结全校师生，加紧学习，参加人民革命事业。是所切盼，敬复，并颂教祺。

毛泽东 未真④

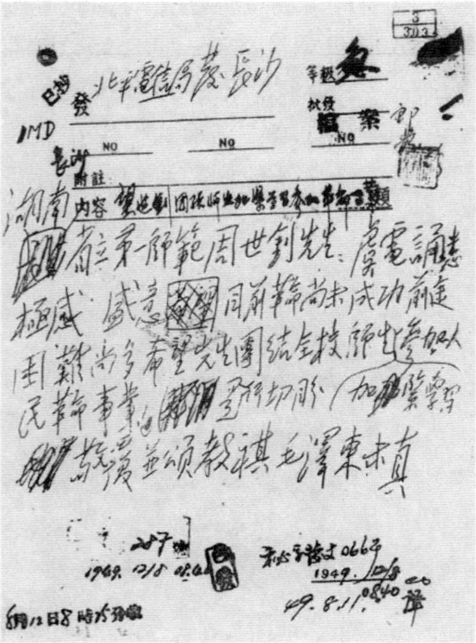
北平電信局發長沙

湖南省立第一師範周世釗先生：虞電誦悉 極感盛意 目前革命尚未成功前途困難尚多希望先生團結全校師生參加人民革命事業是所切盼（加緊學習）敬復並頌教祺 毛澤東未真

【注释】

①电报：这是具有书信性质与形式的电报。

②周世钊先生：1949 年 8 月 5 日，长沙和平解放。8 月 7 日，时任湖南省立第一师范代理校长的周世钊以代理校长、老同学、新民学会基本会员和长沙修业小学老同事身份从长沙向北京的毛泽东打电报，向他致敬祝贺。毛泽东于 8 月 11 日热情地亲笔复电。

③虞电：即 7 日电，电报中的韵目代日。

④未真：即 11 日，电报中的韵目代日。

⑤此电报曾发表于《毛泽东与周世钊》[4]等。

1963 年，王季范（右一）、徐特立（右二）及周世钊（右三）摄于长沙蓉园。

正 7　1949 年 8 月 11 日致一师校友会的电报①

送北平电讯局 发长沙

湖南省立第一师范校友会②诸先生：
鱼电③敬悉，极感盛意。希望诸位努力进修，为人民的文教工作服务。

毛泽东　未真

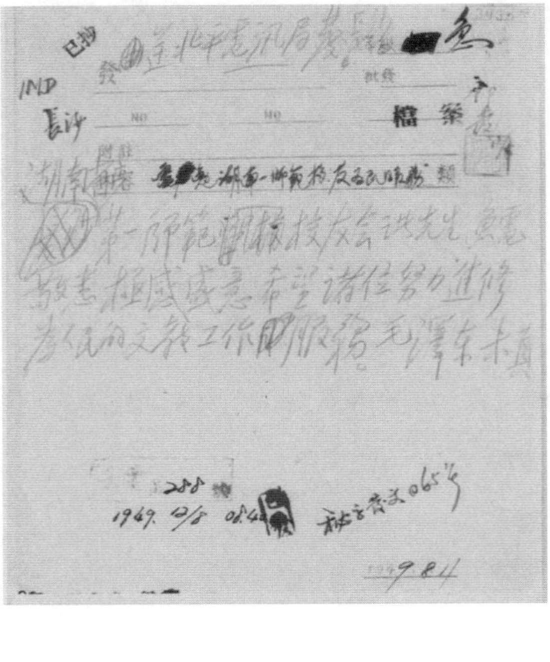

【注释】

①电报：这是具有书信性质与形式的电报。

②校友会：1949 年 8 月 5 日，湖南和平解放，一师获得新生，师生员工欢欣鼓舞，纵情歌唱。同学们自发地唱道："东方红，太阳升，一师出了个毛泽东……"校长周世钊十分理解同学们兴奋而自豪的心情，但又劝说大家不要将"中国"改为"一师"来歌唱。在欢庆伟大胜利的时刻，周世钊校长及他所领导的校友会分别发电报向毛泽东致敬。毛泽东立即复了两封电报。

③鱼电：即 6 日电，电报中的韵目代日。

④未真：即 11 日，电报中的韵目代日。

⑤此电报曾发表于《湖南第一师范校史》[5]等。

湖南省第一师范学校

正 8　1949 年 11 月 15 日的书信

敦元[①]学长兄：

迭接电示，又得十月二十八日[②]长书，勤勤恳恳，如见故人。延安曾接大示，寄重庆的信则未收到，兄过去虽未参加革命斗争，教书就是有益于人民的。城南学社诸友来电亦已收到，请兄转告他们，感谢他们的好意。兄为一师校长，深庆得人，可见骏骨未凋，尚有生气。倘有可能，尊著旧诗尚祈抄寄若干，多多益善。

除台湾、西藏外，全国各地大约几个月内即可完成军事占领。但大难甫平，民生憔悴，须有数年时间方能恢复人民经济，完成土地制度的改革及提高人民政治觉悟水平，这些任务均有待于文教工作的协助。

陈泽同[③]先生的意见书[④]已收阅，当交此间工业机关研究，请兄为我代致谢意。

他的工作问题请告他直接向湖南当局要求解决，不要等候我的答复。谨此奉复。

敬颂

教祺

毛泽东

一九四九年十月十五日[⑤]

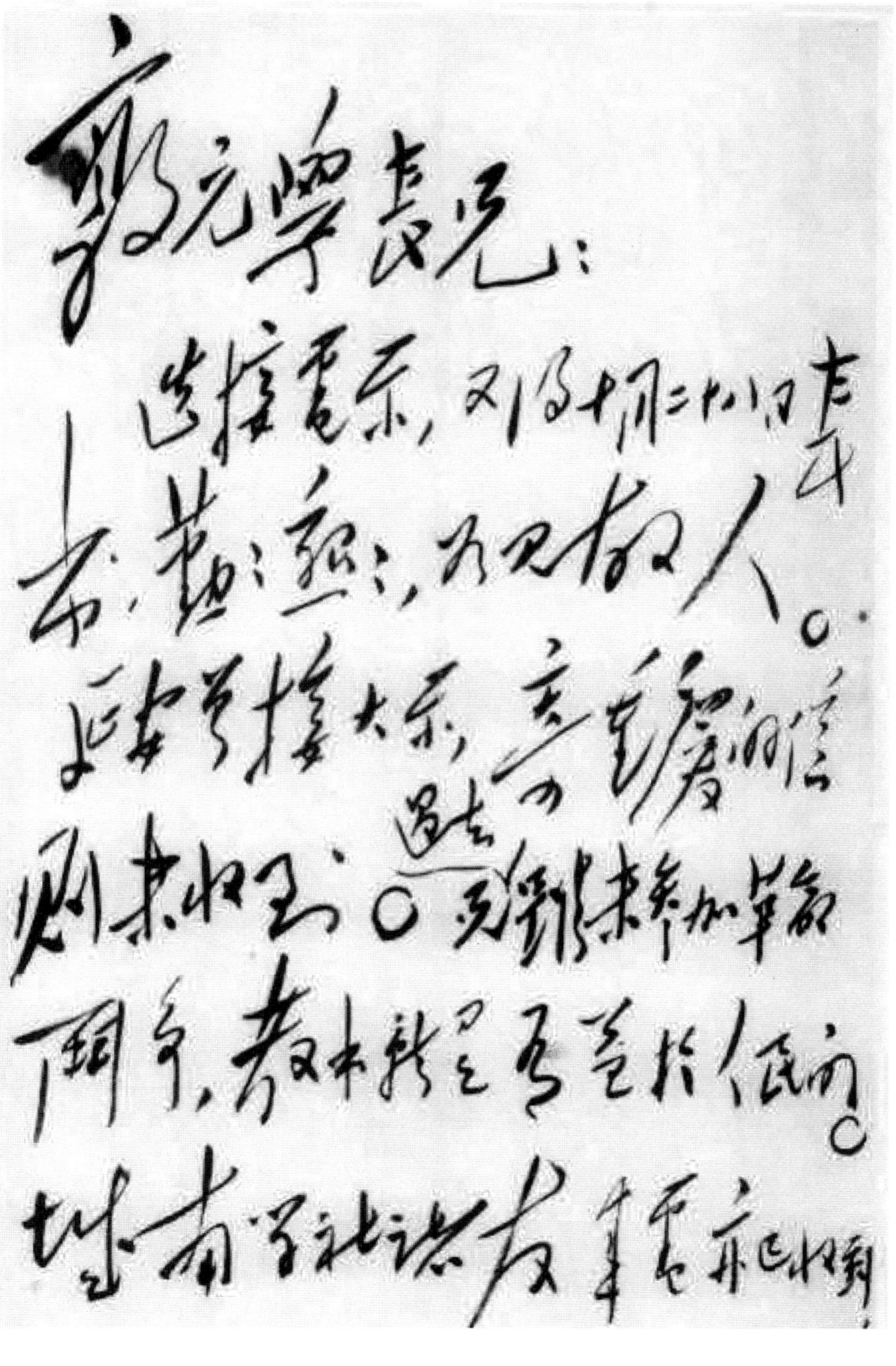

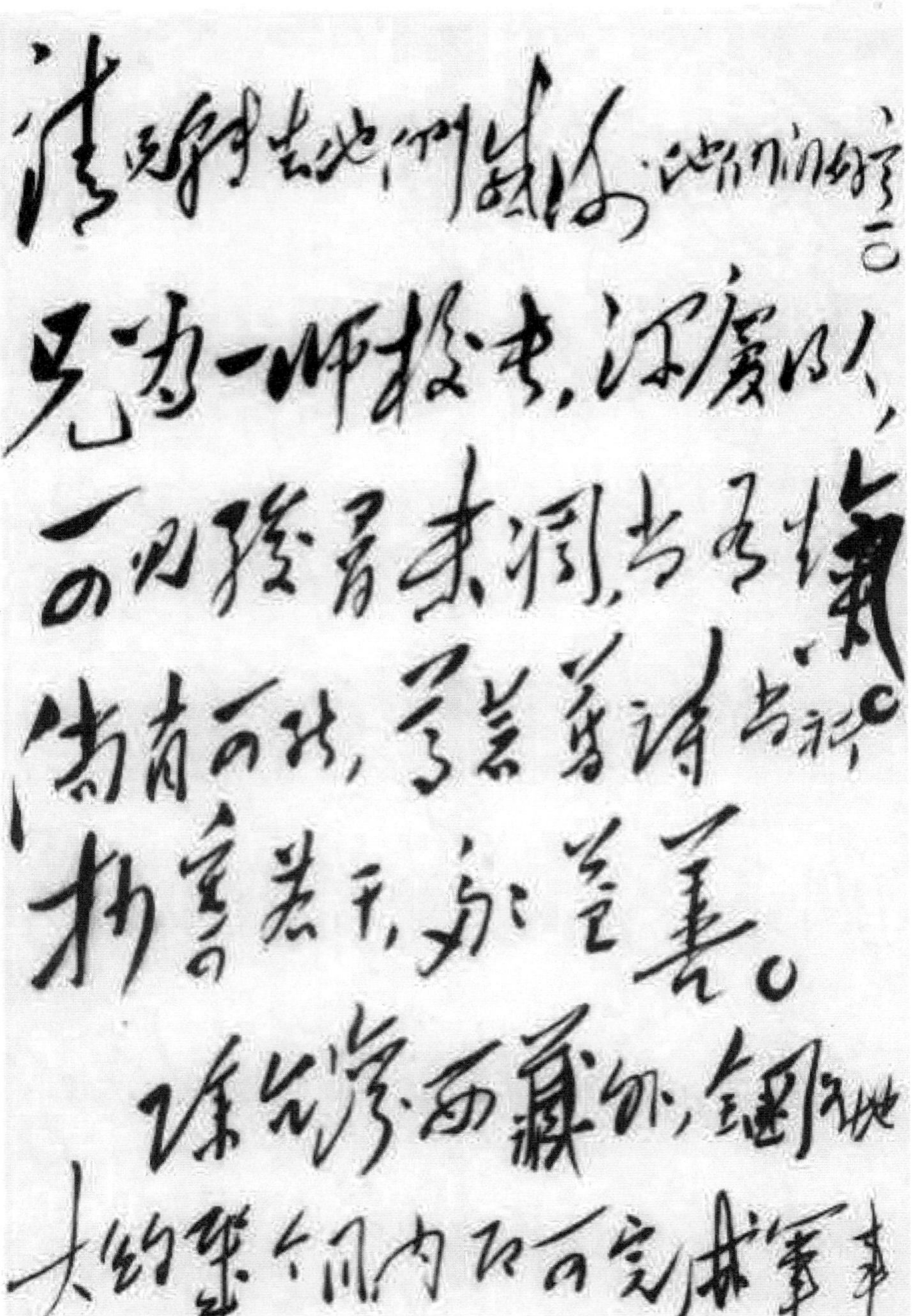
请兄即去北京协和医院诊治，迟几个月回去无妨。兄为一师校长，深庆得人，一切经费来源由省负责有可能，当尽筹措与补物资若干，亦必改善。

除台湾西藏外，全国大陆大约几个月内即可完成军事

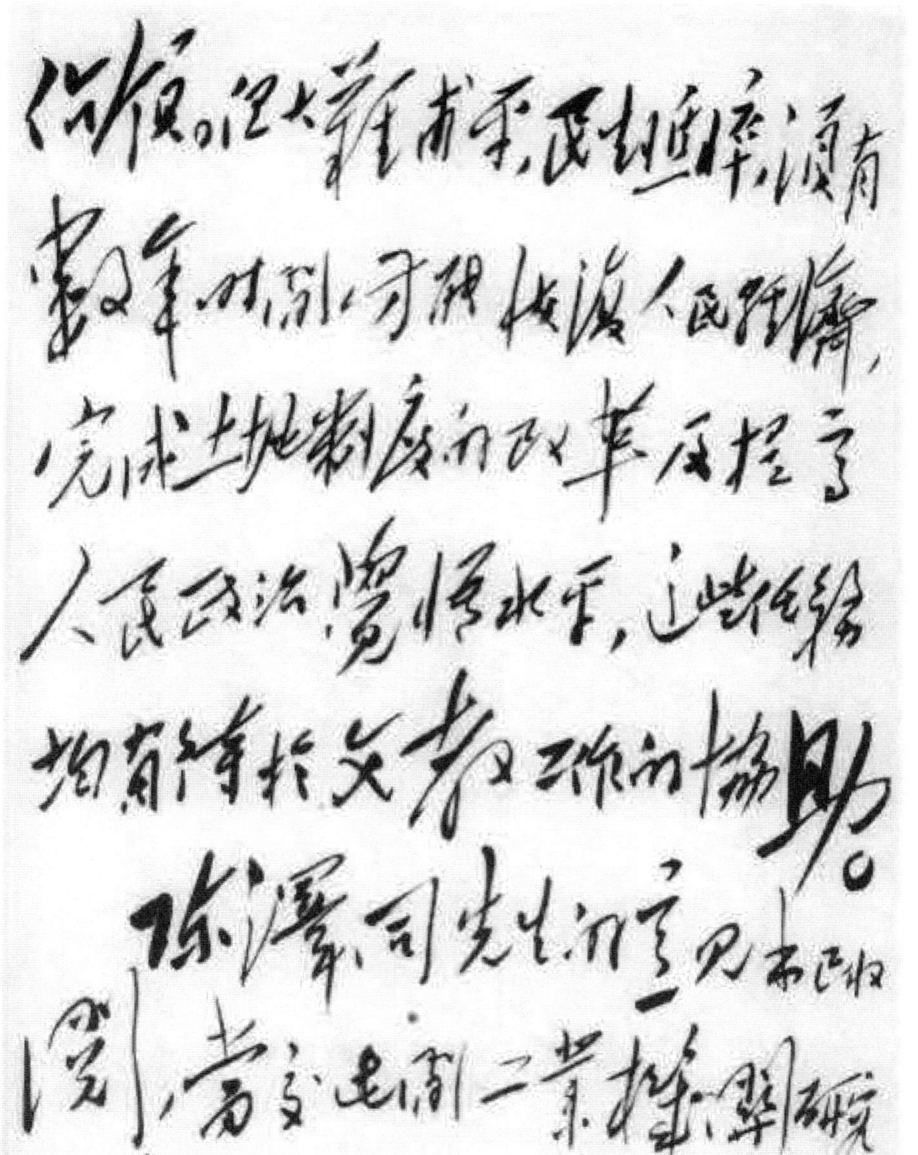
似须以经大革命而来，民主建设须有数年时间，才可能恢复人民经济，完成土地制度的改革及提高人民政治觉悟水平，这些任务均有待于文教工作的协助。

陈泽同先生的意见书已收阅，当交[illegible]研究，请先为我代致谢意。

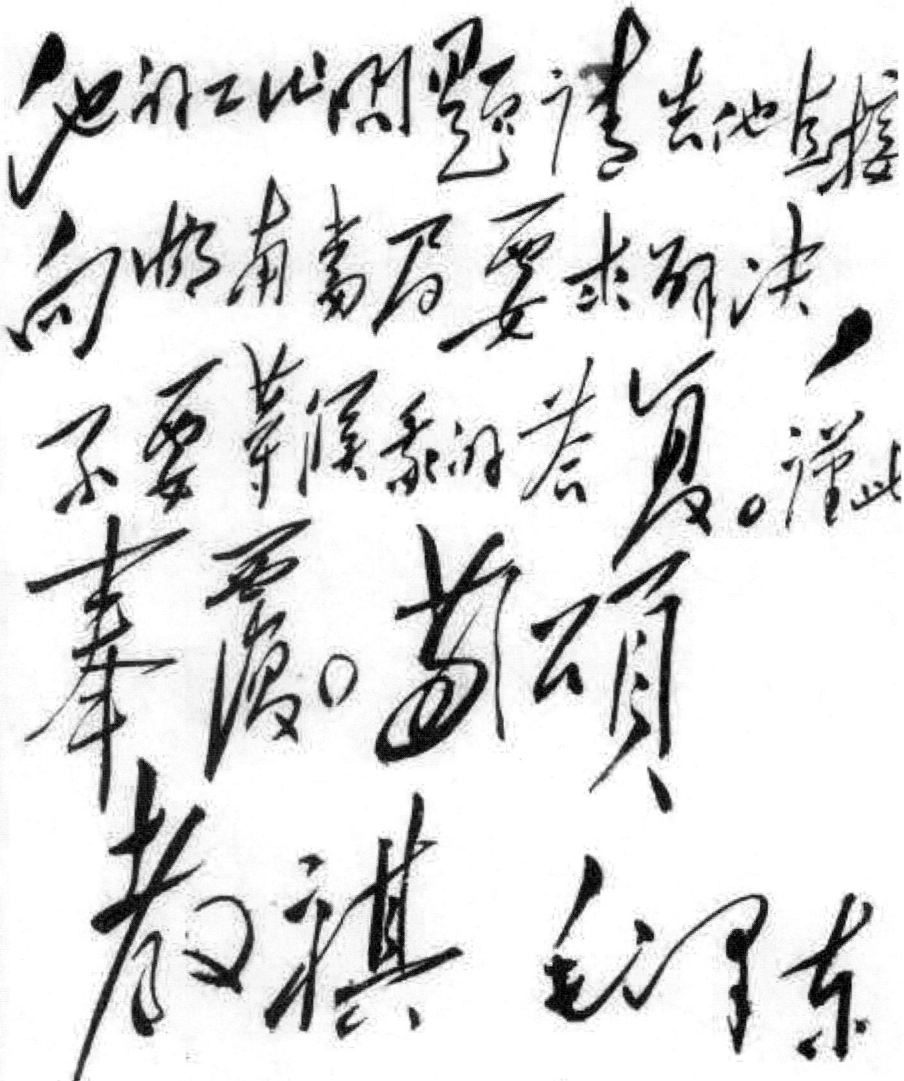
他们工作问题，请告他直接
向湖南当局要求解决
不要经过我的荐信。谨此
奉复。敬颂
教祺 毛泽东
一九四九年十月十五日

【注释】

①敦元：即周世钊，字敦元。毛泽东在湖南一师读书时的同班同学，当时任一师校长。

②十月二十八日：原稿为10月28日，而文[1]误订为9月28日。见附4。

③陈泽同：毛泽东与周世钊在长沙修业小学教书时的学生。

④陈泽同先生的意见书：指长沙的工程师陈泽同写给毛泽东的《建设湘潭工业区刍议》，《刍议》随周世钊10月28日信附寄，建议将湘潭所属的下摄司至株洲湘江东岸沿河四十余里地区建设为新中国的“湘潭工业区”。

⑤十月十五日：毛泽东笔误为10月15日，应为11月15日，见附4。

⑥此信曾发表于《毛泽东书信选集》[1]等。

正 9　1949 年 11 月 22 日的电报[1]

明码，交电讯局发。

长沙第一师范周世钊[2]，罗驭雄，田士清，熊科易，李厚孚，李虞佐，缪昆山诸先生：江电[3]诵悉，极感盛意。

毛泽东　酉养[4]

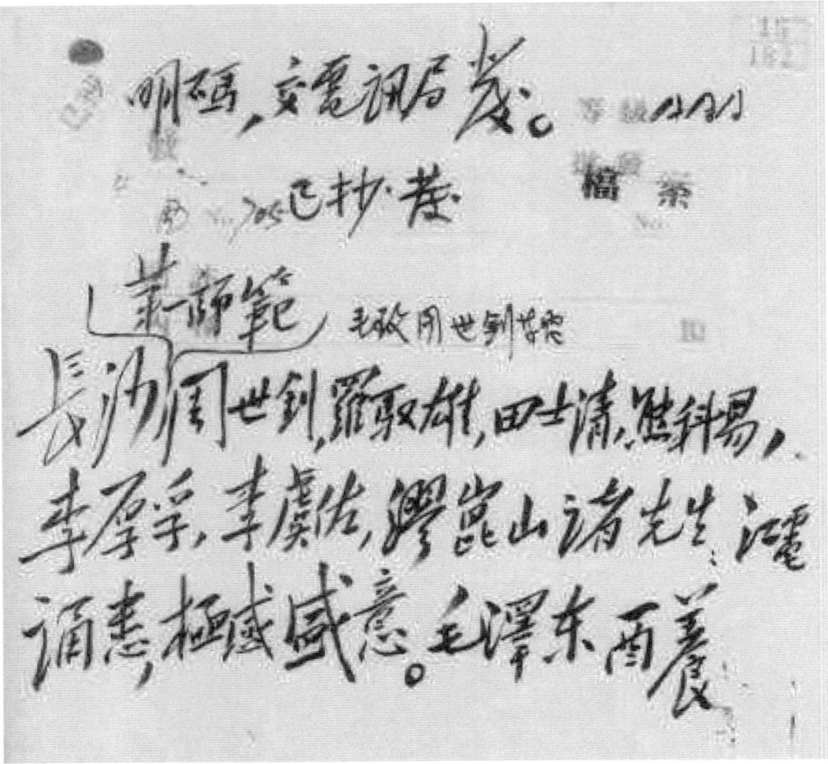
明码，交电讯局发。
已抄·发
第一师范
毛致周世钊等电
长沙周世钊，罗驭雄，田士清，熊科易，李厚孚，李虞佐，缪昆山诸先生：江电诵悉，极感盛意。毛泽东酉养

【注释】

①电报：这是具有书信性质与形式的电报。

②周世钊：毛泽东在湖南一师读书时的同班同学，当时任一师校长。

③江电：即 3 日电，电报中的韵目代日。

④酉养：即 22 日，电报中的韵目代日。

1957 年于北京，左一为周世钊、左三为王季范、左五为张国基。

正 10　1950 年 9 月的邀约①

周世钊在其手稿中写道：

1950 年的邀约

（因为当时我在一师②任校长）

另外，据周德民先生在《宁乡文史资料》（第 2 辑）著文《我省著名教育家、诗人周世钊》中说：不久，毛主席连续给他来信，有一封用毛笔直行书写的信的开头几句大意是："惇元③、九兄④大鉴：读来书，如见故人，得悉种切，极为欣慰。尚望来京面叙……"

【注释】

①邀约：即邀请函。

②一师：湖南省第一师范学校之简称。

③惇元：即周世钊，毛泽东在湖南一师读书时的同班同学，当时任一师校长。

④九兄：指王季范。

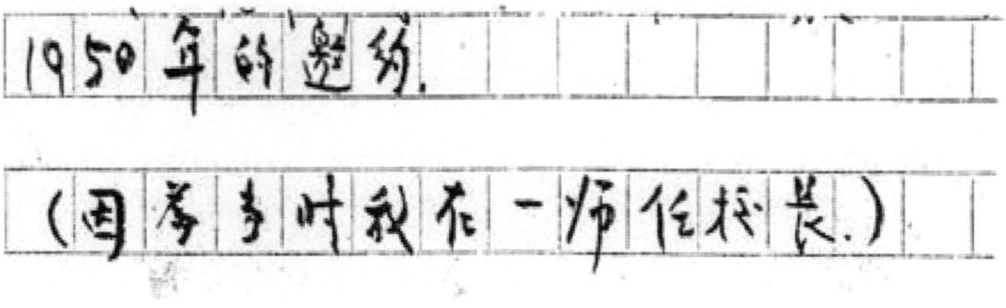
1950年的邀约.

（因为当时我在一师任校长.）

周世钊手迹

毛泽东在开国大典上

正 11　1950 年 12 月 29 日的书信

惇元[①]兄：

嘱写的字[②]给你写了，不知可用否？

临行一信，长沙一信，都收到，很感谢！所说各事都同意，可以做（有些是要逐步地做）。师范教育会议，待与马先生[③]一谈，大略是可以的罢。

晏睡的毛病[④]正在改，实行了半个月，按照太阳办事，不按月亮办事了。但近日又翻过来，新年后当再改正。多休息和注意吃东西，也正在做。总之如你所论，将这看作大事，不看作小事，就有希望改正了。

祝您及你的同事们工作顺利，新年快乐

毛泽东

十二月廿九日

信封：湖南第一师范　周校长启　　毛寄

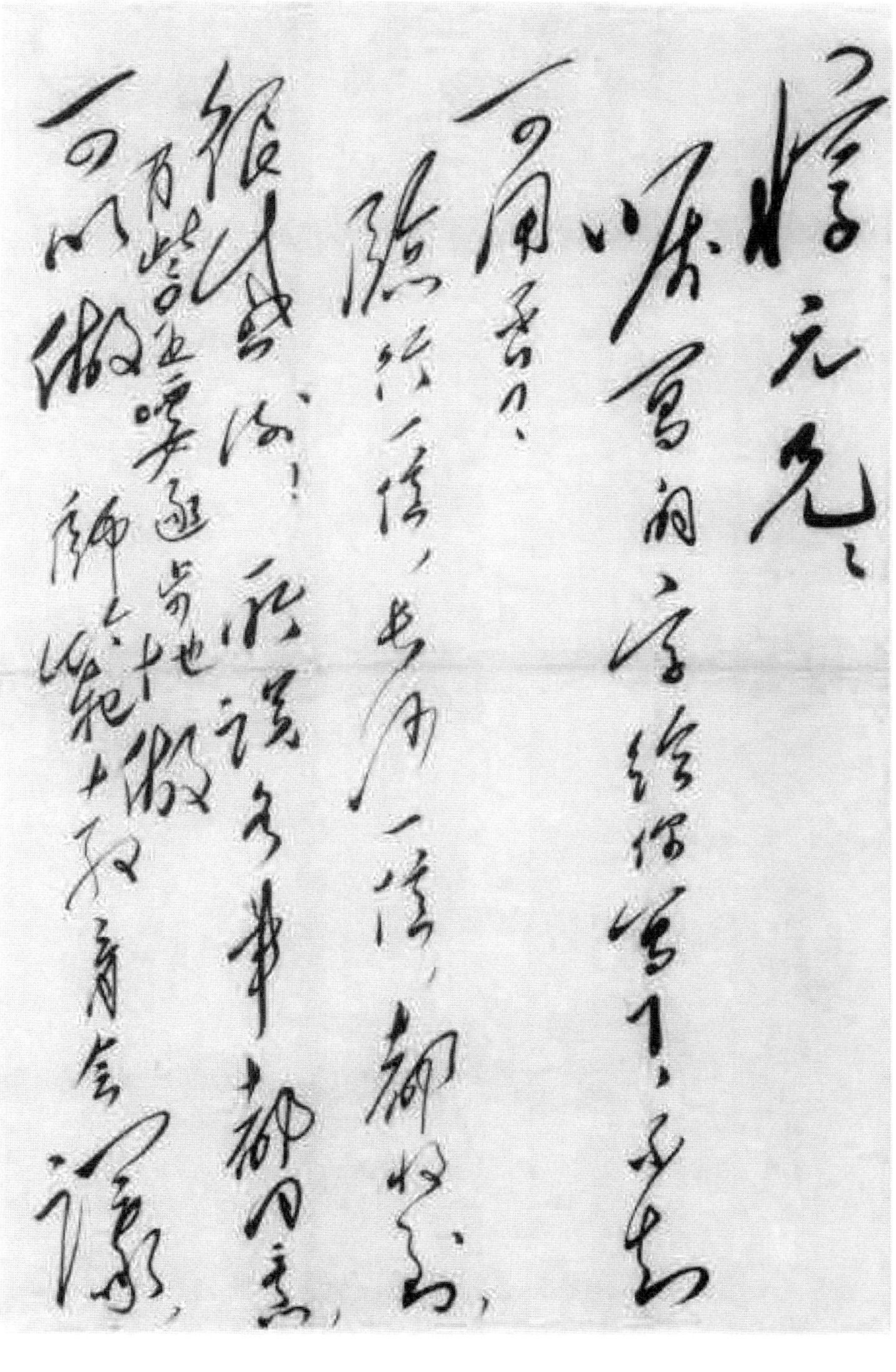

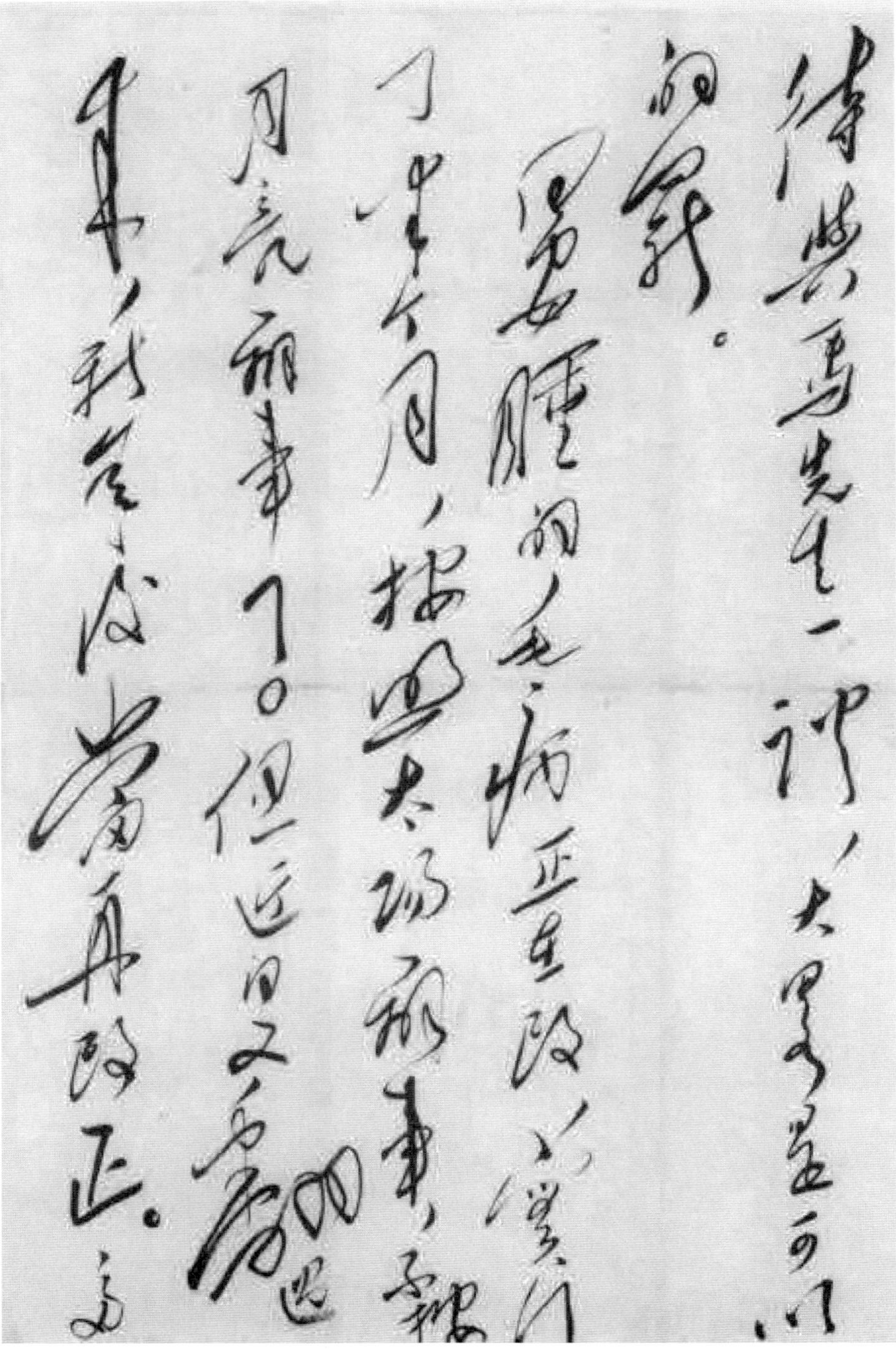

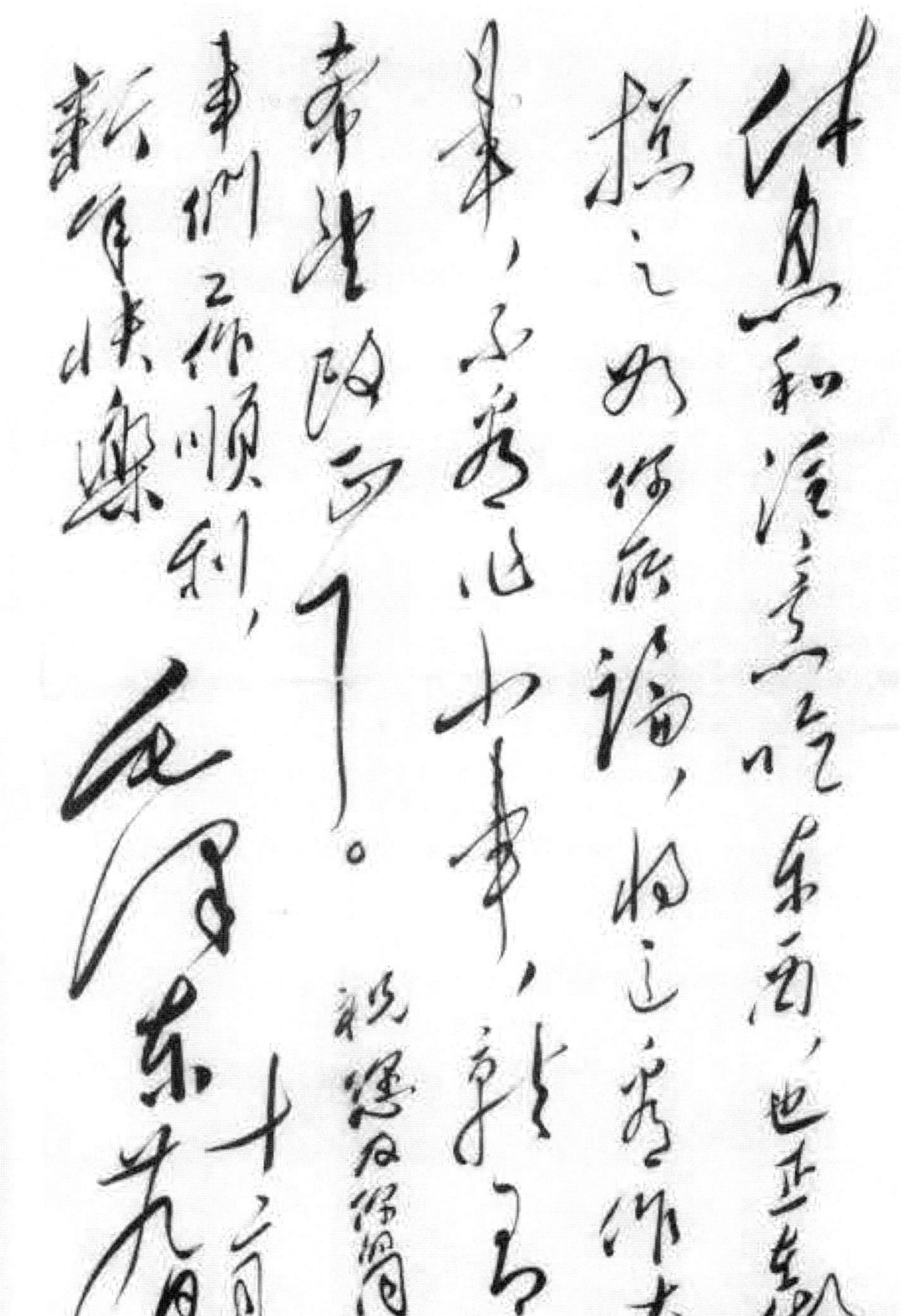

休息和注意吃东西，也要生活。

报之如何领谕，将这些作大

来，不要把小事，就当大事，

希望改正了。

并祝工作顺利，

新年快乐

毛泽东

祝您及保重

十二月

【注释】

①惇元：即周世钊，毛泽东在湖南一师读书时的同班同学，当时任一师校长。

②嘱写的字：指毛泽东应周世钊于1950年10月5日的要求为湖南省立第一师范学校书写的校牌“第一师范”和题词“要做人民的先生，先做人民的学生。”

③马先生：指马叙伦。当时任中央人民政府教育部部长。

④晏睡的毛病：1950年10月5日，毛泽东约王季范和周世钊等到中南海吃饭。饭后，毛泽东、周世钊等坐在休息室里谈话。周世钊说：“主席晏睡的习惯是不是对健康有妨害，是否可以考虑改变？”毛泽东说；“这种习惯养成已久了，不是我喜欢晏睡，是形势所驱，事实所迫，不得不如此的。当时抗日战争在华北各地展开，战场很多，每个战场上汇报请示的电告多在晚上到达延安总部。这些报告，有的要求指示进退的，有要补给武器物资的。当时，我们的物资条件差，我们接着这些电报，不能把它们搁置到明天，必须即刻研究回复，有的要找人商量，有的要开会讨论，将商量讨论的结果以电报回复，常常要到天亮才能完成这些工作，所以我们索性通夜工作，天亮以后才收拾睡觉。到北京以后，情况虽有改变，但党中央和国务院一些重要文件要审批的也多是下午送来，只好在晚上把它们办了，晏睡的习惯仍没有多大改变，事实需要，不得不如此。”

“您通夜工作，但要找人商量，找人开会，别人怎么办？”周世钊问。

“他们也只好不睡。像刘少奇、周恩来、朱德、任弼时等都成了夜里不睡的同志。”毛泽东回答。

“一些工作人员呢？”周世钊又问。

“那好办，他们轮班服务。”毛泽东又答。

⑤此信曾发表于《毛泽东书信选集》[1]等。

正 12　1950 年 12 月 29 日的题词

惇元[①]兄：

嘱写的字[②]给你写了，不知可用否？

……

毛泽东

十二月二十九日

第一师范

要做人民的先生　先做人民的学生

为湖南第一师范同学们书

毛泽东

要做人民的先生　先做人民的学生

毛泽东

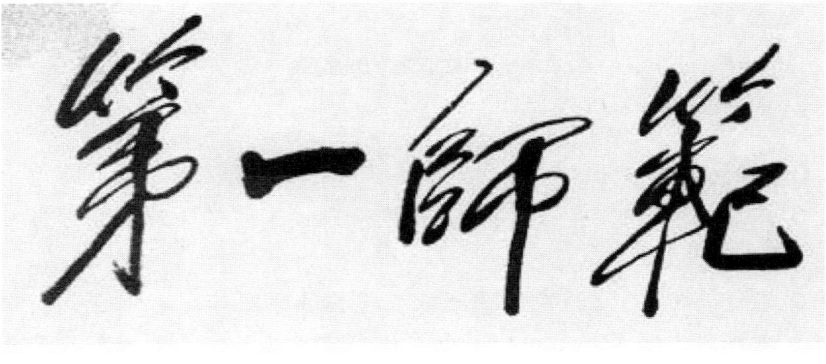

毛泽东手书“第一师范”

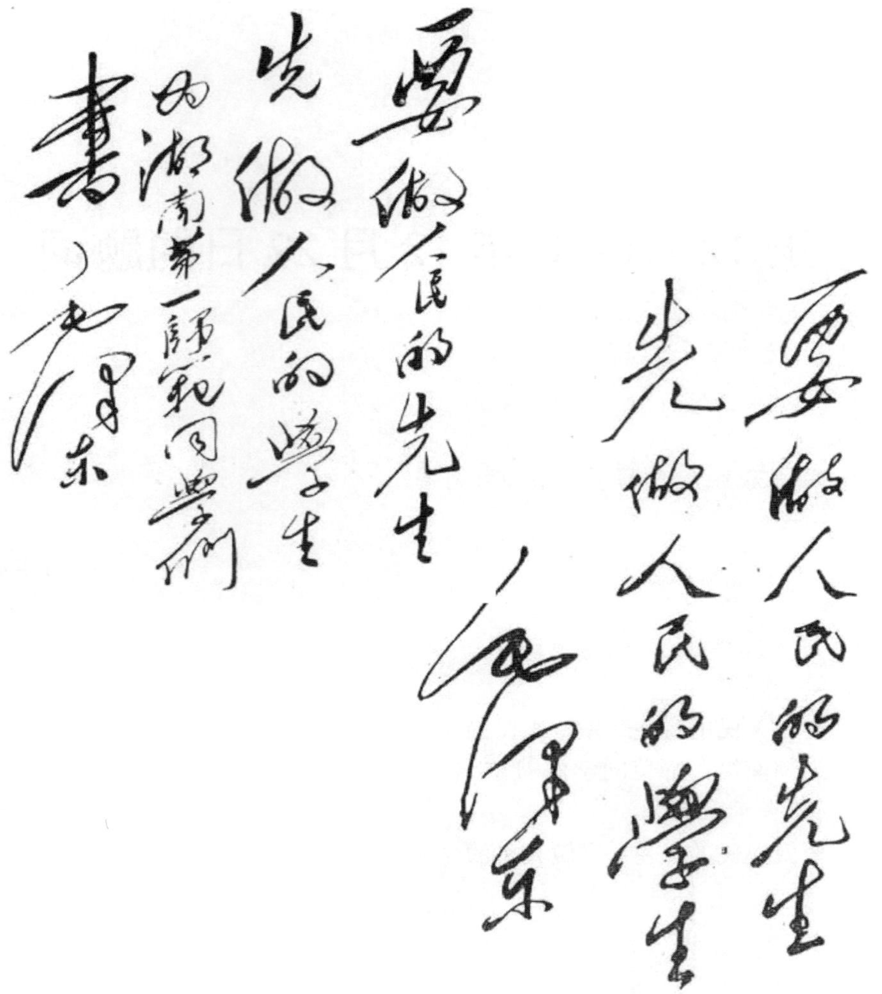
要做人民的先生
先做人民的学生
为湖南第一师范同学们
书
毛泽东
要做人民的先生
先做人民的学生
毛泽东

毛泽东起草的准对联

【注释】

①惇元：即周世钊，毛泽东在湖南一师读书时的同班同学，当时任一师校长。

②嘱写的字：1950 年 10 月 5 日，毛泽东约王季范和周世钊到中南海吃饭。饭后，毛泽东、周世钊等坐在休息室里谈话……周世钊和王季范告别前，毛泽东对周世钊说，“你要我对一师师生提出一点希望，你为我写一

个草稿何如？”周世钊考虑一会后说：“我写不好，但您这样吩咐了，只好试试看。”这就是毛泽东嘱周世钊代拟为一师的题词草稿。

此次写有 4 张宣纸条幅，其中 3 张写的是“湖南第一师范毕业”。一师按原件缩小制作了一批“湖南第一师范毕业”的毕业证章，并将其中的“第一师范”放大作为校名。“要做人民的先生，先做人民的学生”则作为校训。题词为周世钊草拟，毛泽东书写[4]。有人说：毛泽东题写的“范”字有一点点不规范。

毛泽东的题词属于准对联，其手书见于《毛泽东题词墨迹集》及《书家毛泽东》等。1968 年，周世钊为纪念毛泽东题词而作词。其词如下：

满庭芳

隆重纪念毛主席为第一师范题词

——“要做人民的先生，先做人民的学生”十八周年

云日扬辉，江山含笑，欢呼声动南城。导师指示，教诲特谆谆。先向人民学习，才能做群众先生。青年辈，恭承宝训，铭座又书绅。　光荣尊典范，辛勤劳动，体脑兼营。又长期淬砺，改造灵魂。永葆红心一片，抓革命，无限忠诚。神州行，舜尧亿兆，风化暨寰瀛。

1970 年，周世钊为纪念毛泽东题词曾写过一篇文字，全文如下：

发扬革命传统，争取更大光荣

今天是伟大领袖毛主席为我们第一师范题词的二十周年纪念日，请让我在这里敬祝毛主席万寿无疆。并对一师领导同志、军代表和全体革命战士、革命师生致以热烈的祝贺。

全国刚解放一年之后的 1950 年年底，毛主席就为一师作了“要做人民的先生，先做人民的学生”的伟大指示，同时又写了“第一师范”四字标牌，这是伟大领袖对一师全体师生的深切关怀、伟大的教导和殷切的期望，也是对全国的领导干部和教育工作者的深切关怀、伟大教导和

殷切的期望。

毛主席曾教导我们："我们的文学艺术家、我们的科学技术人员、我们的教授教员，都在教人民、教学生。因为他们是教育者，是当先生的。他们都有一个先受教育的义务。"各位同学是要当人民的先生的，所以到师范学校来读书受教育是符合毛主席指示的。但是仅仅学校里读一些书，受学校老师的教育，还有一定的局限性，所以毛主席又教导我们要在做先生之前接受人民的教育。接受贫下中农的再教育，以学习劳动人民的高尚品质、提高自己的政治觉悟、坚定自己的阶级立场。同时在与工农结合的过程中也从实践中学习许多生产斗争知识和阶级斗争知识。这个指示意义极为深远，我们一定要好好听从好好实践，以做好当先生的光荣任务。

怎样做好人民的先生？当然离不了学习、向劳动人民学习、接受贫下中农的再教育。也要从书本上学习，批判地接受一些古今中外的文化遗产。毛主席又教导我们，有一些人学习得较好，历史上无问题，有"自来红"的思想，放松了自己的学习和改造。也有一些人，读了一点书，有了一点知识，自己就骄傲起来，自以为了不起，看别人不来，更看文化较低的人不来，不愿向别人学习，这就阻碍了自己的改造和进步。毛主席曾批评过有些骄傲自满的知识分子："有一种人就当自己了不得，认为他是地上全知、天上全晓，这样自满自足的人，肯定是没有什么希望的了！"我相信我们的同学在毛主席"先做人民的学生"的教导下，一定会体会到没有自来红，只有改造红的道理，一定会有当工农兵的小学生的决心，永远保持老实谦虚的态度，认真学习加强改造，得到不断的进步。这是一定要做到的，也是一定能够做到的。

在毛主席为一师题词的同时，徐老已在毛主席的嘱咐下对一师作了"实事求是，不自以为是"的指示。徐老认为这是毛主席的作风，也是共产党的党风，他希望一师培养这种作风。徐老这个指示也正是与毛主席的指示一致的。只有不自以为是、不自以为红、不自以为了不起，才能虚心抓学习、认真抓改造，拜劳动人民为师，得到不断的进步。这个指示也是我们应该认真体会贯彻的。

当然，要做人民的学生的方面很多，我在这里就只谈了这一点。当前国内外的形势大好，湖南的形势也大好，而且越来越好。在省的党代表大会上提出来要在十年时间内把湖南建设成为适应独立作战的工农业全面发展的工业省。这个光荣而艰巨的战斗任务，加到大家的身上。这个光明美好的希望就在我们面前，相信大家在学习贯彻毛主席指示的时候，将以豪迈的心情、奋发的志气为完成党的号召奋勇前进，作出巨大的贡献！

③此题词曾发表于《毛泽东与周世钊》[4]《湖南第一师范校史》[5]等

正 13　1951 年 3 月 19 日的书信

惇元[①]兄：

三月十四日给我的信收到了，谢谢您。一月二十九日的信及学生们的签名信也收到了。你的三项计划很好。进研究院很有意义，可以安心读几个月书。读完去东北华东考察一次也极好。第三项计划[②]可能有些困难，如在两三年后实施也有可能办到。

我在乡下住[③]，没有病，专为休养，暂不进城。容后面叙。

祝安好！

毛泽东

三月十九日

信封：北京西柳树井 惠中饭店 53 号　周惇元先生　　毛寄

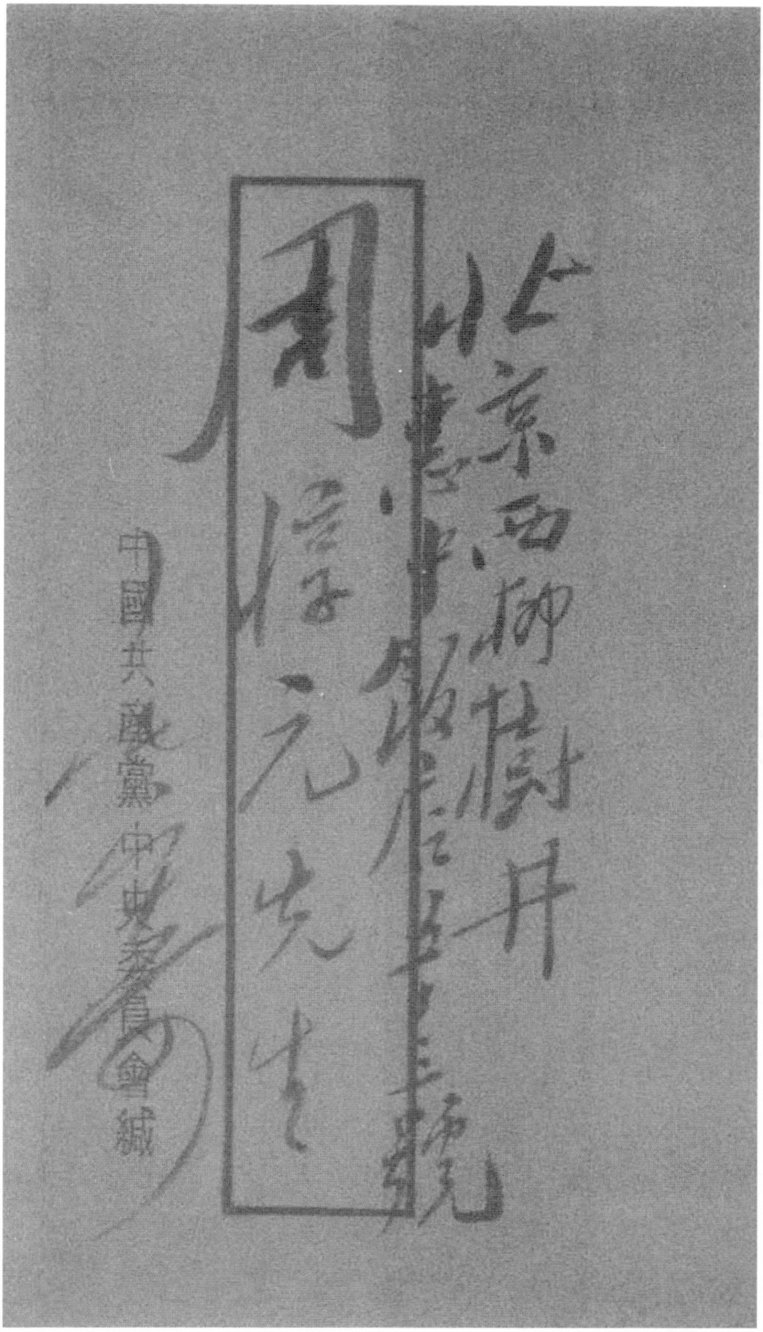
中國共產黨中央委員會緘

惇元兄：

二月十四日给我的信收到了，谢谢您。一月二十九日的信及学生们的签名信也收到了。你的三项计划很好。进研究院很有意义，可以安心读几门书。读完去东北及华东参观一次也极好。第三项计划可于五年后实施，如在两三年内实现也是可能的。

我身体不佳，没有病，事妨休养，暂不进城。容后面叙。

祝

安好！

毛泽东

三月十四日

【注释】

①惇元：即周世钊，毛泽东在湖南一师读书时的同班同学，当时在华北人民革命大学进修。

②第三项计划：即是将湖南一师迁回长沙书院坪原址，加以修建，并设法恢复原貌[5]。

③乡下住：其时毛泽东在石家庄乡下休养。

④此信曾发表于《毛泽东与周世钊》[4]等。

20 世纪 60 年代，周世钊在天安门。

正 14　1951 年 11 月 21 日的书信

同意此人[②]入革大学习。请周世钊先生持此信和革大当局接洽入学手续，并通知本人，我就不复他了。

毛泽东

1951 年 11 月 21 日

信封：本京　华北人民革命大学政治研究院[①]　周世钊先生　毛寄

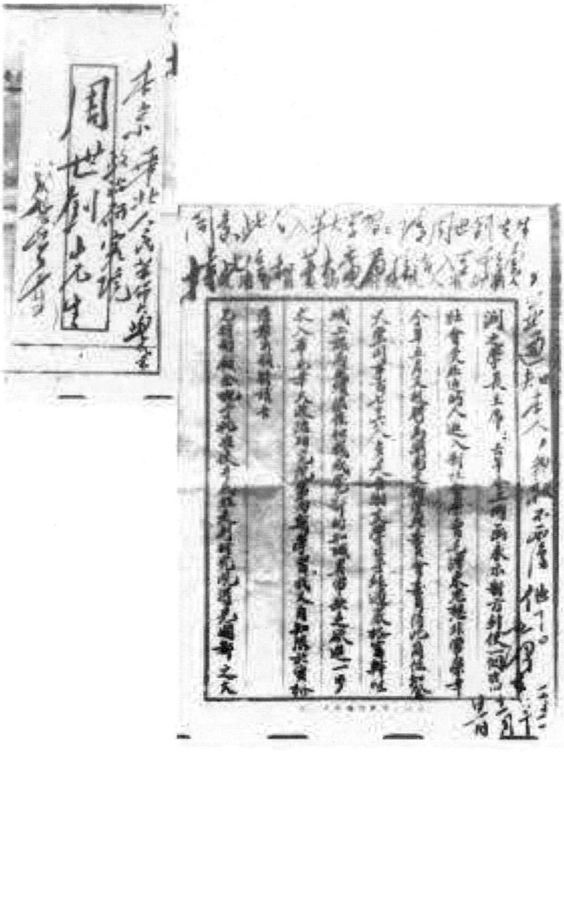

【注释】

①政治研究院：其时周世钊在华北人民革命大学政治研究院进修。

②此人：可能指李醒安，原名李廉翘，曾在湖南省立第一师范学校当教员。

1951 年 11 月 25 日，摄于北京华北革大。前排左起二为吴思敬、八为蒋竹如；二排左起四为周震鳞、五为王季范；三排左起五为周仁济、八为周世钊。

正 15　1952 年 3 月 11 日的书信

惇元[①]兄：

三月六日来信及冬季由天津来信均已收到，甚谢。蒋竹如[②]兄前后多次来信均到，晤面时请为道及。你的学校计划很好，逐步做去，便可能成功。我休息仍不多，但身体尚好。

顺颂

教安

毛泽东

三月十一日

信封：湖南第一师范　周校长敔　　毛寄

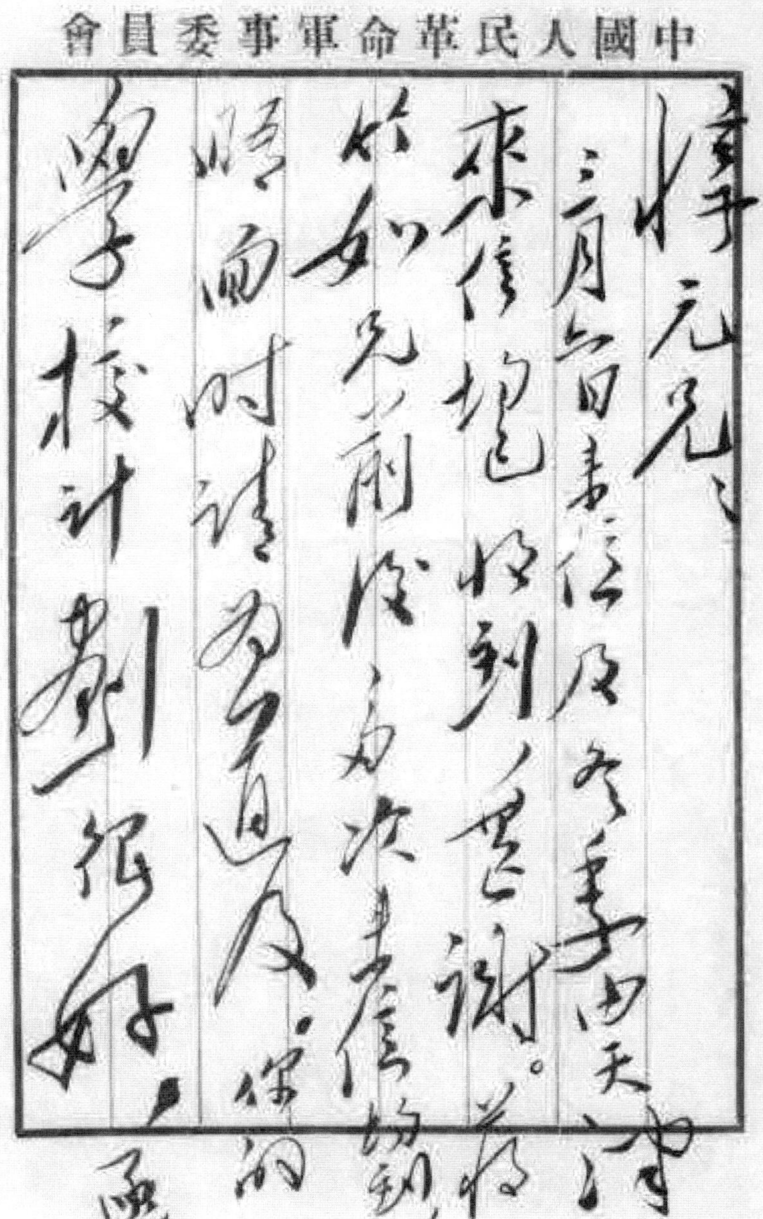
中國人民革命軍事委員會

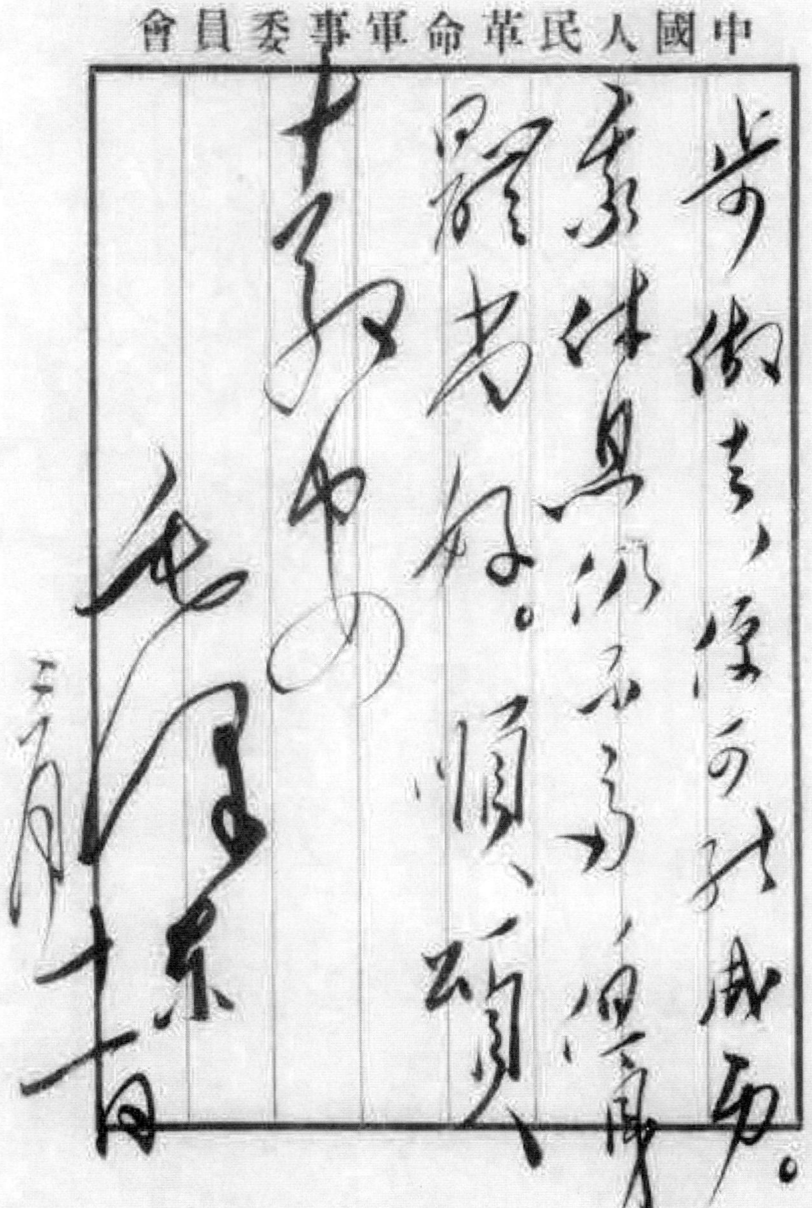
中國人民革命軍事委員會

【注释】

①惇元：即周世钊，毛泽东在湖南一师读书时的同班同学，当时任一师校长。

②蒋竹如：蒋竹如（1898—1967），又名集虚、庆蒲，湖南湘潭人。语言文字学家。1915 年至 1920 年就读于湖南第一师范，为毛泽东、周世钊校友，新民学会会员。1930 年前后与 1950 年前后在湖南第一师范任国文教员。

③此信曾发表于《毛泽东与周世钊》[4]等。

1949 年春天，毛泽东和江青、毛岸英、刘松林、李讷在香山。

正 16　1952 年 10 月 10 日的书信

惇元[1]兄：

十月五日的信及所附报纸[2]，收到，以前一信也收到了。

文章[3]已看了，很高兴。

蒋竹如[4]兄的工作问题，尚未解决，我已将他的信转致湖南文教厅请其酌处，不知近日已解决否？便时祈向文教厅询及。此复

顺颂教祺

毛泽东

一九五二年十月十日

信封：长沙岳麓山第一师范　周惇元先生　毛寄

中央人民政府人民革命軍事委員會

惇元兄：

十月五日的信及所附去年報紙，收到，以前一信也收到了。文章已登了，很好。要蔣竹如先生的所詢問題迅速來解决，已將他的信轉致湖南文教廳請其酌處，

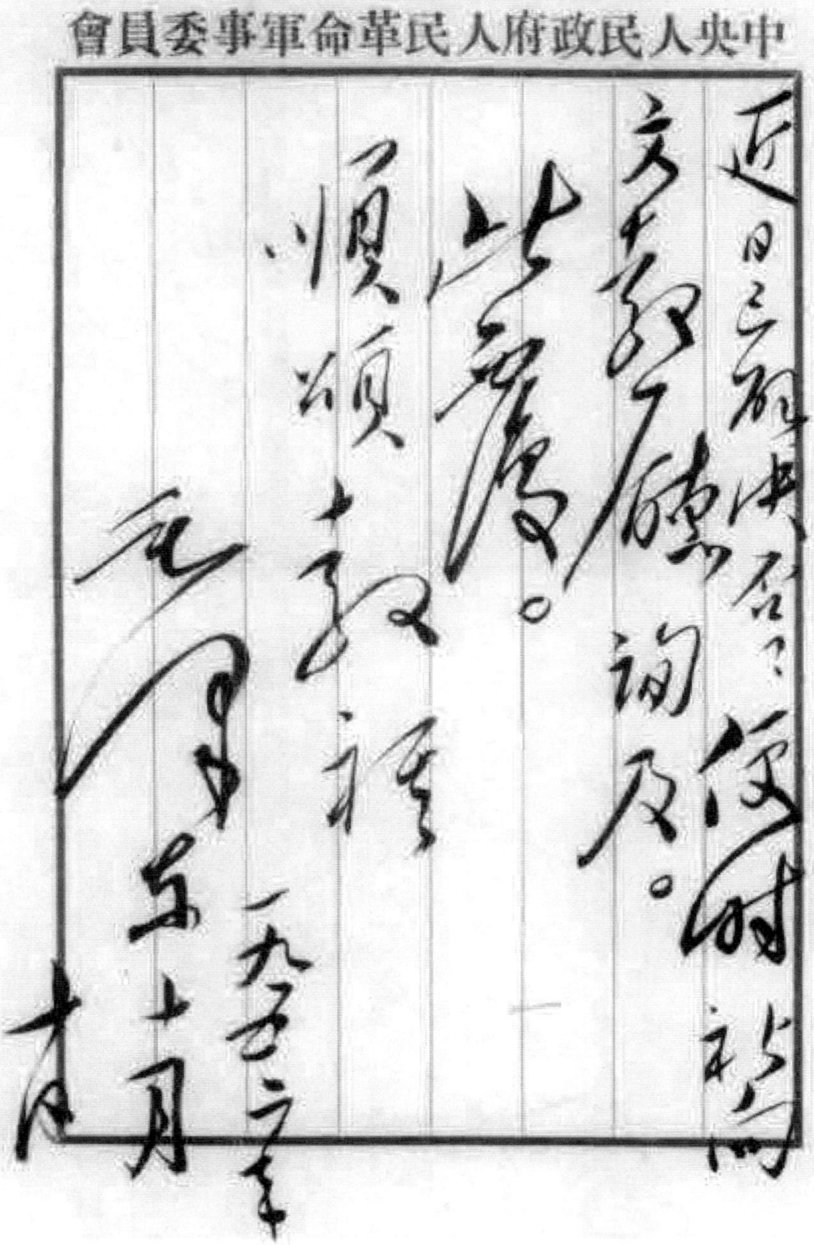

中央人民政府人民革命軍事委員會

近日已就决否？便时祈询
文教部碘询及。
此复。
顺颂
教祺
毛泽东
一九五二年十一月十日

【注释】

①惇元：即周世钊，毛泽东在湖南一师读书时的同班同学，当时任一师校长。

②报纸：大致是当时刊有周世钊回忆毛泽东文章的报纸。

③文章：大致是周世钊回忆毛泽东的文章。

④蒋竹如：见本书正 15 注②。

⑤此信曾发表于《毛泽东与周世钊》[4]等。

1953 年 8 月 24 日，周世钊和余寅、周思永、周思益、周彦瑜、周思源在岳麓山。

正 17　1955 年 5 月 1 日的书信

惇元[①]兄：

三月惠书收读，甚谢！学校部署很好[②]。规模和经费均不要同他处立异[③]，但在教学内容方面多做工作，这就是我所希望的。我情形如去年那样，游水颇有好处。

顺颂

教安

毛泽东

一九五五年五月一日

信封：湖南第一师范　周惇元校长　毛寄

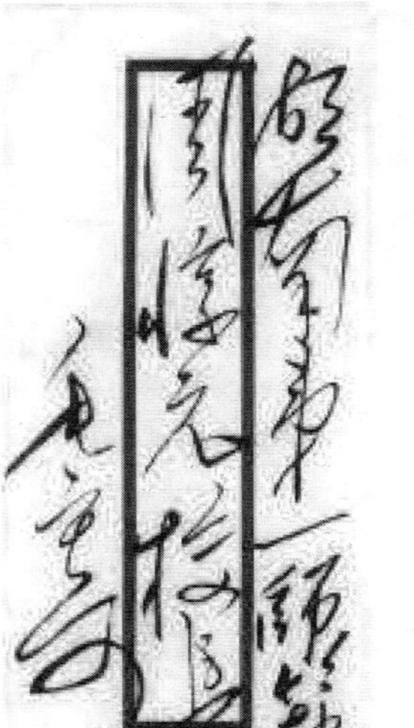

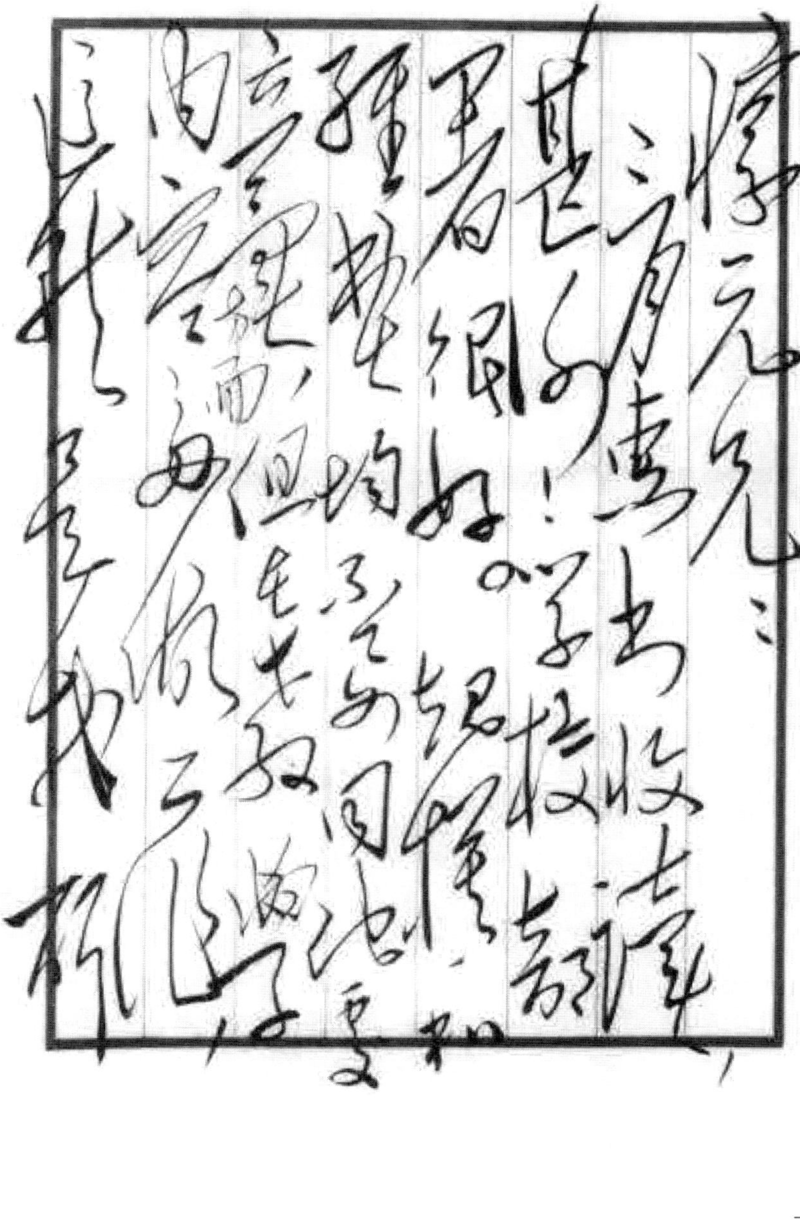

【注释】

①惇元：即周世钊，毛泽东在湖南一师读书时的同班同学，当时任一师校长。

②学校部署很好：1954 年，湖南一师由长沙市岳麓山左家垅搬回妙高峰原址，进行了新的部署。

③规模与经费不要与他处立异：毛泽东曾对一师做过“规模不宜过大”的指示，同时还将两本签名的《毛泽东选集》第一卷交周世钊带给一师图书馆。

④此信曾发表于《毛泽东与周世钊》[4]等。

20 世纪 60 年代的毛泽东

正 18　1955 年 10 月 4 日的书信

惇元[①]兄：

惠书早已收读，迟复为歉。承录示程颂万[②]遗作，甚感，并请向曹子谷[③]先生致谢意。校额[④]诸件待暇当为一书，近日尚未能从事于此。读大作各首[⑤]甚有兴趣，奉和一律[⑥]，尚祈指政。春江[⑦]浩荡暂徘徊，又踏层峰[⑧]望眼开。风起绿洲[⑨]吹浪去，雨从青野上山来。尊前[⑩]谈笑人依旧，域外鸡虫事[⑪]可哀。莫叹韶华[⑫]容易逝，卅年仍到赫曦台[⑬]。

顺问

近佳

毛泽东

一九五五年十月四日

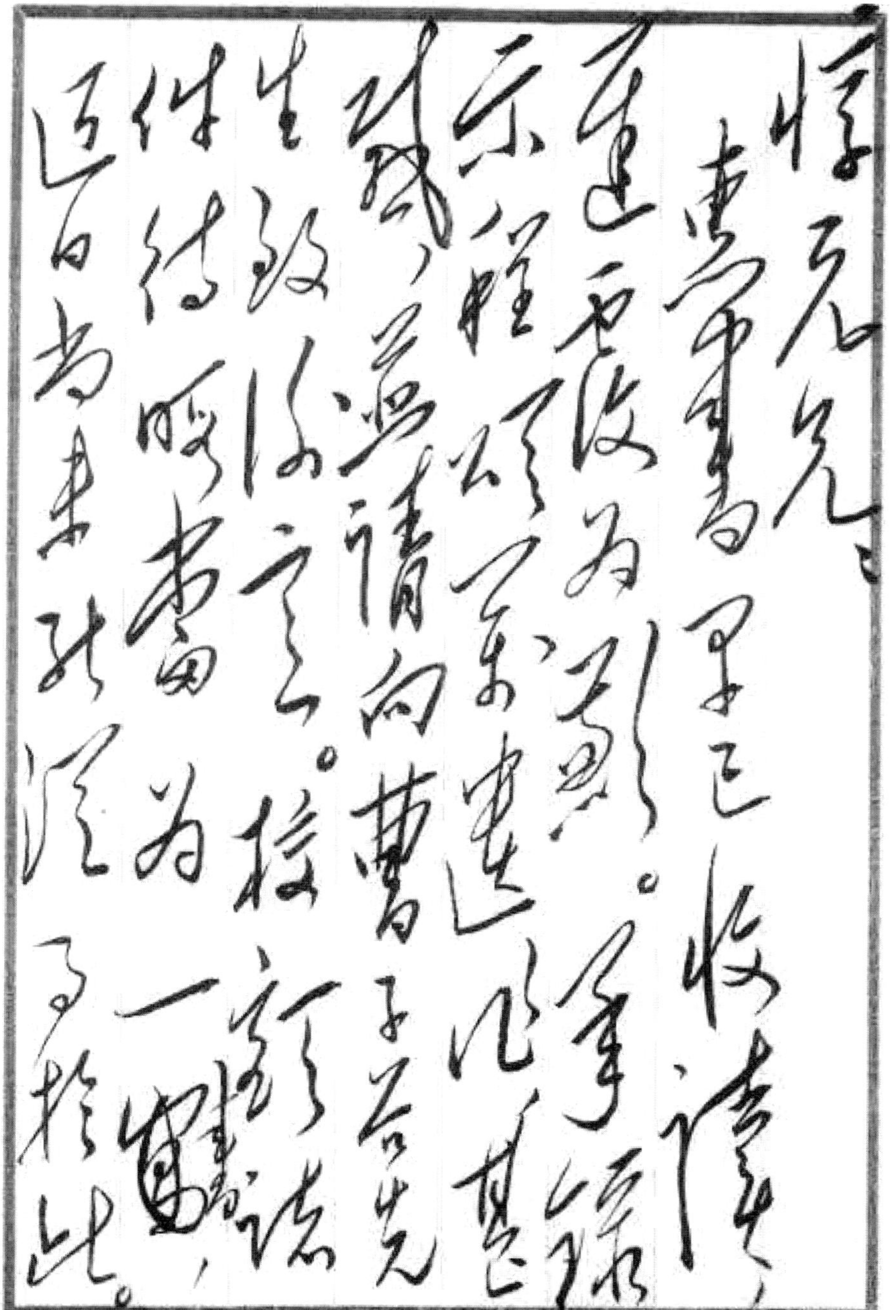
惇元兄：

惠书早已收读，[illegible]。[illegible]请向曹子谷先生致候之。[illegible]为一谈。[illegible]此。

读大作各首，甚有兴趣，奉和一律，尚祈指政。

春江浩荡暂徘徊，又踏层峰望眼开。风起绿洲吹浪去，雨从青野上山来。尊前谈笑人依旧，域外鸡虫事可哀。莫叹韶

【注释】

①惇元：即周世钊，毛泽东在湖南一师读书时的同班同学，当时任湖南省教育厅副厅长兼一师校长。

②程颂万：湖南宁乡人，晚清诗人。

③曹子谷：(1876—1960)，名典球，湖南长沙人。1949年前担任过湖南省教育厅厅长、湖南大学校长。1949年后曾任湖南省政协常委，湖南文史馆副馆长。

④校额：1955年，周世钊曾致函毛泽东，请求为湖南第一师范学校题写校名。因毛泽东日理万机，无暇题写，未能如愿题写。

⑤大作各首：指周世钊赠送毛泽东的一些诗词。其中包括作于1955年6月20日的《七律·从毛主席登岳麓山至云麓宫[1)]》：滚滚江声走白沙，飘飘旗影卷红霞。直登云麓三千丈[2)]，来看长沙百万[3)]家。故国几年空兕[4)]虎，东风遍地绿桑麻。南巡已见升平乐，何用书生颂物华[5)]。

对《七律·从毛主席登岳麓山至云麓宫》作必要的注释：

1）云麓宫：在岳麓山的云麓峰顶，系道教宫观。近旁有望湘亭，是纵览长沙风貌的观景点。

2）三千丈：此言云麓峰极高，夸张手法，并非实数。李白《秋浦歌·其十五》："白发三千丈，缘愁似个长。"

3）百万：这里是虚数。

4）故国几年空兕（音 si 寺）虎：故国，这里指故乡。空：尽，引申为绝迹。兕，古代兽名，似水牛，独角青色。兕虎，泛指猛兽，这里比喻凶恶的敌人。

5）物华：自然美景。杜甫《曲江陪郑八丈南史饮》诗："自知白发非春事，且尽芳尊恋物华。"

此诗被认为是毛泽东和诗的原诗。诗曾被收入文[6]中。文[6]搜集了自唐朝以来的历代诗人歌咏岳麓山的1500多首诗词，从中选注了198首，入选作者只有144位，近代作者仅六七人。这六七人中，就有毛泽东与周世钊。毛泽东的入选词为《沁园春·长沙》。作者简介中称毛泽东是一位伟大的诗人，他的诗词是革命浪漫主义和革命现实主义相结合的光辉典范。周世钊的入选诗词为《七律·从毛主席登岳麓山至云麓宫》和《踏莎行·秋日游爱晚亭》。作者简介中称周世钊为毛泽东同志在湖南省第一师范读书时的同班同学、密友。1949年后曾任湖南省副省长。喜爱文学，对诗词有造诣。

⑥奉和一律：1986 年的文[7]编者加题为：《七律·和周世钊同志》。1955 年 6 月 20 日，毛泽东在长沙由程潜、周世钊等人陪同，上午先到涨水的湘江游泳，后登岳麓山；中午在山巅望湘亭用餐，谈笑甚欢。周作《七律·从毛主席登岳麓山至云麓宫》赠毛。这是毛答周世钊的酬和之作。其时周任湖南省教育厅副厅长兼湖南省第一师范学校校长。

1991 年，这首和诗引起江泽民同志的瞩目。是年 3 月 16 日，江泽民同志在湖南岳麓书院视察。久雨初晴的长沙市岳麓山下，湖南大学岳麓书院古树吐绿，金色迎春花盛开。下午 3 点 35 分，三辆淡黄色旅行车在书院大门前停下。江泽民同志特地来视察这座历史悠久的学府。同行的有中央宣传部部长王忍之、湖南省委书记熊清泉和湖南省省长陈邦柱同志。这时，正在岳麓书院一带参观游览的群众纷纷汇集拢来，热烈鼓掌并高声呼喊："江总书记！您好！"江泽民同志满脸笑容向群众招手，健步走向书院门前的赫曦台。

岳麓书院文化研究所所长陈谷嘉教授向江泽民同志介绍：南宋著名的理学家朱熹来岳麓书院讲学时，经常与书院的山长张拭到岳麓山顶观日出。后来人们把岳麓山称为"赫曦峰"，并在峰顶建"赫曦亭"以为纪念。清朝时，书院山长罗典把亭移到这里，改名为"赫曦台"。"'赫曦'是什么意思？"江泽民同志谦虚平易地问。

"是太阳喷薄欲出的情景。"

"哦，'曦'是晨曦的意思，"江泽民同志继续问道，"这个'赫'是什么意思呢？"

"是光明之意，这赫曦台后来成了学生进行文娱活动的场所。"

江泽民同志举步登上赫曦台，陈教授又向他介绍墙壁上一个约两米高的"寿"字：清代时，罗典设"鹿鸣宴"以庆贺科举题名时，书院来了一个道士，出言能诗善对，并要求留宿书院，自行睡在赫曦台上。第二天一早道士就不见了，在墙上留下了这个"寿"字。字形如龙蛇盘绕，颇有气势，据说是道士用扫帚蘸地上的黄泥所写。

江泽民同志听到这有趣的故事后，欣然用手顺着"寿"字的笔势比画着，欣赏着。

江泽民同志走到赫曦台正中，轻声吟读上面一首毛泽东同志的诗《和周世钊同志》：

春江浩荡暂徘徊，又踏层峰望眼开。
风起绿洲吹浪去，雨从青野上山来。

尊前谈笑人依旧，域外鸡虫事可哀。

莫叹韶华容易逝，卅年仍到赫曦台。

江泽民同志说：“主席的诗我基本上都能背出来，这首是何时发表的？我没有读过。”江泽民同志特别喜爱毛泽东同志的诗词。几天前在韶山时，他曾情不自禁地背诵过毛泽东同志的《七律·到韶山》《沁园春·雪》和《蝶恋花·答李淑一》等。他吩咐秘书“抄下来”。

2003 年，罗炽在文[8]中充分赏析了这首和诗。他说：“大凡赓和之作，不外依韵（依所和对象之诗韵）、用韵（用所和对象之原字，但不拘其次序）、步韵（亦称次韵，即按所和对象之原韵、原字次序作诗）三种。此外，还有一种，即依据所和对象诗之意蕴，抒发自我之情怀，而不拘其字韵，只须标题上附以‘和’字即可。毛泽东的这首和诗就属此类。”

罗炽先生还认为：“在我读到的毛泽东的唱和诗词中，从审美的角度讲，窃以为这首《和周世钊同志》的七律为最美。”

2003 年，李子建在文[9]中指出：“毛泽东诗词中运用动词最集中、最具特色的要数《七律·和周世钊同志》中的额联对仗：‘风起绿洲吹浪去，雨从青野上山来。’这首诗联意境美，词句美，动态美。前无古人，后待来者。十四个字中有‘起’‘吹’‘去’‘从’‘上’‘来’六个动词，其中‘风’对‘雨’，‘绿洲’对‘青野’，‘吹浪’对‘上山’，‘去’对‘来’，灵动俱在，巧夺天工。历代诗家称颂苏轼《过惶恐滩》中颈联两句诗的动词用得好：‘长风送客添帆腹，积雨浮舟减石鳞’用动镜头来深化意境，其中用了‘送’‘添’‘浮’‘减’四个动词，不愧为大手笔，但与毛泽东诗中的‘起’‘吹’‘去’‘从’‘上’‘来’六个动词相比，则未免‘略输文采’‘稍逊风骚’了。”

2004 年，龚国基在文[10]中认为“这首与老朋友的唱和诗通过重登岳麓山远眺的描述，抒发了对友人对家乡的一往情深，表现了作者永葆青春、奋进不息的豪情壮志和乐观、豁达的人生态度。意境开阔，文辞优美，哲理深刻，超凡脱俗，是一首感物咏怀的佳作。”

2005 年，冯锡刚在文[11]的《最喜诗人高唱至》中指出，翻开一部《毛泽东诗词集》，得有幸唱和的是柳亚子、郭沫若和周世钊三人。周是毛泽东的同学和同乡，他与毛泽东之唱和似不类于柳亚子和郭沫若，唱和往往带有私交的色彩。而毛泽东的心目中，柳亚子是“一位有骨气的旧文人”，郭沫若是一位事功意识很强的政治活动家。所以，毛泽东与柳、郭的唱和更富有政治色彩。

2005年，钱理群、袁本良在《二十世纪诗词注评》[12]中对这首诗的评述是："故地情深，老友情深。此诗清正和雅，显现了对世事人生的达观心境。"这首诗是该书中唯一的一首和诗。被称为"20世纪第一和"。

⑦春江：指涨水的湘江。

⑧层峰：连绵不断的山峰，这里指岳麓山。

⑨绿洲：指橘子洲，在长沙之西的湘江中。

⑩尊前：尊同"樽"，酒杯。尊前，酒席前。

⑪域外鸡虫事可哀：国外的某些事情像鸡虫得失一样渺小，纠缠这些小事的人是可悲的。唐杜甫《缚鸡行》："小奴缚鸡向市卖，鸡被缚急相喧争。家中厌鸡食虫蚁，不知鸡卖还遭烹。虫鸡于人何厚薄？吾叱奴人解其缚。鸡虫得失无了时，注目寒江倚山阁。"

⑫韶华：美好的年华，指人的青年时代。

⑬赫曦（xi 西）台：在长沙市岳麓书院。南宋朱熹曾称岳麓山顶为赫曦，后因称山上的台为赫曦台。清代因山上的台已毁，将原"赫曦台"匾额悬于岳麓书院"前台"，由此前台更名赫曦台。赫曦，指太阳光明盛大的样子。

毛泽东的《七律·和周世钊同志》不但具有史学与文学双重价值，而且还具有极高的书法艺术的第三重价值。它被多种书报刊遴选为毛泽东书法艺术的代表作。例如，2006年的中国教育曙光网《毛泽东的书法艺术》等。

⑭此信曾发表于《毛泽东书信选集》[1]等，诗部分曾发表于《毛泽东诗词选》[7]等。

正 19　1955 年 11 月 24 日的书信

惇元[1]兄：

你的信好久就收到了，你的大作及附件各种都已读悉。极为感谢！嘱写的字[2]至今未能应命。你那里还不那样急需罢，我想等一等再讲，如何？你下去跑没有？最好一年下去跑几次，每次两三星期也好。我最近出外跑了一次，觉头脑清新得多。你下去时，不只看学校，还可看些别的东西。再谈。

顺问

教安

毛泽东

一九五五年十一月二十四日

信封：湖南教育厅　周惇元同志　毛寄

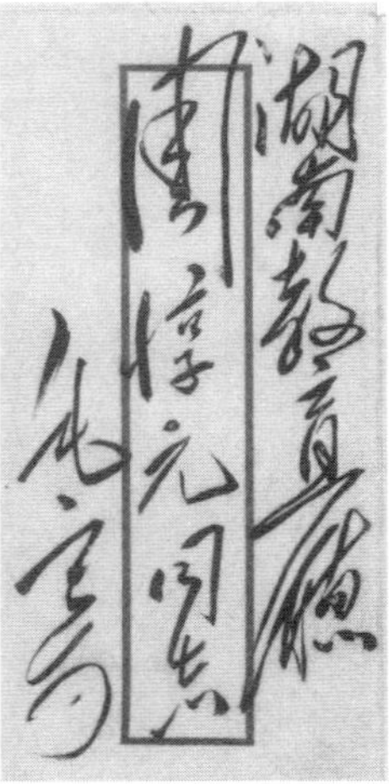

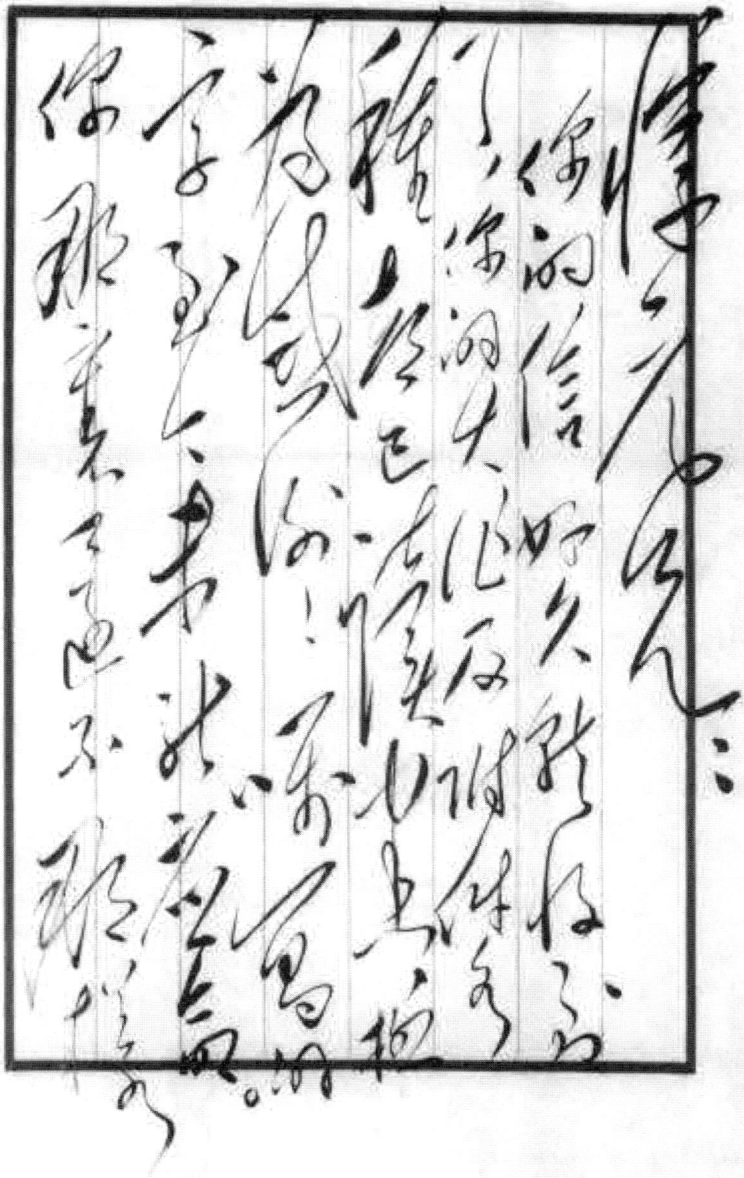

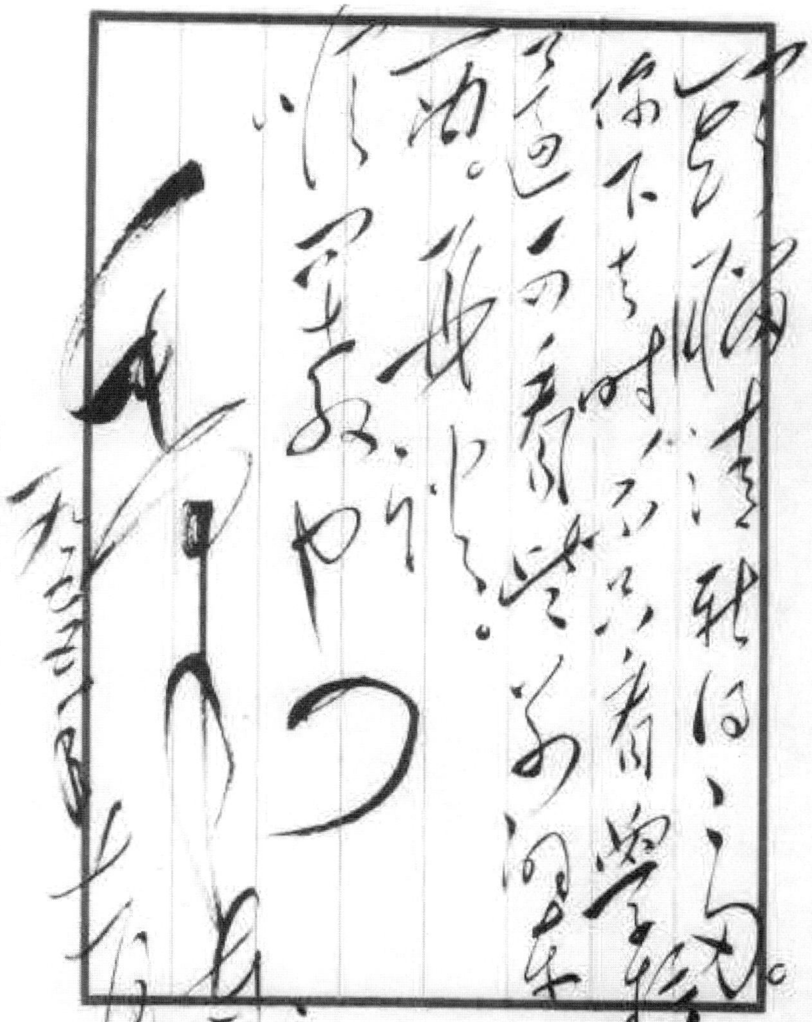

【注释】

①惇元：即周世钊，毛泽东在湖南一师读书时的同班同学，当时任湖南省教育厅副厅长兼一师校长。

②嘱写的字：1955 年，周世钊曾致函毛泽东，请求为湖南省第一师范学校题写校名。毛泽东于 1955 年 10 月 4 日第一次表示“待暇当为一书”。这是第二次表示我想等一等再讲。

③此信曾发表于《毛泽东书信选集》[1]等。

1957 年 4 月，周世钊（左一）陪同谢觉哉（左二）视察一师。

正 20　1956 年 12 月 5 日的书信

惇元[①]兄：

两次惠书均已收到，情意拳拳，极为高兴。告知我省察形情，尤为有益。校牌[②]仍未写，因提不起这个心情，但却时常在念，总有一天要交账的。时常记得秋风过许昌[③]之句，无以为答[④]。今年游长江，填了一首水调歌头，录陈审正。

水调歌头·长江[⑤]

才饮长沙水，又食武昌鱼。万里长江横渡，极目楚天舒。不管风吹浪打，胜似闲庭信步，今日得宽馀。子在川上曰：逝者如斯乎[⑥]！　风樯动，龟蛇静，起宏图。一桥飞架南北，天堑变通途。更立西江石壁，截断巫山云雨，高峡出平湖。神女应无恙，当惊世界殊。

暂时不会出国，你们的意见是正确的[⑦]。

问好！

毛泽东

一九五六年十二月五日

信封：湖南教育厅　周世钊同志　毛寄

湖南教育厅

周世钊同志

惇元兄：
两次惠书均已收到，情
意拳拳，极为高兴。告
知我省察情形，尤为有
益。校牌仍未写，因提
不起这个心情，但却时常
在念，终有一天要交账
的。时常记得读风过年诗

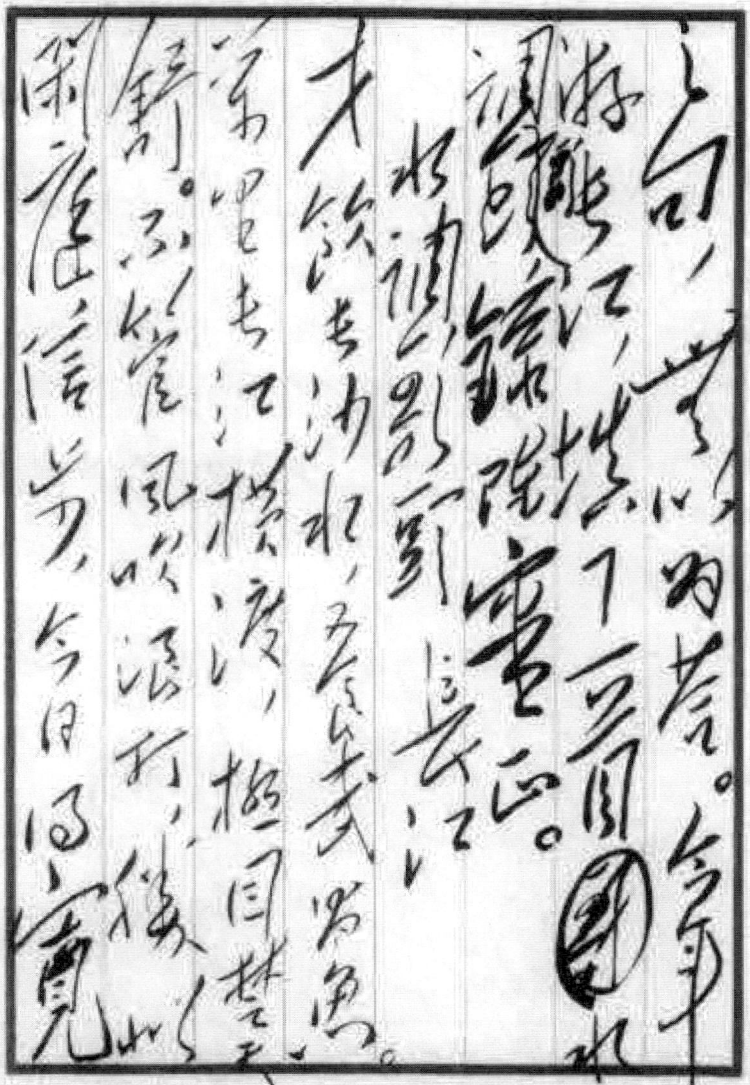

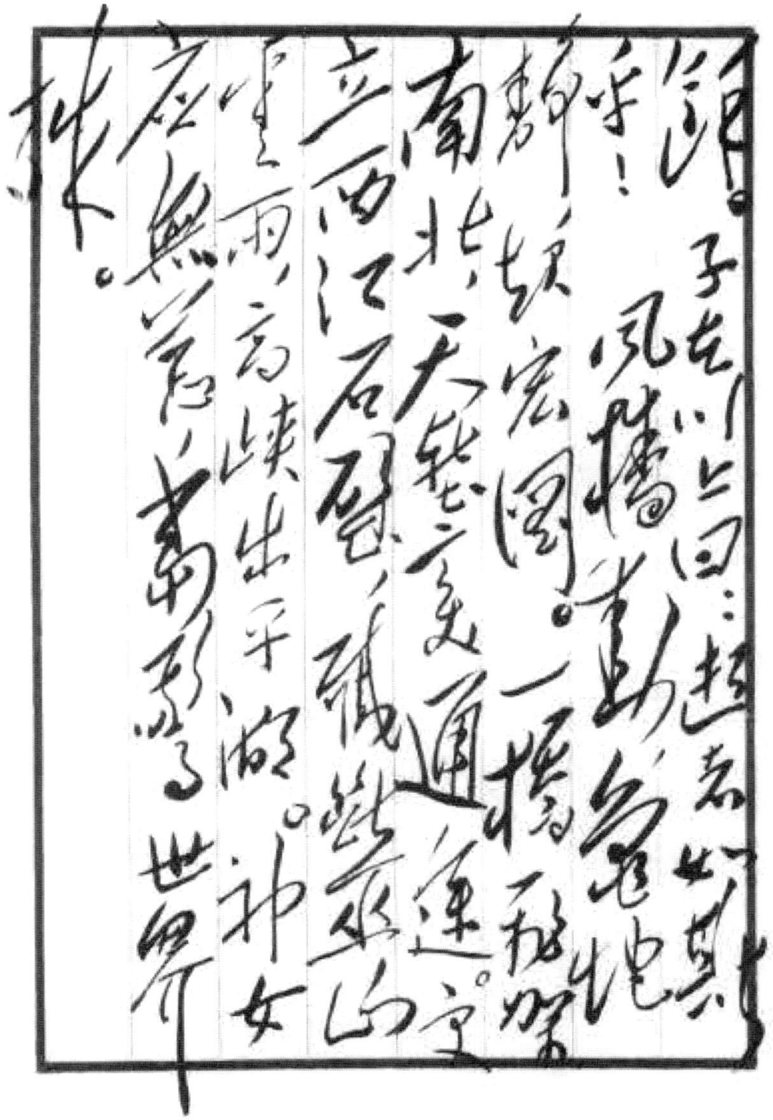
馀。子在川上曰：逝者如斯夫！风樯动，龟蛇静，起宏图。一桥飞架南北，天堑变通途。更立西江石壁，截断巫山云雨，高峡出平湖。神女应无恙，当惊世界殊。

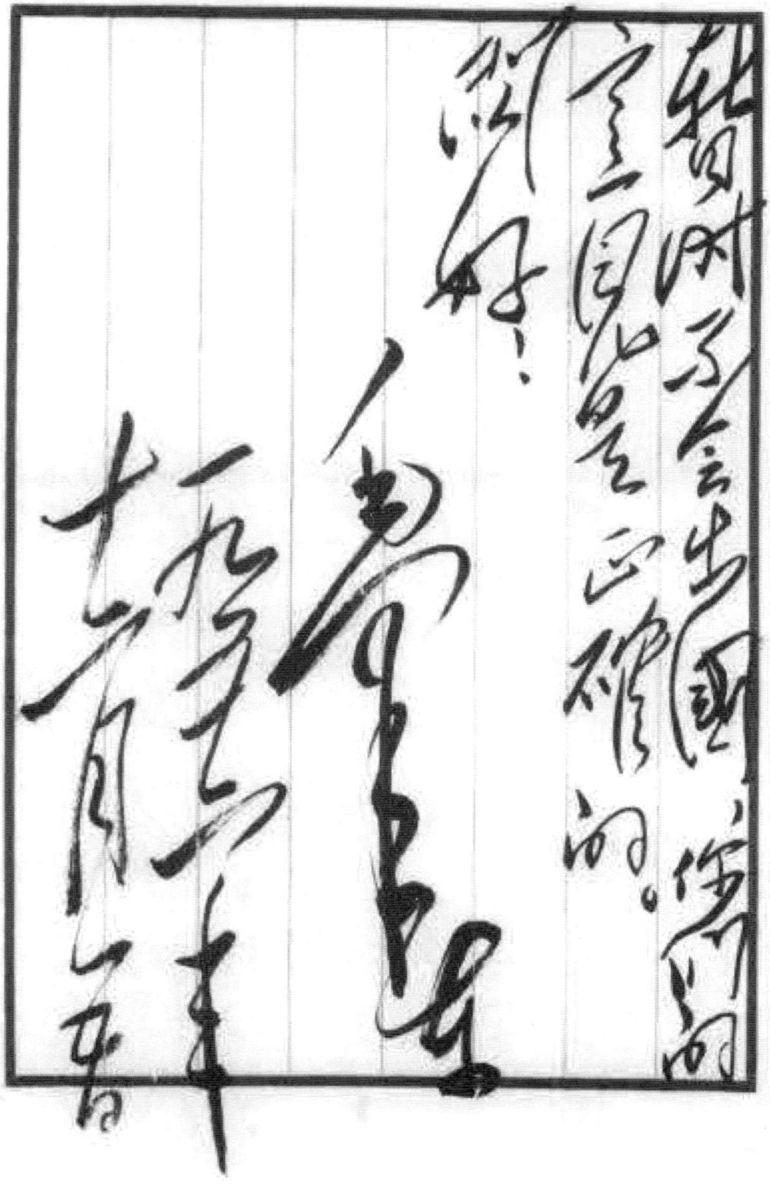

我们不会出国，你问的意见是正确的。

祝好！

毛泽东

一九五六年十二月一日

【注释】

①惇元：即周世钊，毛泽东在湖南一师读书时的同班同学，当时任湖南省教育厅副厅长兼一师校长。

②校牌：1955 年，周世钊曾致函毛泽东，请求为湖南第一师范学校题写校名。毛泽东于 1955 年 10 月 4 日第一次表示“待暇当为一书”。他又于 1955 年 11 月 24 日第二次表示“我想等一等再讲”。这是第三次表示“总有一天要交账的”。后来因故一直未能题写。

③秋风过许昌：指 1950 年 9 月 28 日清晨，周世钊受毛泽东之邀，北上相会。列车到了河南许昌，前去长沙邀请的章淼洪的爱人以炮兵师师长驻许昌。章要去看他，因此签票下车，在炮兵师部停留一日。周世钊到许昌市区闲逛了几个钟头，想寻曹操在许昌的遗迹，渺无可得。当时正是烟厂收购烟叶时，肩挑车送，络绎不绝，而郊区则遍地豆苗，已届黄落。于是周世钊口吟《五律 · 过许昌》[13]：“野史闻曹操，秋风过许昌。荒城临旷野，断碣卧斜阳。满市烟香溢，连畦豆叶长。人民新世纪，谁识邺中王！”诗中的邺中王即曹操。1983 年出版的《毛泽东书信选集》[1]中注释有 900 余条，而《五律 · 过许昌》是唯一的一首他人诗词。

④为答：毛泽东是以《水调歌头•长江》答周世钊的《五律•过许昌》。文[1]共收入毛泽东在 1920 年至 1965 年期间的 372 封书信。这些信中有毛泽东诗词全文的只有 3 封信，一封是 1955 年 10 月 4 日致周世钊的，信中有《七律 · 和周世钊同志》；又一封是 1956 年 12 月 5 日致周世钊的，信中有《水调歌头 · 长江》；第三封是 1957 年 5 月 11 日致李淑一的，信中有《蝶恋花 · 答李淑一》。毛泽东在 1955 年写了《和周世钊同志》，1956 年他又写了《答周世钊》。在毛的众多诗友中，周是唯一的一个既有毛的和诗又有答诗的诗友。文[2]认为“毛周赠诗互答，酬唱奉和，为世人叫绝”。

⑤长江：1957 年 1 月号《诗刊》正式发表时改题为游泳。

⑥乎：同年 12 月 16 日给黄炎培的信中及正式发表时订正为“夫”。

⑦你们的意见是正确的：当年毛泽东已接受印尼总统苏加诺的邀请，准备访问印尼。而周世钊等人认为印尼社会治安不好，不宜访问。毛吸取了周等意见，并认为是正确的。

毛泽东的《水调歌头 • 游泳》在许多场合被遴选为毛泽东书法的代表作。例如，1986 年版的《毛泽东诗词选》就录有 1956 年 12 月 5 日的毛泽东手迹，季世昌先生的《毛泽东诗词鉴赏大全》则以此手迹作为书脊，毗邻毛主席纪念堂的“毛小青酒家”将《水调歌头 • 游泳》装嵌在最醒目处，等等。这一幅字写得流水行云，潇洒美观，可以认为是毛泽东的得意之作，系毛泽东可遇而不可求的书法作品。

⑧此信曾发表于《毛泽东书信选集》[1]等。词部分被编入《毛泽东诗词选》[7]等。

毛泽东在武汉横渡长江

正 21　1957 年 12 月 17 日的书信[①]

惇元[②]同志：

来信收到，极为感谢。因忙迟复，幸谅。你好吗？我还可以，勿以为念。

祝好！

毛泽东

一九五七年十二月十七日

信封：湖南教育厅　周惇元同志　毛寄

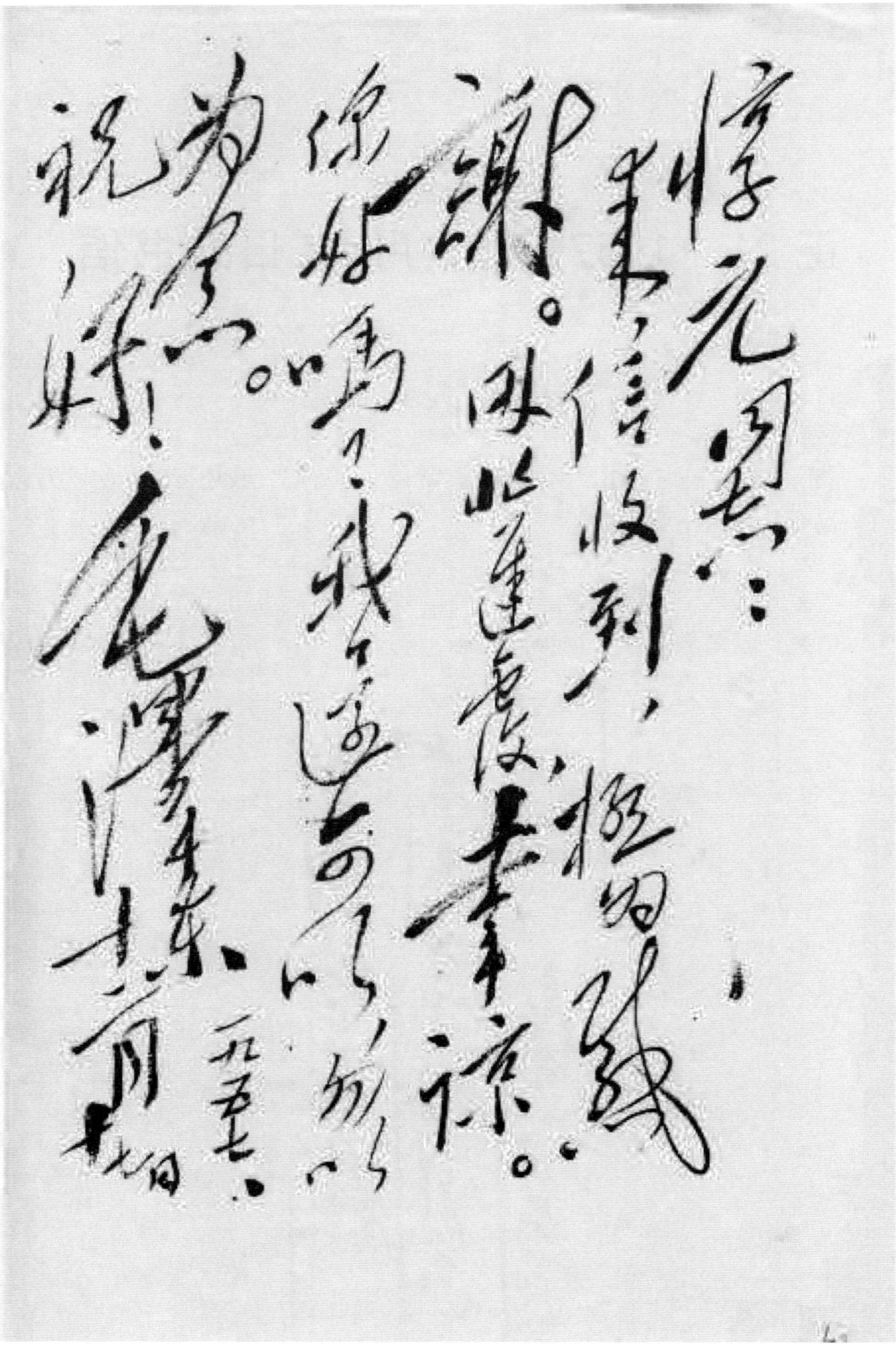

惇元同志：

来信收到，极为感谢。此[illegible]。你好吗？我[illegible]，勿以为念。

祝好！

毛泽东

十一月十七日

一九五七

【注释】

①1957 年 12 月 17 日的书信：纯属友人之间的问安书信。

②惇元：即周世钊，毛泽东在湖南一师读书时的同班同学，当时任湖南省教育厅副厅长兼一师校长。

③此信曾发表于《毛泽东与周世钊》[4]等。

正 22　1958 年 10 月 25 日的书信

惇元兄[①]：

赐书收到，10 月 17 日的，读了高兴。受任新职，不要拈轻怕重，而要拈重鄙轻。古人有云：贤者在位，能者在职，二者不可得而兼。我看你这个人是可以兼的[②]。年年月月日日时时感觉自己能力不行。实则是因为一不甚认识自己；二不甚理解客观事物——那些留学生们，大教授们，人事纠纷，复杂心理，看不起你，口中不说，目笑存之，如此等类。这些社会常态，几乎人人要经历的。此外，自己缺乏从政经验，临事而惧，陈力而后就列，这是好的。这些都是实事，可以理解的。我认为聪明、老实二义，足以解决一切困难问题。这点似乎同你谈过。聪谓多问多思，实谓实事求是。持之以恒，行之有素，总是比较能够做好事情的。你的勇气，看来比过去大有增加。士别三日，应当刮目相看了。我又讲了这一大篇，无非加一点油，添一点醋而已。坐地日行八万里[③]，蒋竹如[④]讲得不对，是有数据的。地球直径约一万二千五百公里，以圆周率 3．1416 乘之，得约四万公里，即八万华里。这是地的自转（即一天时间）里程。坐火车、轮船、汽车，要付代价，叫做旅行。坐地球，不付代价（即不买车票），日行八万华里，问人这是旅行么，答曰不是，我一动也没有动。真是岂有此理！囿于习俗，迷信未除。完全的日常生活，许多人却以为怪。巡天，即谓我们这个太阳系（地球在内）每日每时都在银河系里穿来穿去。银河一河也，河则无限，“一千”言其多而已。我们人类只是“巡”在一条河中，“看”则可以无数。牛郎晋人，血吸虫病，蛊病，俗名鼓胀病，周秦汉累见书传，牛郎自然关心他的乡人，要问瘟神情况如何了。大熊星座，俗名牛郎星（是否记错了？），属银河系[5]。这些解释，请向竹如道之。有不同意见，可以辩论。十一月我不一定在京，不见也可吧！

毛泽东

一九五八年十月二十五日

信封：湖南省人民委员会　周世钊副省长　毛缄

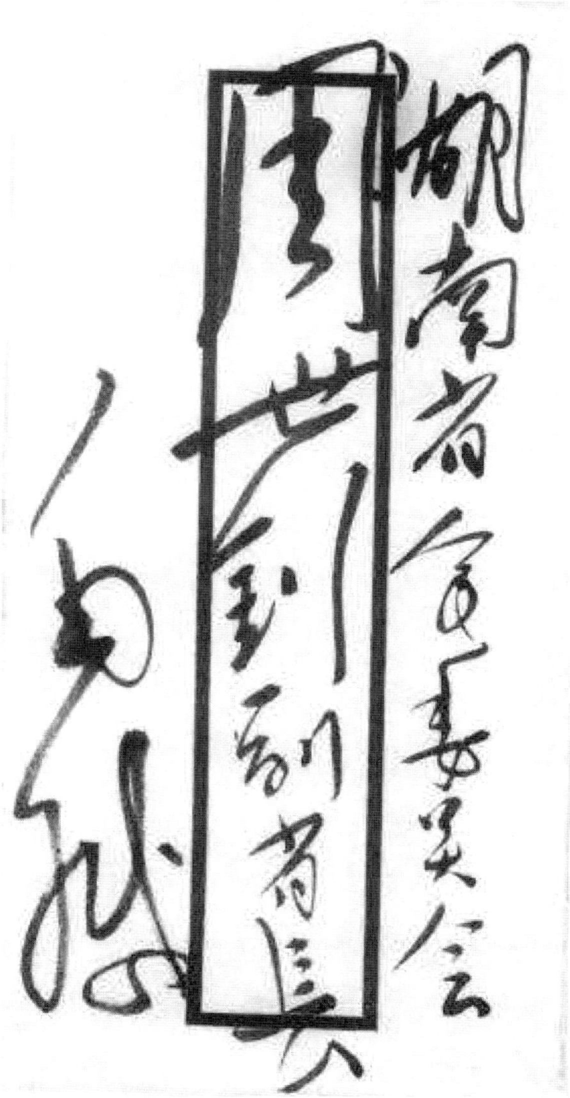

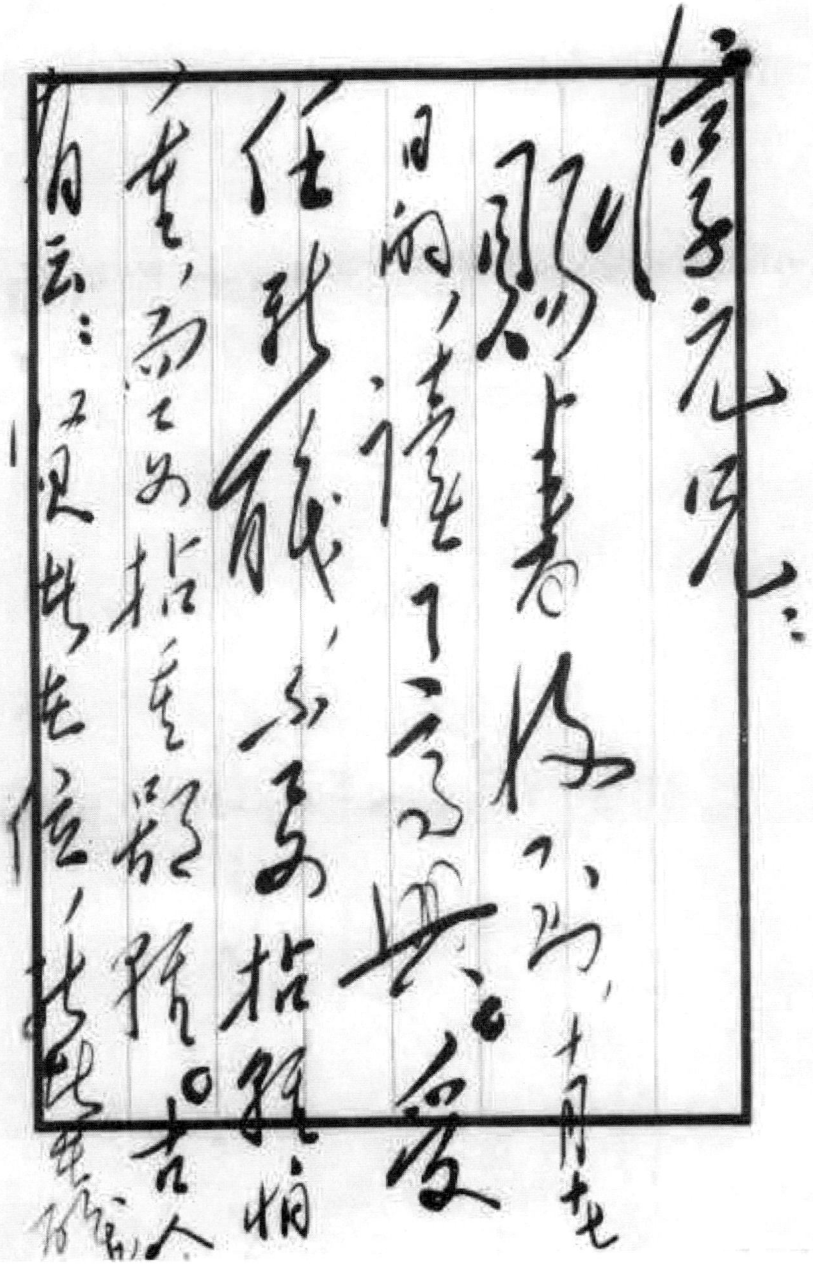

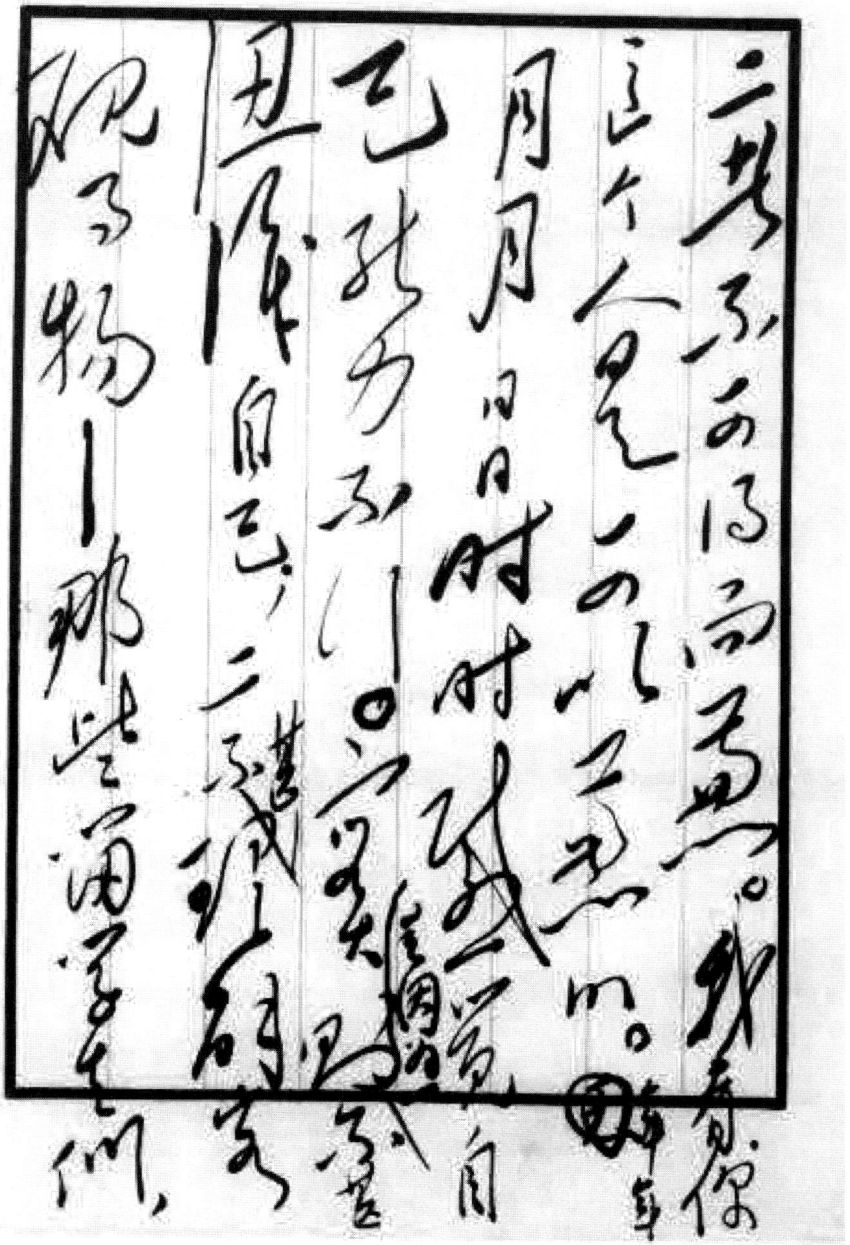

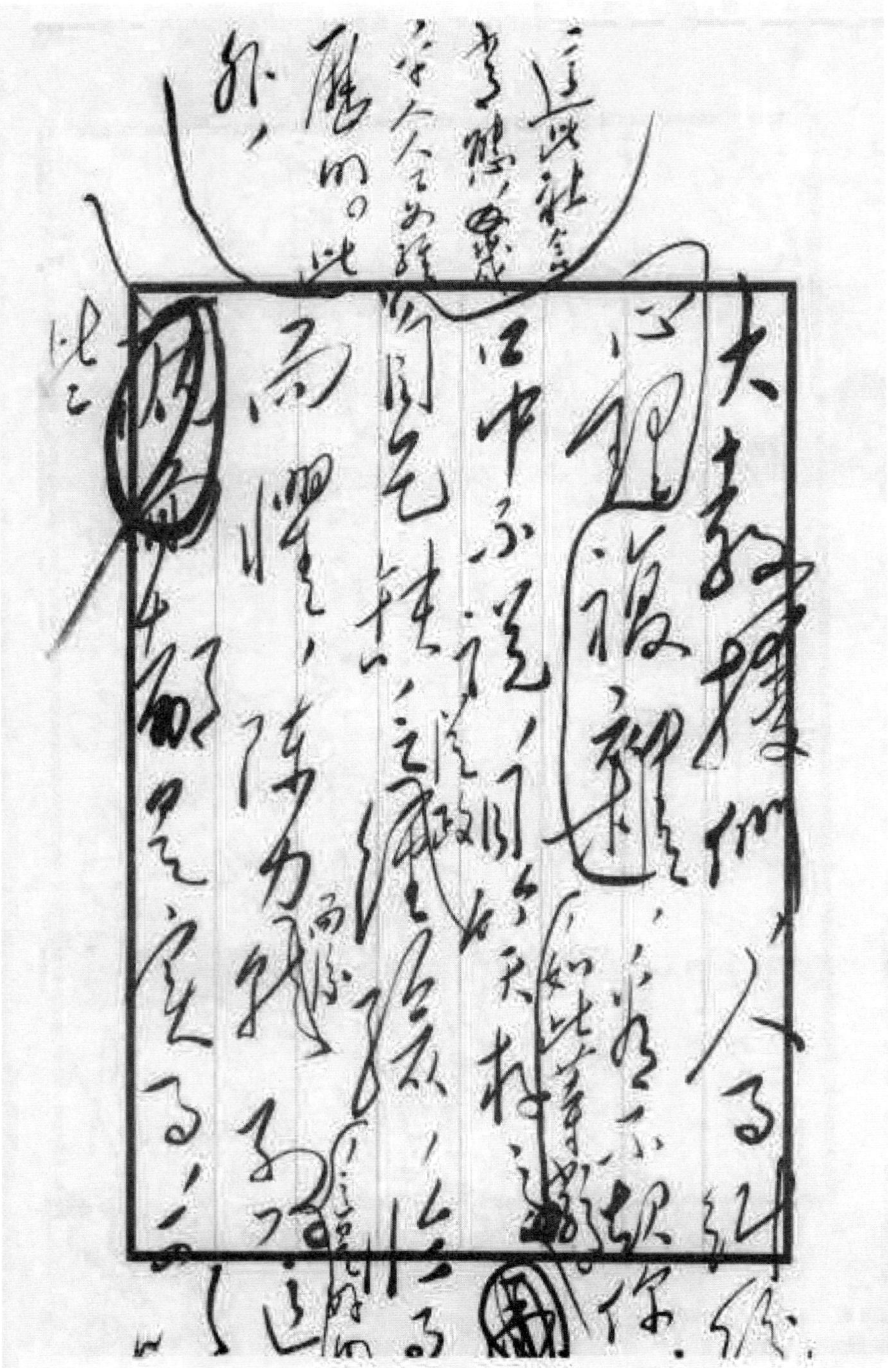

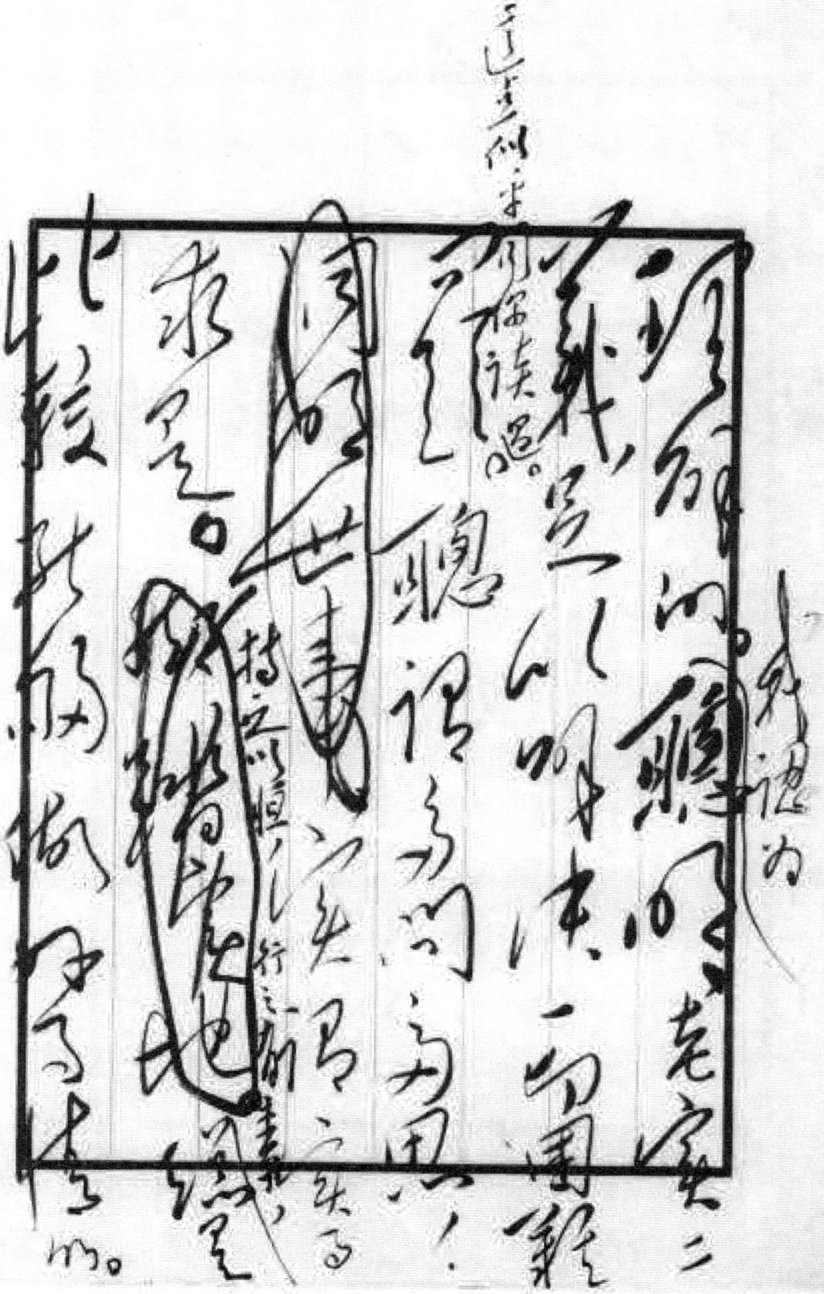

你的前函已写过去大隐（看来的）
出去三日，应当出利用
相君了。我又讲了一天
区，管我加以添改一
错而已。坐地日行八万里，
蒋竹如讲得不对，是有数

据测。地球直径约一万二千五百公里，以圆周率三点一四一六乘之，得约四万公里，即八万华里。这是地球自转一昼夜时间里程。坐火车、轮船、汽车，要付代价，或叫旅行。坐地球，不付代价，即

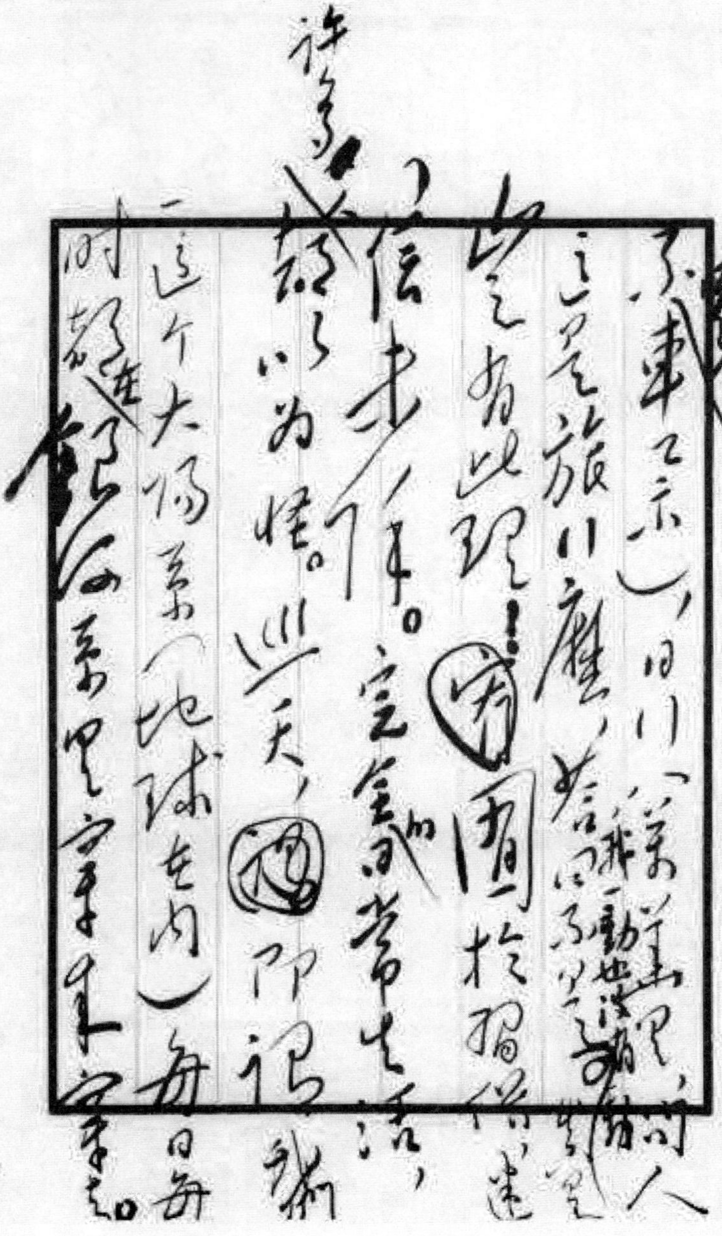

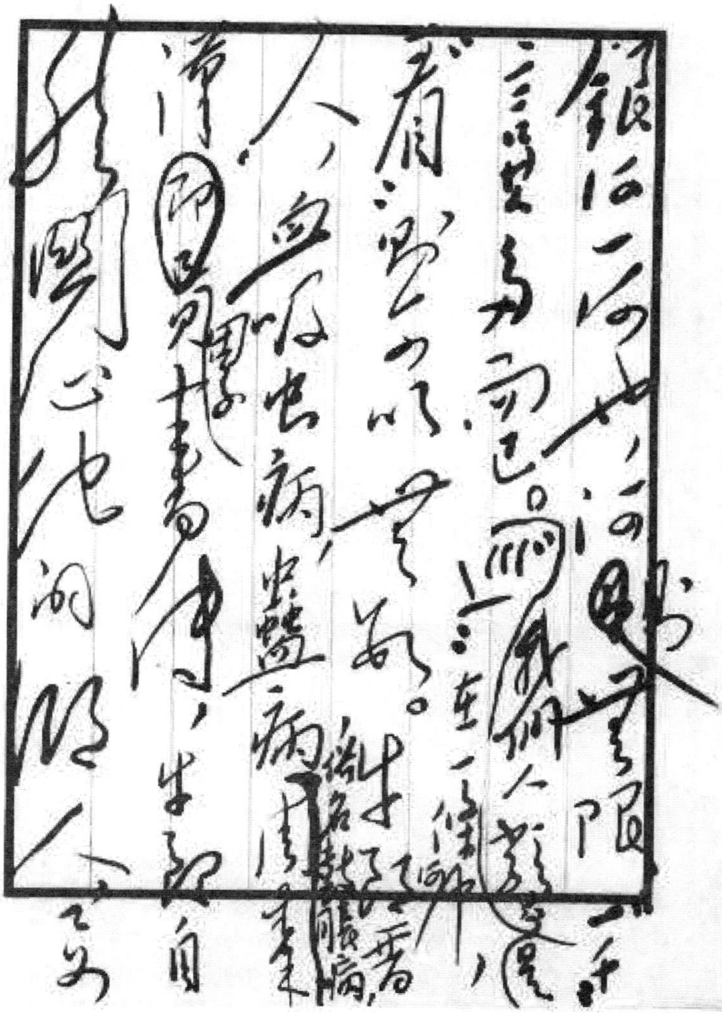

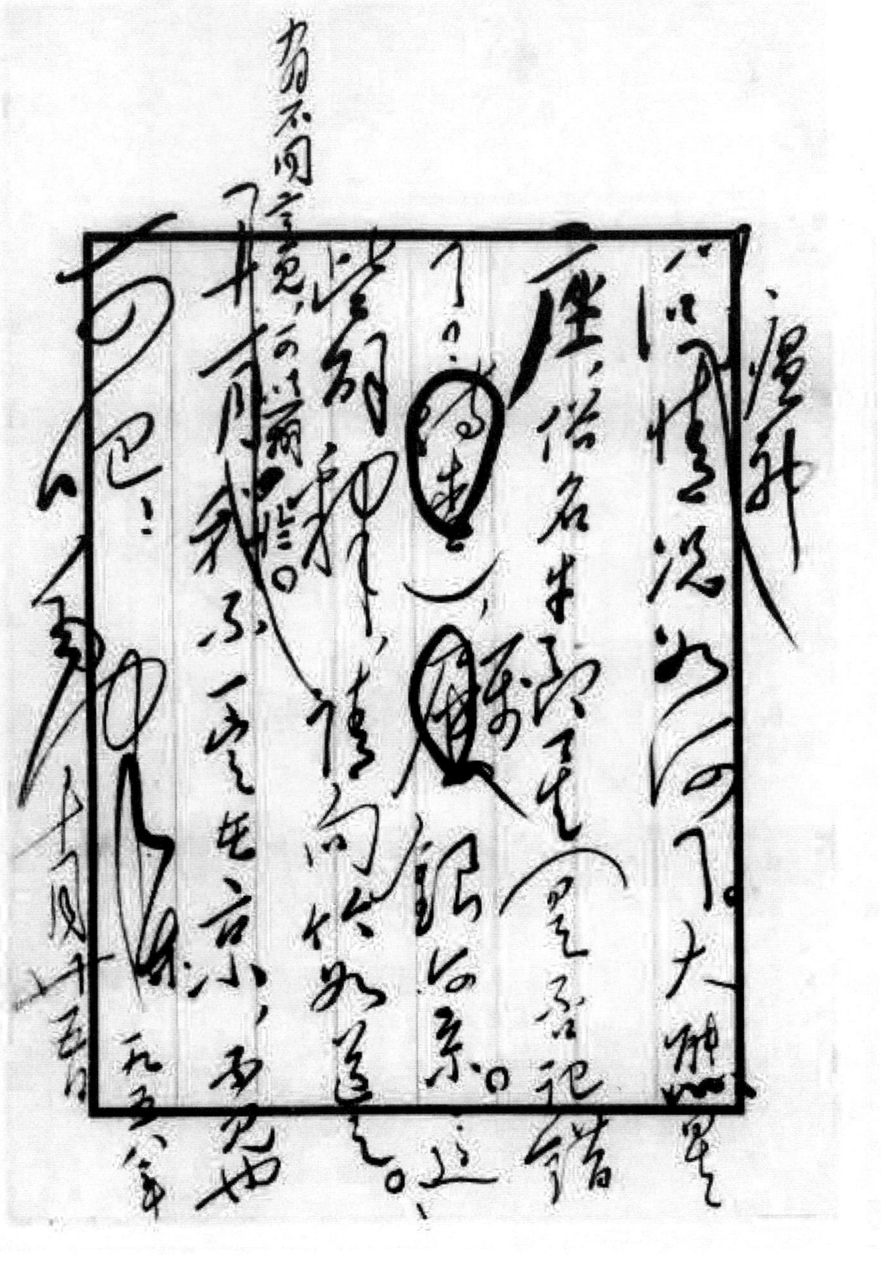

【注释】

①惇元兄：即周世钊，毛泽东在湖南一师读书时的同班同学，1958 年 7 月起任湖南省副省长。

②古人有云：贤者在位，能者在职，二者不可得而兼。我看你这个人是可以兼的：毛泽东引用古人的话激励周。他从贤德和能力两个方面对周进行了高度评价。从我们能看到的毛泽东评点古今中外人物中，这样的评价是仅有的一次。1920 年，毛说周是一个真能爱我，又真能于我有益的人[14]。

③坐地日行八万里：毛泽东诗《七律·送瘟神》中的一句。该诗写于 1958 年 7 月 1 日，最早发表在 1958 年 10 月 3 日的《人民日报》上。诗发表后的第 22 天即 1958 年 10 月 25 日，毛泽东写下了长达 400 字的注释。这恐怕是公开发表中最长的一篇毛泽东自注诗词的文字了。

④蒋竹如：见本书正 15 注②。

⑤银河系：牛郎星不属于大熊星座，它是天鹰星座中的α星。大熊星座中的星和牛郎星都属银河系。

⑥此信曾发表于《毛泽东书信选集》[1]等。诗部分被编入《毛泽东诗词选》[7]等。

正23　1959年5月10日的书信[①]

东园兄[②]：

上次谈话未畅，历史唯物论观点[③]讲得不透，可以再来一谈否？如愿意来，企予望之，不胜欢迎之至！

祝好！

毛泽东

1959，5月10日上午九时[④] 倚枕书。

尚未睡觉，心血来潮，写此数语。

信封：民盟会议　周世钊先生　毛泽东寄

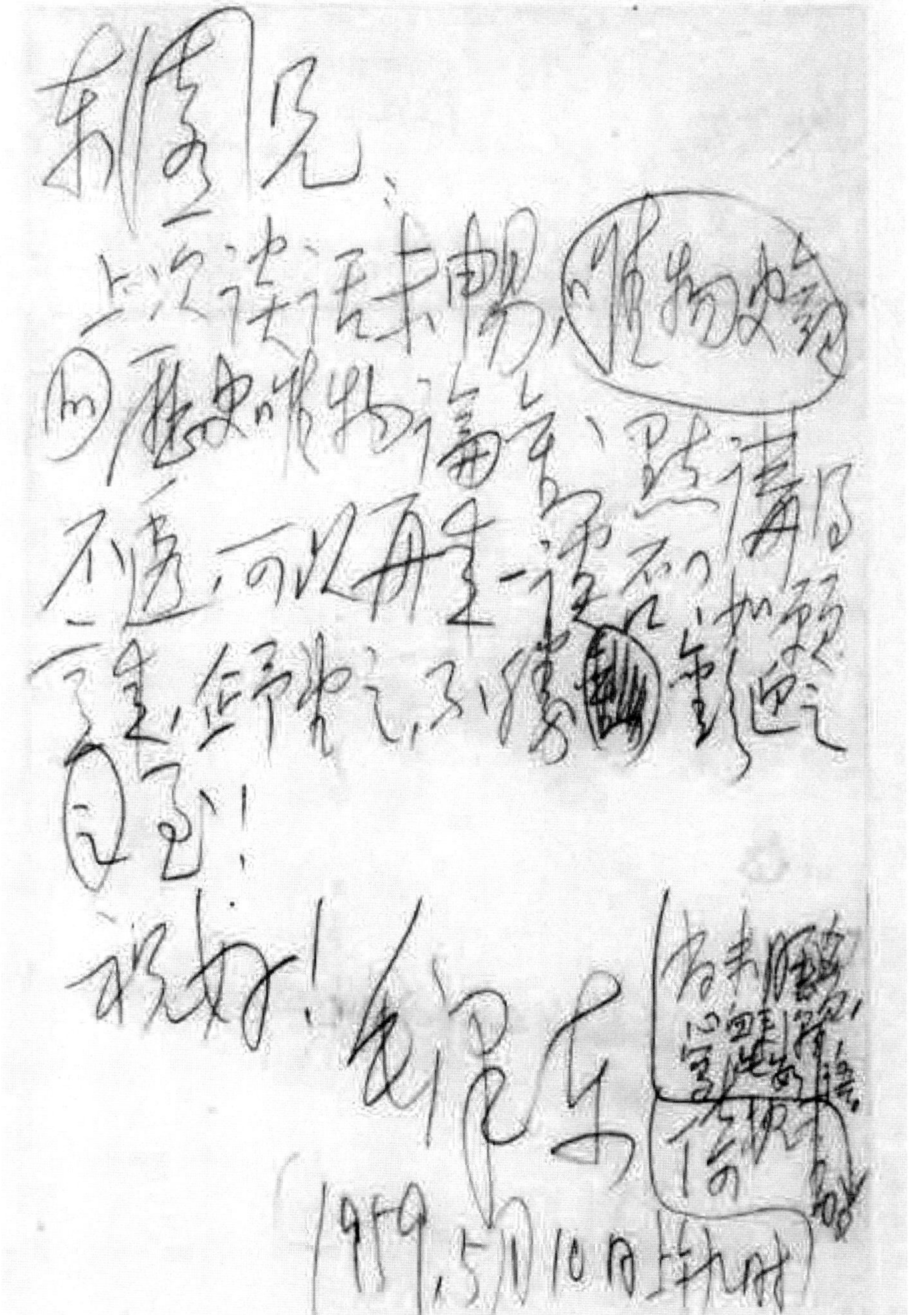
东[illegible]兄：

上次读[illegible]……

不透，可以再[illegible]……

……

[illegible]好！

1959.5.10日上午[illegible]

【注释】

①书信：这封不同寻常的信，虽简短而感情深，真正不拘形迹，别具一格。

②东园兄：即周世钊，毛泽东在湖南一师读书时的同班同学，当时任湖南省副省长、中国民主同盟中央委员，正在北京参加1959年5月5日至14日举行的民盟全国工作会议。

③历史唯物论观点：系指为曹操翻案问题。毛泽东认为应该为曹操翻案，是符合历史唯物论观点的。周世钊不同意此观点，认为曹操人品不好，不该为曹操翻案。

④上午九时：毛泽东通宵达旦地工作、学习，直到上午9时，在临睡前刻，倚枕写了此信。

⑤此信曾发表于《毛泽东书信选集》[1]等。

正 24　1959 年[1]12 月 29 日的书信

东园[2]兄：

信及诗收读，甚快。我尚好。某先生楚辞，甚想一读。请你代候蒋竹如[3]兄。又请你代候曹子谷[4]先生，谢谢他赠诗及赠南岳志。

顺祝平安

毛泽东

十二月二十九日

信封：湖南省政府　周副省长世钊　毛寄

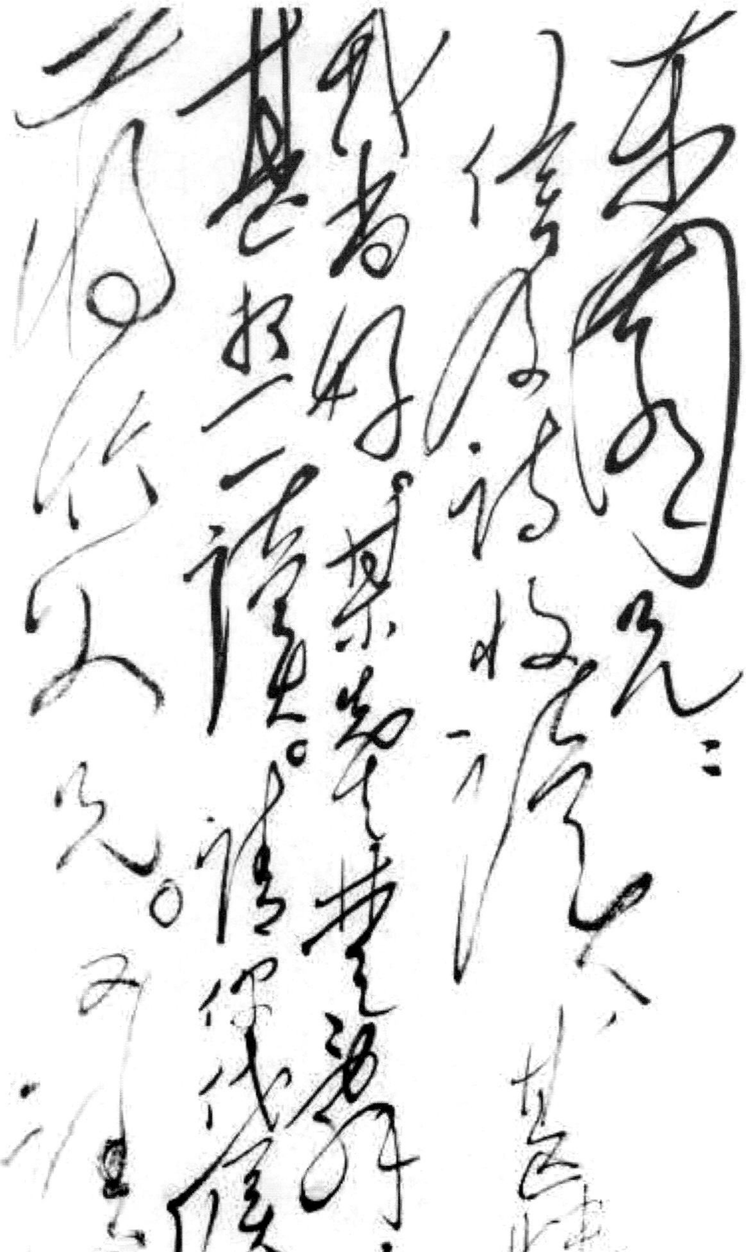

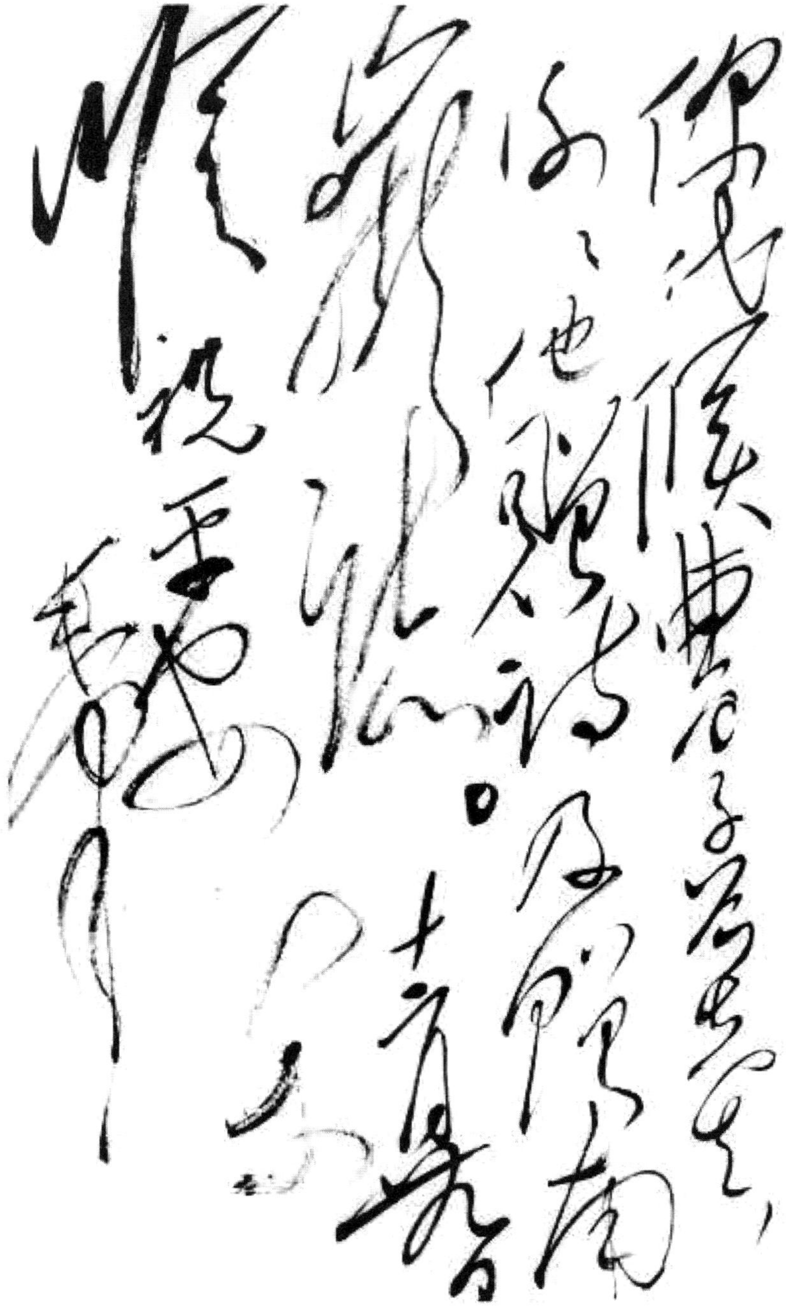

【注释】

①1959 年：因为毛泽东信中未写明年份。周世钊在 10 多年后整理信稿时，将其误作 1956 年，因此文[1]也说作 1956 年。后经齐得平先生订正为 1959 年，见附 3。

②东园：即周世钊，毛泽东在湖南一师读书时的同班同学，当时任湖南省副省长兼一师名誉校长。

③蒋竹如：见本书正 15 注②。

④曹子谷：见本书正 18 注③。

⑤此信曾发表于《毛泽东与周世钊》[4]等。

1960 年合影。前排右起为周世钊、张亮、余寅；后排右起为周孟瑜、周思永、周彦瑜、周思源

正 25　1961 年的答诗

诗一首·答周世钊①

九嶷山上白云飞，帝子乘风下翠微。
斑竹一枝千滴泪，红霞万朵百重衣。
洞庭波涌连天雪，长岛人歌动地诗。
我欲因之梦寥廓，芙蓉国里尽朝晖。

【注释】

①答周世钊：1961 年，毛泽东在接到周世钊的许多书信和诗词后，尤其是接到他的《江城子·国庆日到韶山》后，兴奋地挥笔撰写《诗一首·答周世钊》。

毛泽东撰写《诗一首·答周世钊》的依据何在？

2003 年，在毛泽东诞辰 110 周年时，中央文献出版社出版了《毛泽东诗词全编鉴赏》[8]。它披露的史实应当是可靠的，第一手的。它在第 315 页上说："顺便提一下，在林克留存的抄件上标题也是《答周世钊》，推断可能抄自该诗的初稿。"毛泽东《七律·答友人》的初稿写于 1961 年，他的秘书林克曾对毛泽东的一些诗词的手稿进行抄写。林克抄写的"九嶷山上白云飞……"一诗的标题为"答周世钊"。所以说，毛泽东在 1961 年撰写的该诗的标题就是"答周世钊"。

由此可见，1961 年，毛在撰写该诗初稿时是写了《诗一首·答周世钊》，这就是毛泽东一写"友人是周世钊"。

毛泽东撰写《诗一首·答周世钊》是他在 60 年代唯一不带政治色彩的

诗作。1961 年，毛泽东 4 次回湖南指导工作，饱享乡情湘韵[15]，他又收到周世钊寄赠的书信和诗词，于是赋诗抒情，由湘南九嶷山到湘北洞庭湖，从古老的历史神话到当今的工农业生产建设，神奇烂漫的遐想，美好感人的祝福，化作一曲友情赞歌、怀乡恋曲。诗人用充满热情、洋溢诗意的笔触，理想主义描绘出湖南的壮丽形象。

文[16]中认为，本诗是毛泽东同志诗词中色彩最绚丽的一首。白云、翠微、斑竹、红霞、连天雪、尽朝晖等等，流光而溢彩！色彩不等于感情，却是十分活跃的感情语汇。以色写情，常常使诗人与读者瞬息间心心相印，灵犀互启。本诗是答友人周世钊的，而且是湖南老家的友人，故情不自禁地调动了纯净、明快、赏心、悦目的色彩。这些色彩，将故乡的久远而优美的神话，将斑竹掩映、霞光铺彩的潇湘美景，将衔远山、吞长江、气象万千的洞庭风光，天然混成地融合在一起，形成了一种温馨的、乡土味儿和家常味儿极浓的感情氛围；有了这样的氛围，诗人便更能怡然自得地向老同学倾诉自己的衷曲了。

有人问，这首《诗一首•答周世钊》的原件究竟在何处？

1963 年 12 月，随着《毛主席诗词》的出版而正式发表了《七律•答友人》。自发表日始，向周世钊函借、面借《诗一首・答周世钊》的人和单位纷至沓来，保留下来的借函有袁水拍的、胡愈之的、文物出版社的等等。周世钊在一次整理毛泽东来信时，曾对 1949 年 11 月 15 日信后写道："原信，辗转借阅，因而遗失，此系未遗失前摹抄。" 1949 年 11 月 15 日的原稿周世钊盼了 27 年，一直到 1976 年去世也未能见到。在 1983 年编《毛泽东书信选集》时才由湖南第一师范交出。因此，《诗一首・答周世钊》是否也是别人借去了？

不管如何，《诗一首・答周世钊》的存在性是不容质疑的。

此诗曾以《答友人》发表于《毛泽东诗词集》[17]、《毛主席诗词》[18]及《建国以来毛泽东文稿》[19]。文［19］第 9 卷第 624 页称"有毛泽东手稿"。

2012 年 5 月 28 日，我们从中央档案馆取来毛泽东手稿的复印件，将其手稿还原成 1961 年初稿应为"诗一首・答周世钊"，如后页。

七　律
答友人[(1)]
（一九六一年）

九嶷山[(2)]上白云飞，帝子[(3)]乘风下翠微。斑竹一枝千滴泪，红霞万朵百重衣。洞庭[(4)]波涌连天雪，长岛[(5)]人歌动地诗。我欲因之梦寥廓，芙蓉国[(6)]里尽朝晖。

根据人民文学出版社一九八六年九月出版的《毛泽东诗词选》刊印。原载人民文学出版社一九六三年十二月出版的《毛主席诗词》。（有毛泽东手稿）

注　释

⑴　友人，指周世钊，毛泽东在湖南省立第一师范学校读书时的同学。当时任湖南省副省长。

⑵　九嶷山，又名苍梧山，在湖南省南部宁远县城南六十里。古代传说：尧帝有二女，名娥皇、女英，同嫁舜帝。舜南游死于苍梧，即葬其地。二妃寻舜至湘江，悼念不已，泪滴竹上而成斑点，称为湘妃竹。

⑶　帝子，指尧帝的两个女儿娥皇、女英。

⑷　洞庭，指洞庭湖，在湖南省北部。

⑸　长岛，指长沙橘子洲，又名水陆洲，是长沙城西湘江中的

詩一首

寄周世釗

毛泽东

九嶷山上白云飞，
帝子乘风下翠微。
斑竹一枝千滴泪，
红霞万朵百重衣。
洞庭波涌连天雪，
长岛人歌动地诗。
我欲因之梦寥廓，
芙蓉国里尽朝晖。

正 26　1961 年 12 月 26 日的书信[①]

世钊[②]同志：

惠书收到，迟复为歉。很赞成你的意见。你努力奋斗吧。我甚好，无病，堪以告慰。秋风万里芙蓉国，暮雨朝云薜荔村[③]。西南云气来衡岳，日夜江声下洞庭[④]。同志，你处在这样的环境中，岂不妙哉？

毛泽东
一九六一年十二月二十六日

信封：湖南省政府　周世钊同志　毛泽东

世钊同志：
惠书早已收到，
迟覆为歉。

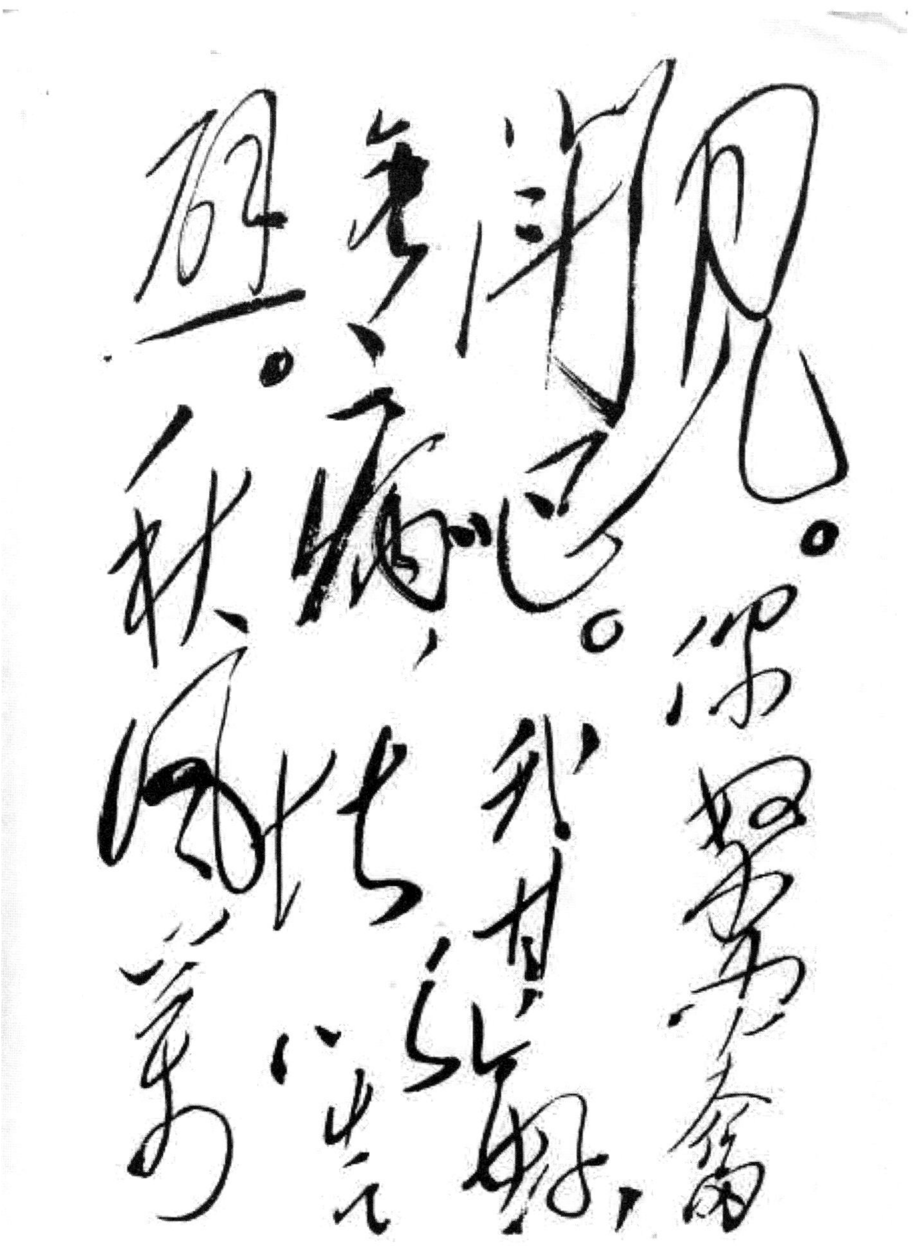

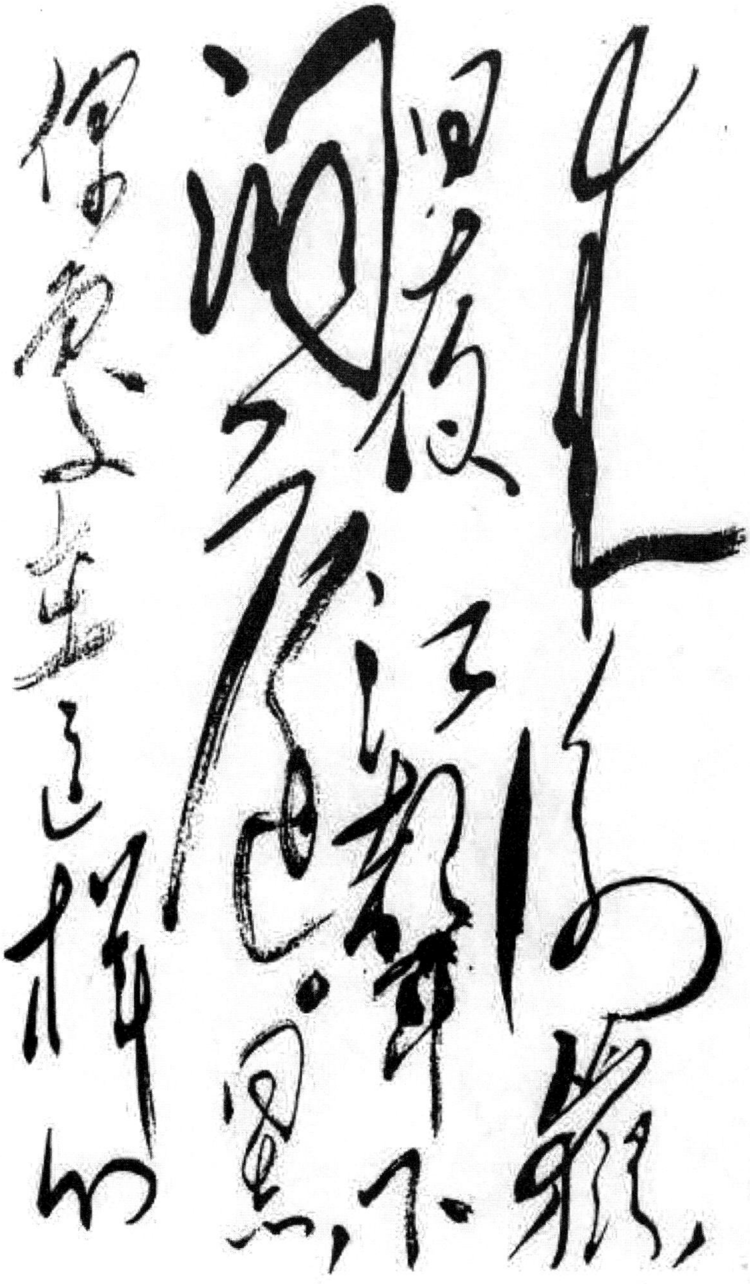

【注释】

①1961 年 12 月 26 日的书信：文[7]在其《七律 · 答友人》诗后的注释中写道：“《答友人》这首诗写作者（指毛泽东）对湖南的怀念和祝愿。友人即周世钊（1897—1976）。周是湖南宁乡人，作者在湖南省立第一师范学校的同学，曾加入新民学会。这时任湖南省副省长。解放后与作者信件来往颇多，并有诗词唱和。1961 年 12 月 26 日作者给周的信中，在引用‘秋风万里芙蓉国，暮雨千家薜荔村’，‘西南云气开衡岳、日夜江声下洞庭’两联以后说：‘同志，你处在这样的环境中，岂不妙哉？’可以跟本诗印证。”

②世钊：即周世钊，毛泽东在湖南一师读书时的同班同学，当时任湖南省副省长兼一师名誉校长。

③秋风万里芙蓉国，暮雨朝云薜荔村：见谭用之《秋宿湘江遇雨》（〈全唐诗〉卷 764）。后半句原为“暮雨千家薜荔村”。

④西南云气来衡岳，日夜江声下洞庭：出自清末诗人黄道让的《七律 · 重登岳麓》（《雪竹楼诗稿》卷 6）。上半句原为“西南云气开衡岳”。“西南云气开衡岳，日夜江声下洞庭”，曾被选为岳麓山对联。许多人把“开衡岳”误作“来衡岳”。其实，“开”字远胜于“来”字。“云气开衡岳”，人们看到的是衡岳。“云气来衡岳”则看到的是云气而不是衡岳了。这副对联没有一个字提到岳麓山，而写的恰恰是岳麓山。“西南云气开衡岳”，写的是岳麓山的西南，从天空着眼写山，好像南岳衡山也峥嵘可见，运用视觉来察颜观色。“日夜江声下洞庭”写的是岳麓山的东北，从地下落笔写水，似乎洞庭湖水也叮咚可听，运用听觉捕声捉音。寥寥 14 个字，囊括了湖南的雄山胜水。难怪毛泽东在经过 30 多年后的 1955 年 6 月，由周世钊等陪同重登岳麓山直至云麓宫时问道：“云麓宫壁间、柱上悬挂的‘西南云气开衡岳，日夜江声下洞庭’的联语和‘一雨悬江白，孤城隔岸青’的诗句如何不见了？”

⑤此信曾发表于《毛泽东书信选集》[1]等。

正27　1963年3月24日的书信

惇元[①]兄：

去年及今年惠寄数函并附诗词，都已收到，极为高兴。因忙迟复，尚祈鉴谅。为学校题字[②]，时间已过，可以免了吧。你到京时，我适外出，未能晤面，深致歉怀。嗣后如有所见，或有诗作，尚望随时见示为盼[③]！老校长张干[④]（忘其别甫，是否叫作次崙？）先生，寄我两信，尚未奉复。他叫我设法助其女儿[⑤]返湘工作，以便侍养。此事我正在办，未知能办得到否？如办不到，可否另想方法，请你暇时找张先生一叙，看其生活上是否有困难，是否需要协助。叙谈结果，见告为荷。蒋竹如兄[⑥]处，亦乞见时代为致意。他给我的信都已收到了。

顺问

安吉

毛泽东

一九六三年三月二十四日

信封：湖南省政府　周世钊先生　毛寄

惇元兄：

去年及今年惠书、寄示

阅，并附诗词，数段收

到，极为高兴。因

忙，迟复为歉。

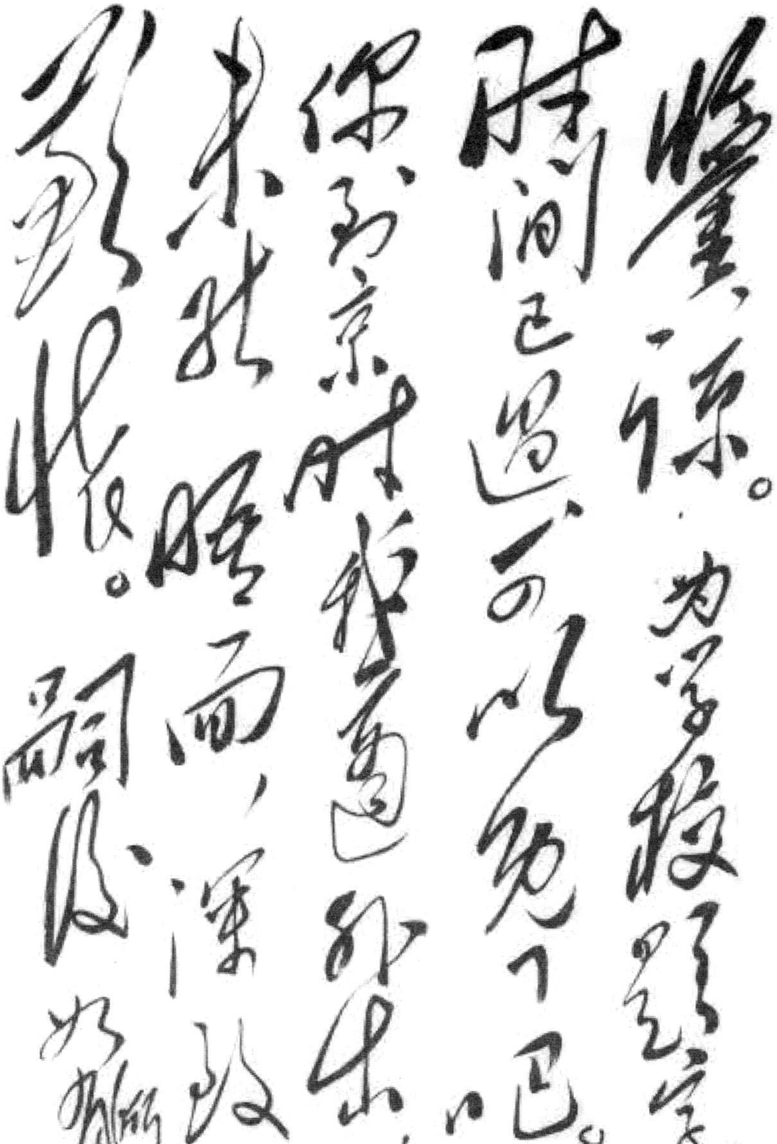
鉴谅。为学校写字，时间已过，可以免了吧。你到京时，我当通知你来，来我处晤面，深谈为快。
毛泽东

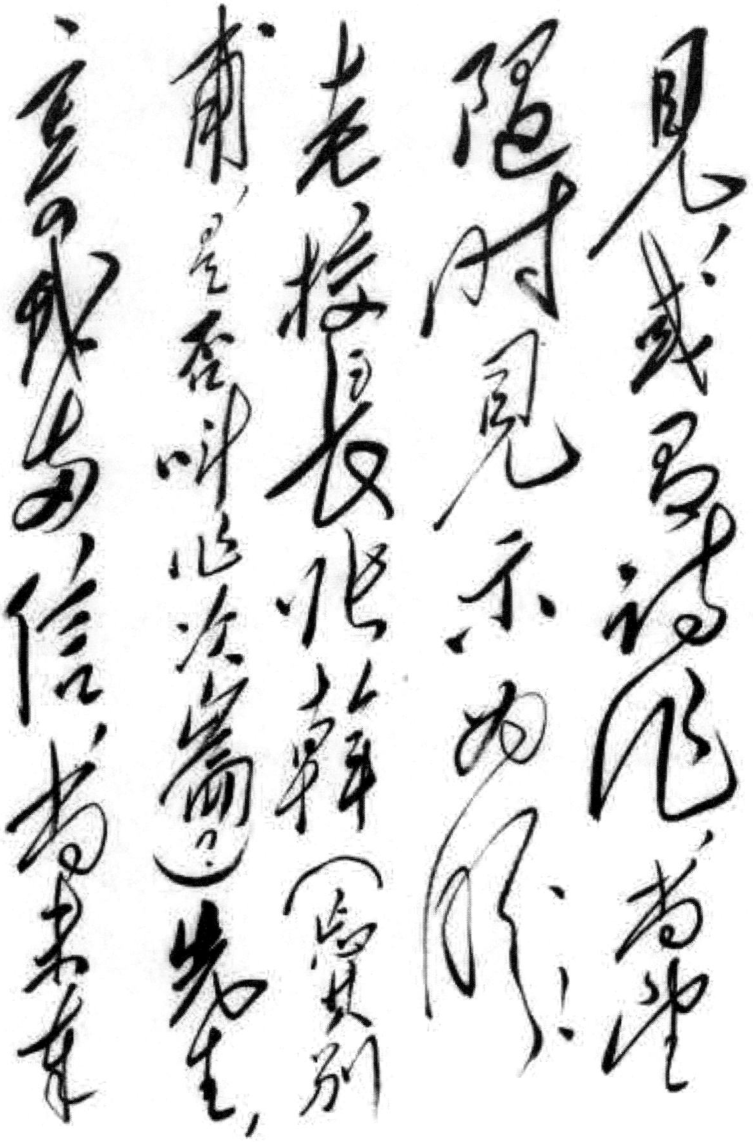

见：我是说，尚望随时见示为盼。老校长张干（贻贞别甫，是否叫作次崙？）先生，[illegible]告我为荷，毛泽东

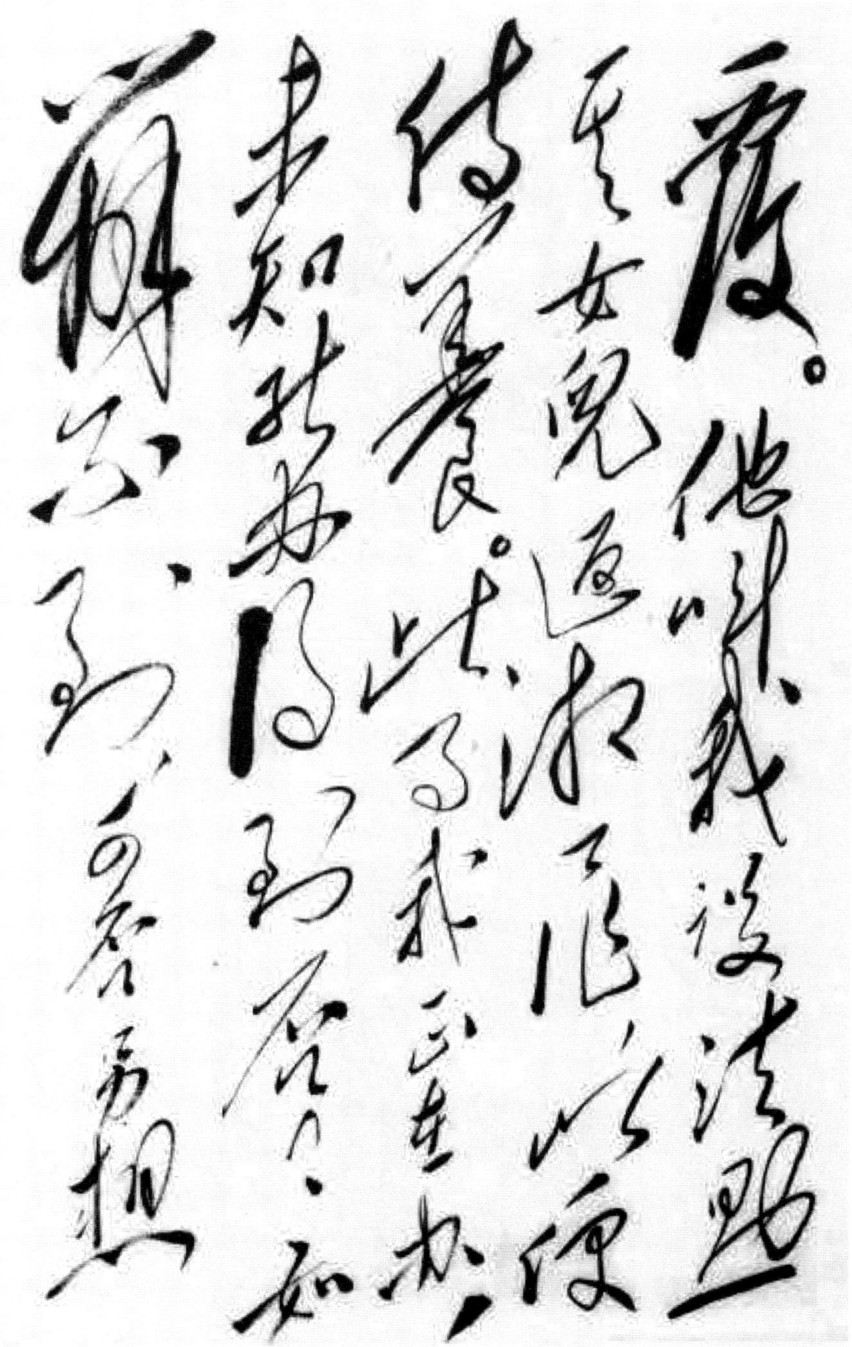

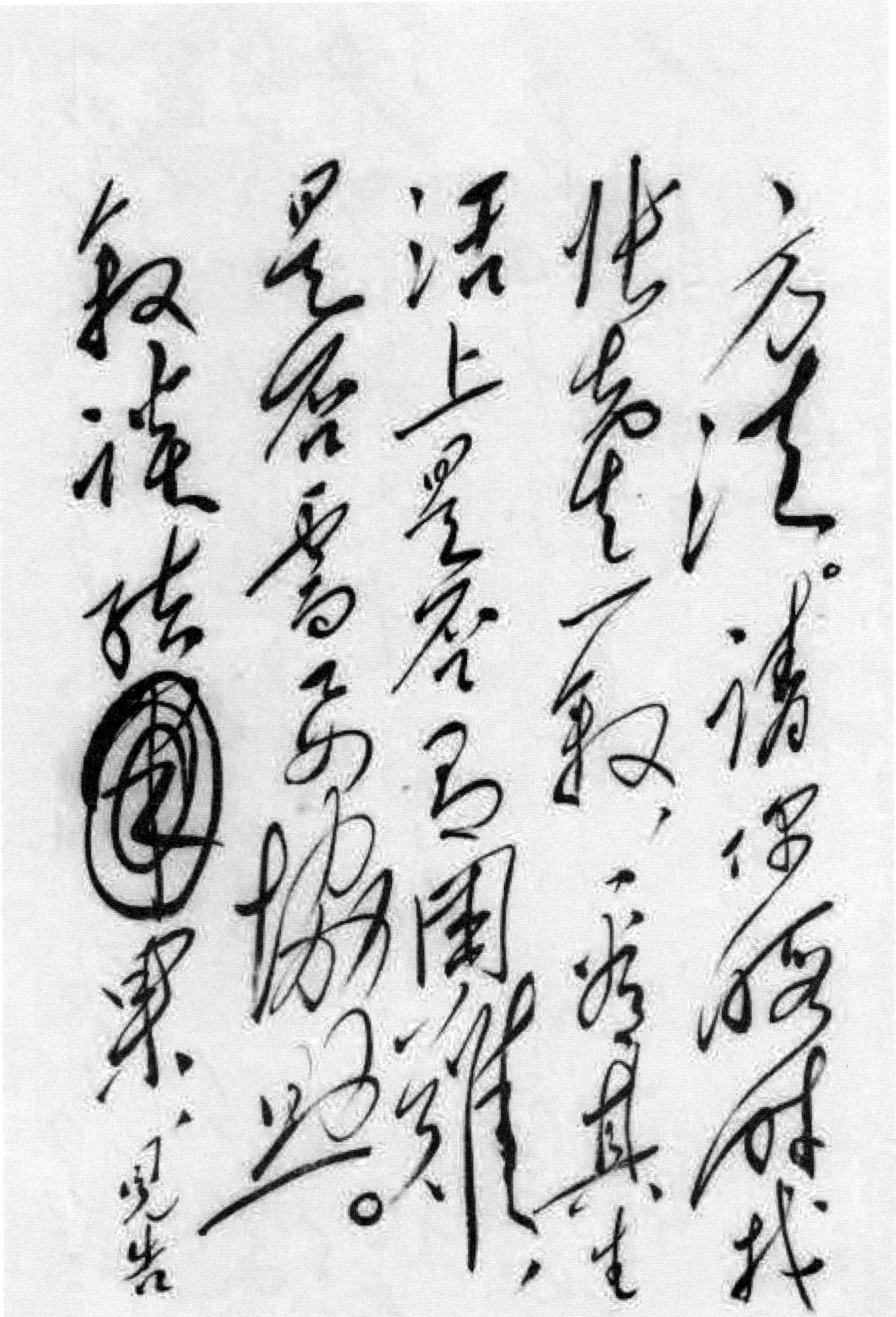

【注释】

①惇元：即周世钊，毛泽东在湖南一师读书时的同班同学，当时任湖南省副省长兼一师名誉校长。

②为学校题字：这是毛泽东第 4 次谈起为湖南一师题写校牌的事。

③嗣后如有所见，或有诗作，尚望随时见示为盼：可见毛泽东对周世钊的诗词是十分欣赏的。正如信始所写“去年及今年惠寄数函并附诗词，都已收到，极为高兴”。

④张干：张干（1884—1967），字次崙，湖南新化人。毛泽东、周世钊在湖南省立第一师范学校读书时，他担任过该校校长。

⑤女儿：应为张干的外孙女张琼英。

⑥蒋竹如：见本书正 15 注②。

⑦此信曾发表于《毛泽东书信选集》[1]等。

正 28　1963 年 5 月 26 日的书信

惇元[①]兄：

信收到，甚谢！复信一封，人民币二千[②]，请转致张次崙[③]先生为盼！

祝好！

毛泽东

一九六三年五月二十六日

信封：湖南省政府　周世钊同志　毛寄

【注释】

①惇元：即周世钊，毛泽东在湖南一师读书时的同班同学，当时任湖南省副省长兼一师名誉校长。

②人民币二千：一些文献，如文[5]中说："此信所言'薄物若干'是毛泽东托湖南省委第一书记张平化捎给张干的2000元钱。"此说可能有误。从同天各给周世钊和张干的信看，2000元钱是请周世钊转致张次崙先生的。而且这些钱是交给几位老同学替他保管的。见副30。

③张次崙：即张干，见本书正27注④。

④此信曾发表于《毛泽东与周世钊》[4]等。

毛泽东和少年时代的塾师李漱清（左二）、一师校长张干（左四）在北京合影。

正 29　1963 年 5 月 26 日的信封[①]

（湖南）周副省长[②]（张次）崙先生[③]
毛寄

【注释】

①信封：信封已破损，（湖南）、（张次）是根据逻辑推理而定的。此信由毛泽东先寄交周世钊，再交张干。

②周副省长：即周世钊，毛泽东在湖南一师读书时的同班同学，当时任湖南省副省长兼一师名誉校长。

③张次崙，即张干。见本书正 27 注④。

正 30　1963 年 12 月 13 日书信

惇元[①]兄：

看了田仁尊[②]兄的信，表示生活极为困难，似有求助之意。送上五百元，请予转交田仁尊兄为盼。

祝好！

毛泽东

1963 年，12 月，13 日

如有其他穷师友，因生活困难，日子难过的事，请告我，应即援助，都由你经手[③]。这是一种社会主义援助性质。又及。

信封：湖南省政府　周世钊先生　毛寄

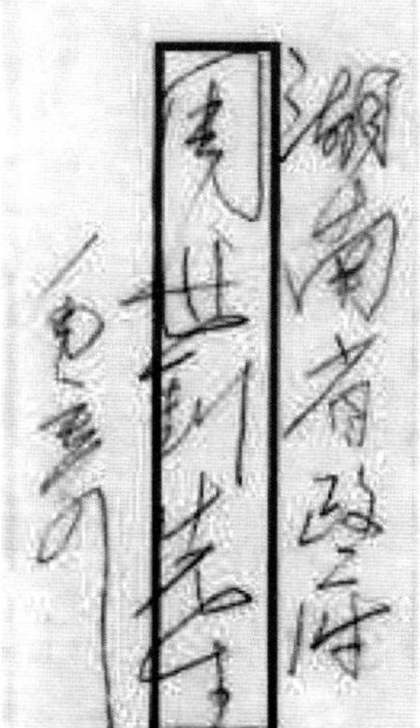

惇元兄：

看了田仁斋兄的信，表示生活极为困难，以为救助之资，送上五百元，请予转交田仁斋兄为盼。

祝好！

毛泽东

1963年12月13日

如其他亲友同样生活困难，需要补助，请告我，酌予援助，都由你经手。这是社会主义援助性质。又及。

【注释】

①惇元：即周世钊，毛泽东在湖南一师读书时的同班同学，当时任湖南省副省长兼一师名誉校长。

②田仁尊：毛泽东与周世钊在湖南一师读书时的同班同学。

③都由你经手：由此可见毛泽东对周世钊完全信任，毛的一些经济援助，友谊往来，都由周世钊负责经手。

④此信曾发表于《毛泽东与周世钊》[4]等。

正 31　1963 年毛泽东的改著答诗

诗一首·答周世钊同学①

九嶷山上白云飞，帝子乘风下翠微。
斑竹一枝千滴泪，红霞万朵百重衣。
洞庭波涌连天雪，长岛人歌动地诗。
我欲因之梦寥廓，芙蓉国里尽朝晖。

【注释】

①答周世钊同学：1963 年 12 月，人民文学出版社出版了《毛主席诗词》[18]，其中有《诗一首·答周世钊同学》打印稿，后被改成《七律·答友人》。其依据为：

1986 年，人民文学出版社出版的《毛泽东诗词选》对“答友人”的注释为：“这首诗写作者对湖南的怀念和祝愿。友人即周世钊（1987—1976）。周是湖南宁乡人，作者在湖南省立第一师范学校的同学，后曾参加新民学会，这时任湖南省副省长。”[7]这在文[17]中更加明确地指出：“本诗作者手迹原题为‘答周世钊同学’，后改为‘答友人’”。文[8]中更是描述了该诗写作与发表的全过程：“1963 年他（毛泽东）亲自主持编辑《毛主席诗词》时，此诗在清样稿上标题原为《答周世钊》……随后，作者在这个标题的周世钊名字后加上了‘同学’二字，最后，他将‘周世钊同学’五字去掉，把标题改定为《答友人》。”2006 年 11 月 2 日，周世钊的外孙吴起凡在中央档案馆目睹了这一珍贵文献。

由此可见，1963 年毛在《毛主席诗词》付印前是写了《答周世钊同学》的。

这首七律正式出版发表后，鉴赏者蜂起，有周世钊、郭沫若等。

②此诗曾以《答友人》发表于《毛泽东诗词集》[17]《毛主席诗词》[18]及《建国以来毛泽东文稿》[19]。文[19]第9卷第624页称“有毛泽东手稿”。2012年5月28日，我们从中央档案馆取来毛泽东手稿的复印件，将其手稿还原成1963年过程稿应为“诗一首·答周世钊同学”。

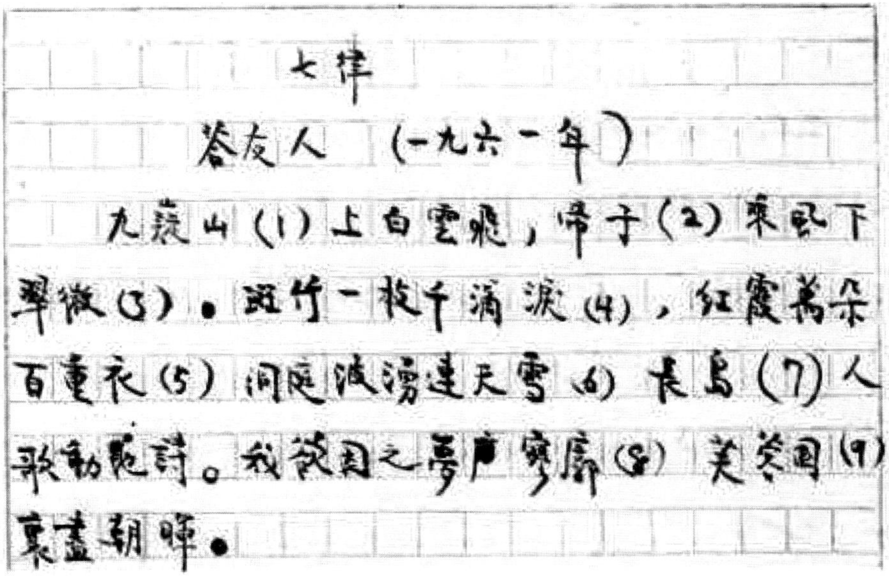

七律

答友人（一九六一年）

九嶷山(1)上白雲飛，帝子(2)乘風下翠微(3)。斑竹一枝千滴淚(4)，紅霞萬朵百重衣(5)。洞庭波湧連天雪(6)長島(7)人歌動地詩。我欲因之夢寥廓(8)芙蓉國(9)裏盡朝暉。

周世钊手书《七律·答友人》

正 32　1964 年 1 月 31 日的书信

惇元[①]兄：

两次惠书及大作两首[②]，另附余同学[③]信，均已收到。寄上 2000 元，请分致 1500 元赠李先生[④]作医药费，500 给余同学。拙作[⑤]解释，不尽相同，兄可以意为之[⑥]，俟见面时详说可也。

敬祝平安

毛泽东

1964 年 1 月 31 日

信封：寄湖南省政府　周世钊副省长　北京毛寄

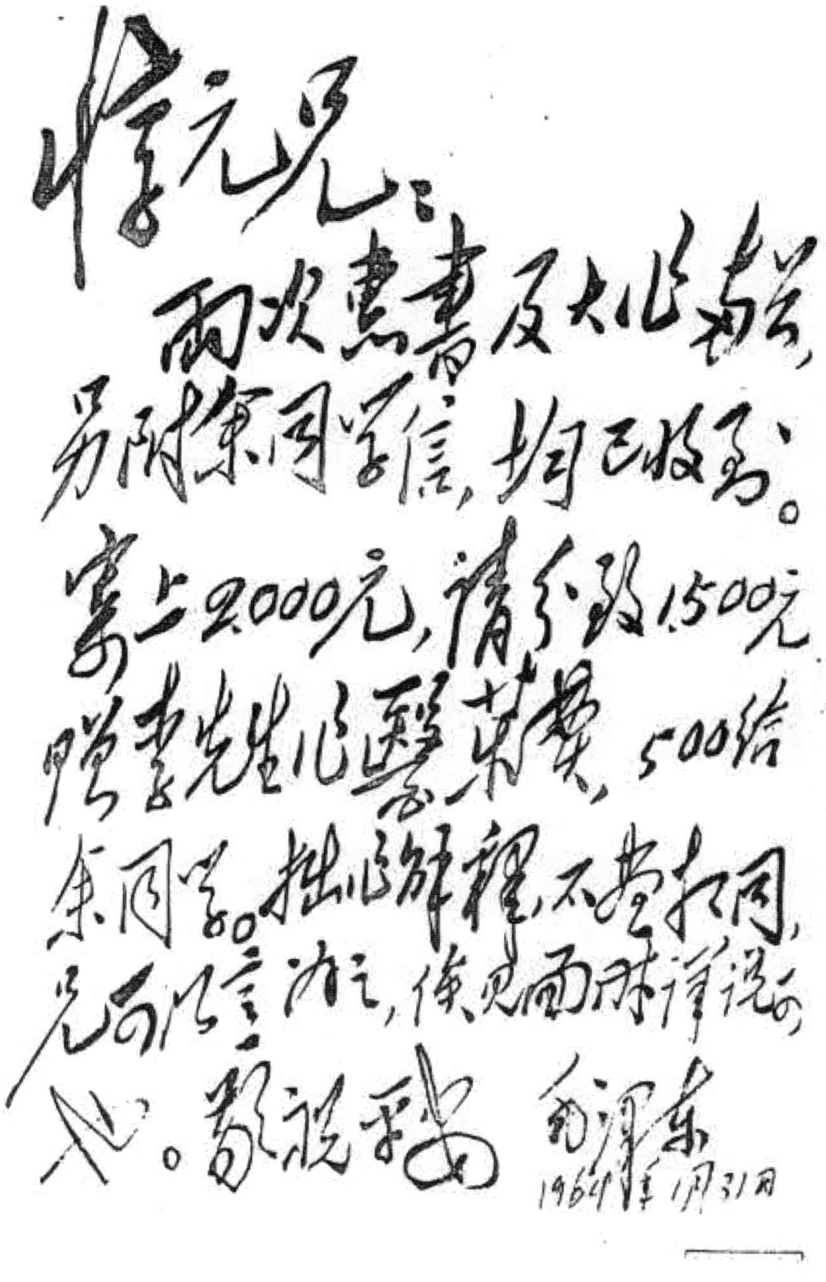

惇元兄：

两次惠书及大作诗，另附蔡同学信，均已收到。寄上2000元，请分致1500元帮李先生的医药费，500给蔡同学。拙以解释，不要推却，兄可以婉言说之，使受两方体谅之心。敬祝平安

毛泽东

1964年1月31日

毛泽东手书致周世钊

【注释】

①惇元：即周世钊，毛泽东在湖南一师读书时的同班同学，当时任湖南省副省长兼一师名誉校长。

②大作两首：指周世钊赠寄毛泽东的两首诗词。

③余同学：即余凯，字伯厚，湖南安福人。当毛泽东、周世钊就读于湖南省立第四师范预科第一班时，余凯就读于该校预科第二班。

④李先生：即李大梁，毛泽东、周世钊在湖南一师读书时的心理学教师，当时任湖南省文史研究馆馆员。

⑤拙作：指 1963 年 12 月出版的《毛主席诗词》。

⑥兄可以意为之：毛泽东叫周世钊可以以意为之。据周说：以后见面时谈了毛诗的解释问题，毛仍说以周的解释为准。

⑦此信曾发表于《毛泽东与周世钊》[4]等。

正 33　1965 年 1 月 12 日的书信

惇元[①]兄：

寄上[②]三千元，请你酌处。他们两人[③]或者不要送得太多，或者要送此数。如果不要送得太多，剩下来的即存你处，有人要，由你酌送[④]。

敬礼

毛泽东

一九六五年一月十二日

信封：送交　周世钊兄　毛缄

惇元兄：
寄上二百元，请
[illegible]

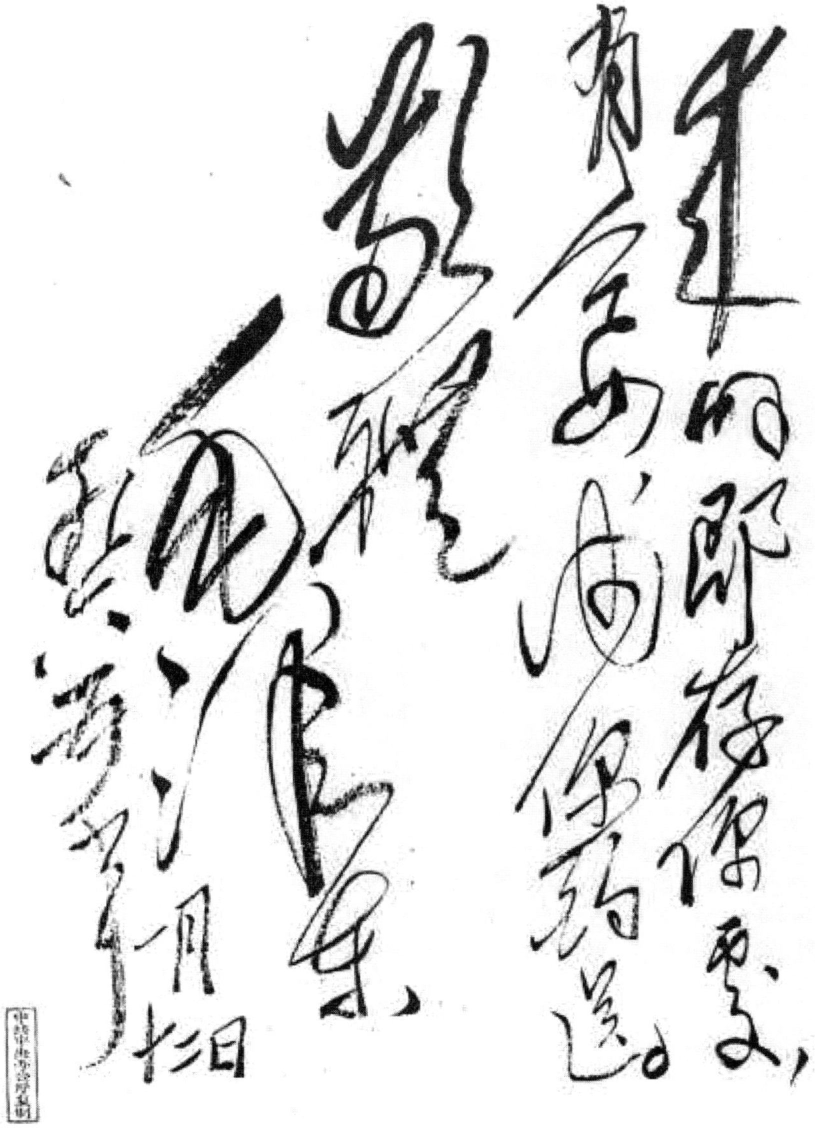

【注释】

①惇元：即周世钊，毛泽东在湖南一师读书时的同班同学，当时任湖南省副省长兼一师名誉校长。

②他们两人：不详。

③由你酌送：毛的钱，不只是请周经办了，而是要送多少也由周酌定，毛对周是完全信任的。

④此信曾发表于《毛泽东与周世钊》[4]等。

1964年在长沙合影。前排右起：周世钊、张勤、余寅；后排右起：张亮、周彦瑜、周思源、周孟瑜

正 34　1966 年 1 月 29 日的书信

东园[1]兄：

数接惠书及所附大作诗词数十首，均已收读，极为高兴。因忙，主要因懒，未及早复，抱歉之至。看来你的兴趣尚浓[2]。我已衰落得多了，如之何，如之何[3]？

谨复。顺颂

安吉！

毛泽东

1966 年 1 月二十九日

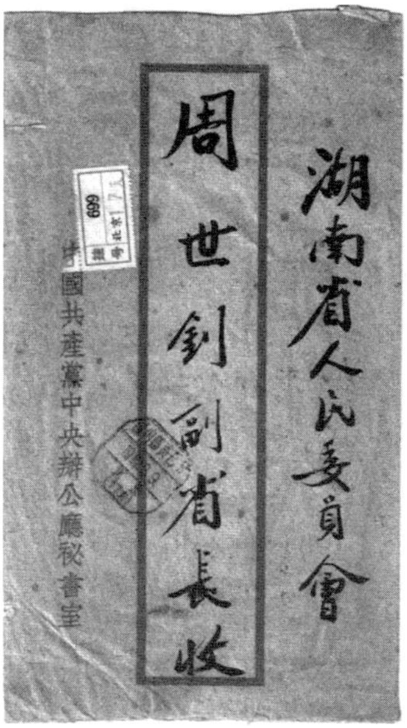

惇元兄：

两接惠书及所附大作诗词数十首，均已收读，极为高兴。因忙于事因懒，未及早复，抱歉之至。近年你似兴趣尚浓，我已衰落得多了，如之何，如之何？谨复，顺颂

安吉！

毛泽东

1966年

1月廿九日。

【注释】

①东园：即周世钊，毛泽东在湖南一师读书时的同班同学，当时任湖南省副省长兼一师名誉校长。

②看来你的兴趣尚浓：指周世钊一次就寄赠毛泽东诗词数十首，诗源充足。

③我已衰落得多了，如之何，如之何：毛自叹衰落。他自 1966 年后创作的诗词不多，且多属戏改、打油之类。这是毛泽东晚年对挚友的自评自叹。

④此信曾发表于《毛泽东与周世钊》[4]等。

正 35　1966 年 9 月 3 日的批示[1]

周世钊[2]同志：

寄给毛主席的信和拍来的电报都收到了。你的信，毛主席已看过。毛主席 9 月 3 日批示：“不必来京，事情可以合理解决。”

此复。并致

敬礼！

中共中央办公厅秘书局信访处

1966 年 9 月 5 日[2]

信访处回复周世钊的信封

【注释】

①批示：1966 年 6 月开始，“文化大革命”烈火燃遍全中国。毛泽东早期革命活动的中心、周世钊一辈子工作生活的长沙市也不例外，甚至比其他城市有过之而无不及。周世钊耳闻目睹，甚不理解，于是给毛泽东写了信和拍了电报，毛泽东于 1966 年 9 月 5 日嘱信访处复函周世钊。

②周世钊：毛泽东在湖南一师读书时的同班同学，当时任湖南省副省长兼一师名誉校长。

③此批示曾发表于《毛泽东与周世钊》[4]等。

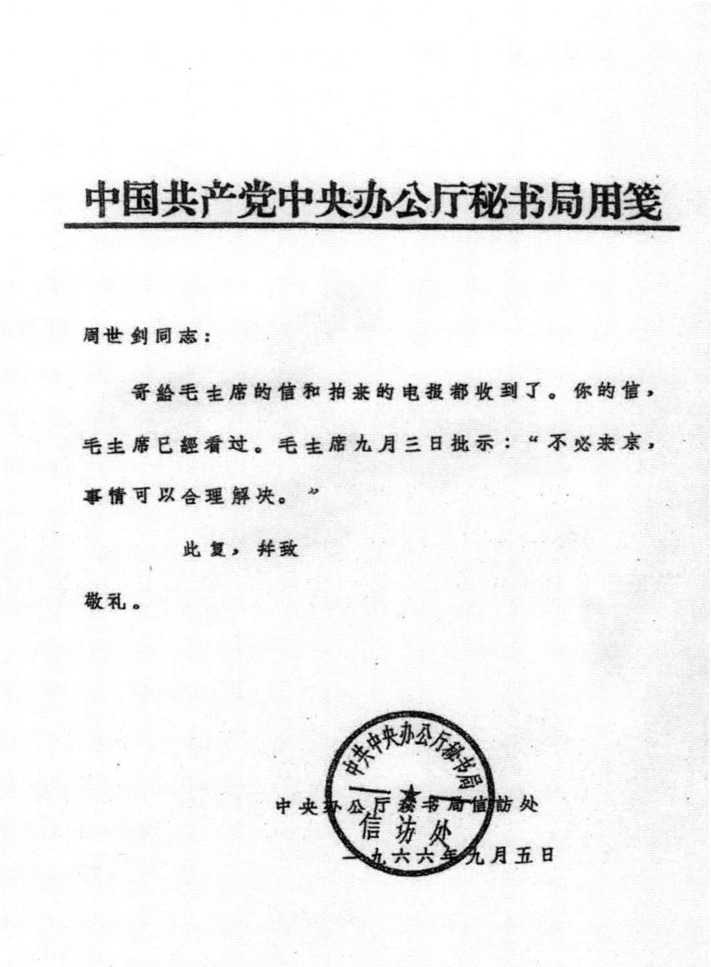

中国共产党中央办公厅秘书局用笺

周世釗同志：

寄給毛主席的信和拍来的电报都收到了。你的信，毛主席已經看过。毛主席九月三日批示：“不必来京，事情可以合理解决。”

此复，并致

敬礼。

中央办公厅秘书局信訪处

一九六六年九月五日

正 36　1968 年 9 月 29 日的书信[①]

惇元[②]兄：

此信今天收读，甚慰。前两信都未见[③]，可惜。拙作诗词，无甚意义，不必置理[④]。我不同意为个人作纪念，请告附小。对联更拙劣[⑤]，不可用。就此奉复，顺祝康好！

毛泽东

九月二十九日[⑥]

此信中还附有中央信访处的函。全文如下：

周世钊同志：

你 9 月 25 日寄给伟大领袖毛主席一信，我们 9 月 29 日送给毛主席看过了，毛主席在你的信笺上给你写了复信，现将复信原文另纸抄给你，请收。

此复，并致

敬礼！

中共中央办公厅秘书处信访处

1968 年 10 月 8 日

【注释】

①书信：1968 年，无产阶级“文化大革命”的烈火烧遍整个中国。广大的工农商学兵对毛泽东诗词作了各种注释讲解，非正式出版物极多，有的比较严谨，有的甚不严肃，错误累累，理解也甚不一致。毛泽东在 1965

年1月曾面告周世钊，有人在为他的诗词作注释。现在，周世钊读到这些各种各样的注释本，出于对毛泽东的爱护，于是致函毛泽东，请问应作何处理，哪些注释本是比较好？毛泽东在1968年9月29日复函周世钊。

②惇元：即周世钊，毛泽东在湖南一师读书时的同班同学，“无产阶级文化大革命”中受冲击。

③前两信都未见：毛泽东和周世钊通信五六十年，数量甚多，一般都能如期收到，可是两次例外，一次是1945年周世钊写到重庆给毛泽东的信未收到，另一次就是1968年周世钊寄到北京给毛泽东的两信未见，以致毛泽东都表示可惜。

④拙作诗词，无甚意义，不必置理：从此数语，足见毛泽东的胸怀博大、谦虚。

⑤对联更拙劣：系指在半个世纪前的一师附小的大礼堂里有一副对联：“世界是我们的，做事要大家来。”对联原为毛泽东手书，由学生们刻在竹子上。1968年，有人建议再写刻上，谁料毛泽东却表示不愿意为个人作纪念，遂此作罢。周在信中还告诉毛：一师附小已恢复毛当年任主事时的原貌。

⑥此信通信的日程是：周世钊于9月25日由长沙发信，毛泽东在9月29日在北京收信并作复，中共中央办公厅秘书处信访处于10月8日发出复信。

⑦此信曾发表于《毛泽东与周世钊》[4]等。

正 37　1972 年 9 月 4 日的书信[①]

惇元兄[②]阅存。

毛泽东

七二年九月四日[③]

1. 梁绍壬　两般秋雨盦随笔[④]

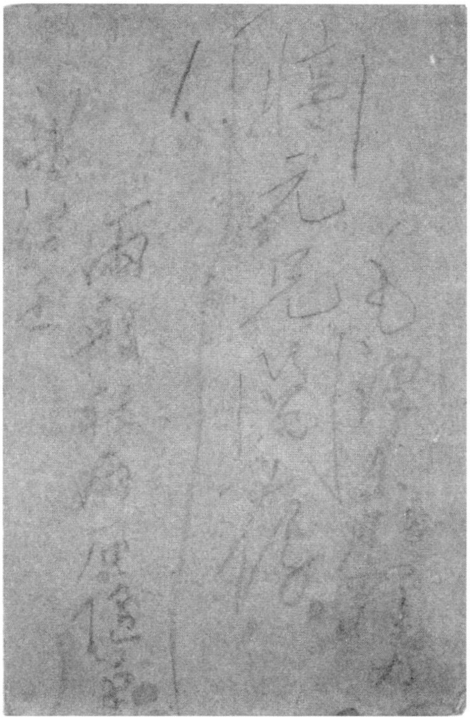

【注释】

①书信：本手书曾被披露在《建国以来毛泽东文稿》第 13 册中。

②惇元：即周世钊，毛泽东在湖南一师读书时的同班同学，“无产阶级文化大革命”中受冲击。

③1972 年 9 月 4 日：毛泽东用红铅笔写了“ 1 梁绍壬　两般秋雨盦随笔”，再用黑色铅笔写了“惇元兄阅存　　毛泽东　1972 年 9 月 4 日”。

④两般秋雨盦（音 an，同庵）随笔：《两般秋雨盦随笔》系清朝梁绍壬撰著的一部笔记。梁绍壬，钱塘（今浙江杭州）人，生于 1792 年。他曾北至北京，南游闽广，见闻广博。梁所著的《两般秋雨盦随笔》是一部内容相当丰富的笔记，记载了不少清代文学家与艺术家的事迹，还搜集了不少诗文评述、论学考证方面的文篇。这些都是周世钊所高兴阅读的。这本书在 1982 年，由上海古籍出版社点校再次出版，点校者为庄葳。1972 年 9 月 4 日，毛泽东赠书周世钊的同时还附了一封珍贵的书信。此信的内容是关于赠书方面的，笔者未见其真迹。周世钊的友人彭靖确见其真迹，并于 1984 年 4 月对笔者回忆此信为：

惇元兄：

旅夜无聊，奉此书，供你消遣之用。此书写得不太好，但读来也还有味。

毛泽东

1972 年 9 月 4 日

这套书共计 8 册，线装本。据说信和书均由王海容、唐闻生送到北京饭店周世钊寓所。是否有信，未见真迹前，仍存疑。

此信曾发表于《毛泽东与周世钊》[4]等。2013 年中央文献出版社出版的《毛泽东年谱（6）》第 446 页说：9 月 4 日　赠周世钊线装本《两般秋雨盦随笔》一书，在封面上题写：“两般秋雨盦随笔　惇元兄阅存。”在附信中说：“旅夜无聊，奉此书，供消遣之用。此书写得不大好，但读来也还有味。”这可以佐证本封书信。

副　　编

1919 年，新民学会部分会员在长沙周南中学合影。五排左四是毛泽东；二排左四是周世钊

副1　1918年7月7日
蔡和森[1]致肖子昇[2]

子昇[2]兄：

弟今天会见石曾先生……

……润兄重要笔记亦带来为好。润兄归家一行否？如皆会行动，会事如何善后？二兄当为熟筹。陈君书农来省否？周君世钊[3]有信否？鼎兄如不走动，则如何设法之处，须过月写信。润兄[4]及鼎芝诸兄见易先生时，请代致意。此时不遑作书也。昇兄字帖可带来。顺问

教安。润兄处未另肃。

彬[1]肃

七年七月[5]，在北京[6]

【注释】

①蔡和森：即彬（1895—1931），又名蔡林彬。湖南湘乡永丰镇人。1913年秋考入湖南高等师范，为毛泽东、周世钊在一师时校友。新民学会会员。时在北京筹办留法勤工俭学事宜。1919年赴法勤工俭学，1921年回国。曾任中共中央机关刊物《向导》周刊主编、中央宣传部部长、中央委员，中央政治局委员。1931年在广州牺牲。

②肖子昇：即子昇（1894—1976），又名旭东，湖南湘乡人。毛泽东、周世钊在湖南一师时校友。

③周君世钊：即周世钊（1896—1976），字惇元，又名敦元、东园，湖南宁乡人。在湖南省立第一师范学校时与毛泽东及罗学瓒同班同学。新民学会会员。时任长沙修业学校主任教员。后长期从事教育工作。1949年后

任湖南一师校长、省教育厅副厅长、副省长，全国人大代表、常委。对周世钊任职修业小学主任教员，毛泽东表示十分赞同欣慰。周世钊与毛泽东、蔡和森、罗学瓒是挚友。1972 年，周世钊赋词《南歌子 · 访半淞园旧址》[13]："故地馀秋草，凉风振客衣。半淞园里对晴晖，长记蔡罗教我撷芳菲。忠烈垂青史，风云卷赤旗。丹心碧血焕光辉，叹息斯人一去邈难追。"

④润兄：即毛泽东。

⑤七年七月：民国七年七月，即 1918 年 7 月。

⑥在北京：1918 年 7 月，蔡和森自北京致函在长沙的肖子昇。新民学会会友间通信较多，毛泽东搜集了会友间相互往还的书信，编为新民学会会员通信集，到 1921 年春印发了三集。毛泽东在第一集上写了发刊的意义说道："通讯集之发刊，所以联聚同人精神，商榷修学、立身与改造世界诸方法。"通信集对会友思想的启发，认识的提高，起了很大作用；同时作为新民学会重要资料保存了下来。

⑦此信摘录自"新民学会会员通讯集"，曾发表于《新民学会文献汇编》[14]等。

副2　1918年8月11日 毛泽东致罗学瓒[①②][3]

荣熙[①]学长鉴：

接蔡君[③]信，知兄已发函复我到京[④]。赴法二百元能筹，旅保[⑤]一百元无着是一问题。旅保费，俟弟至京与蔡商量筹借，或有着未可知，有着之时再函知兄前来可也。文凭须即寄来，由邮双挂号不误。弟又有一言奉商者，兄于从事工艺似乎不甚相宜，而兄所宜乃在教育。弟与蔡君等往返商议，深以同人多数他往，无有几个从事小学教育之人，后路空虚，非计之得。近周君世钊[⑥]就修业主任之聘，弟十分赞同欣慰。前闻兄有当任黄氏[⑦]讲席之说，不知将成事实否？往保固是一面，然不如从事教育之有大益。性质长，此一也；可便研究与性相近之学，如文科等，二也；育才作会务之后盾，三也。有此诸层，似宜斟酌于远近去住之间，而不宜贸然从事（南洋亦系教育，暂息以候南信亦是一法）。以后与兄商量之处尚多，此亦其一也。余不具。

弟 泽东[⑧]

八月十一号

湘潭　马家河唐恒泰号转　罗学瓒先生 收阅

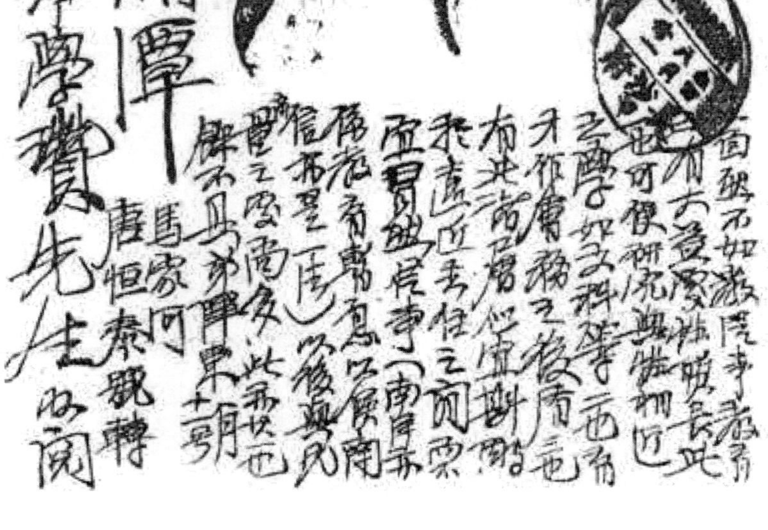
湘潭
馬家河
唐恒泰號轉
羅學瓚先生收閱

【注释】

①罗学瓒：罗学瓒（1893—1930），号荣熙，也作云熙，湖南湘潭马家河人。在湖南省立第一师范学校时与毛泽东、周世钊同班同学，新民学会会员。1919 年赴法勤工俭学，1921 年回国参加中国共产党，曾任中共湘区委员会委员、湖南省委委员，浙江省委书记等职。1930 年牺牲于杭州。

② 致罗学瓒：此信为明信片，无写作年份，经考证当为 1918 年。

③蔡君：指蔡和森。

④知兄已发函复我到京：8 月 11 日前罗学瓒已经到京。这似与文[3]中《毛泽东生平大事简表》相矛盾。《简表》说：1918 年 8 月 15 日，毛泽东与罗学瓒、张昆弟、李维汉、罗章龙等 24 人离开长沙，19 日抵达北京。

⑤保：指河北保定。当时在保定育德中学设有留法预备班。

⑥周君世钊：即周世钊，毛泽东在湖南一师读书时的同班同学，当时任长沙修业学校主任教员。

⑦黄氏：指湘潭黄氏族校。

⑧泽东：即毛泽东。

⑨此信发表在《毛泽东早期文稿》[3]等。

副3 1919年11月14日 罗学瓒[1]致毛泽东

润之[2]兄鉴：

……

惟弟甚愿兄求大成就，即此刻宜出洋求学，若少迟延，时光既过，人事日多，恐难有多时日求学矣……

现在周惇元[3]陈启民诸兄还在长沙么？我以为惇元兄文学既深造，若是出外求学，自必有大造于学问界（我看现在有些人在国中闹得声名很大，其实没有好多学问，象惇元兄一样的很为难得）。我想他既不想造一个办事人，岂有不能造一个学问家的道理？……

近来好吗？

罗学瓒

八年十一月十四日[4]

【注释】

①罗学瓒：毛泽东与周世钊在湖南一师时的同班同学，当时在法国勤工俭学。见本书副2注①。1971年，周世钊游上海半淞园，作词一首。

②润之：即毛泽东。

③周惇元：即周世钊，毛泽东在湖南一师读书时的同班同学，当时任长沙修业学校主任教员。

④八年十一月十四日：即1919年11月14日，罗学瓒自法国致函毛泽东。

⑤此信摘录自“新民学会会员通讯集”，曾发表于《新民学会文献汇编》[14]等。

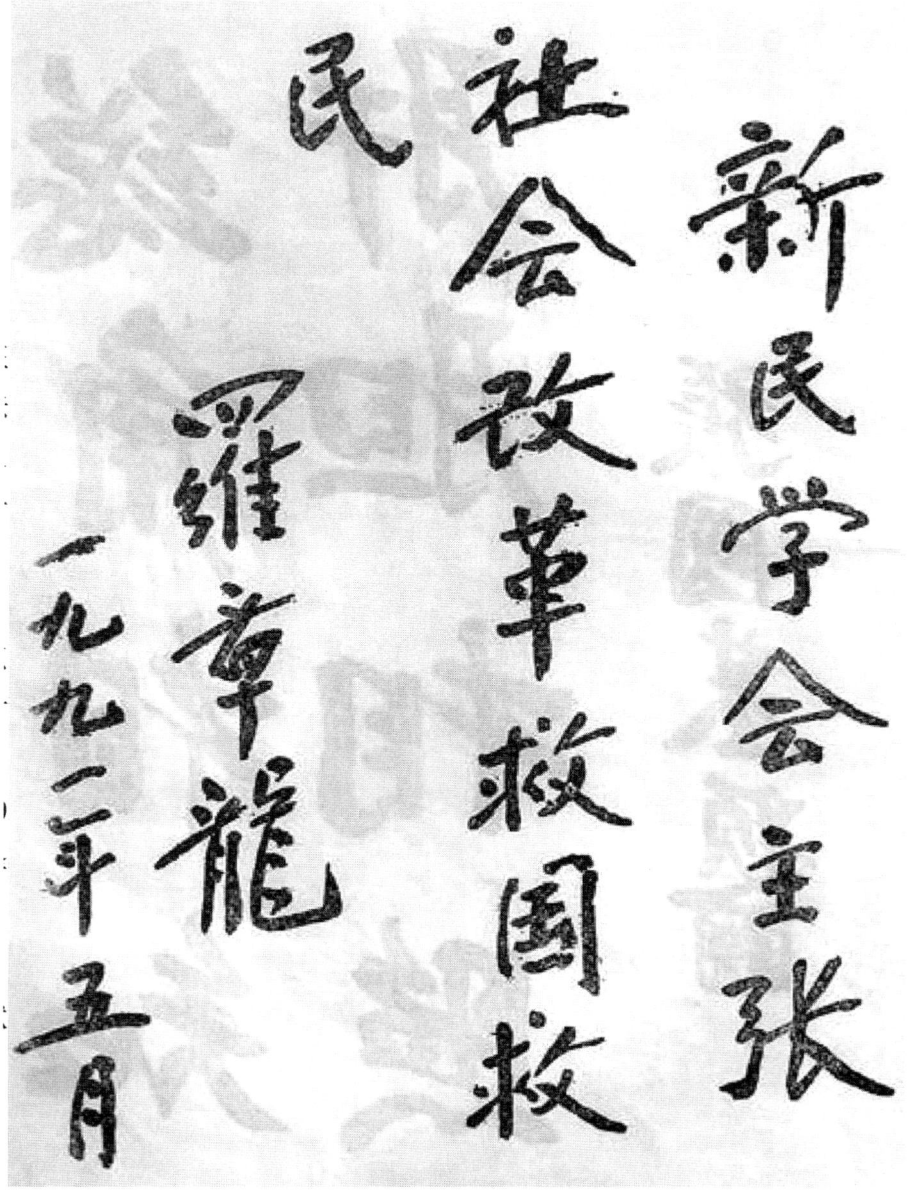

罗章龙题字

第　页共　页

沁园春

湖南第一师范五十周年校庆

岳麓崔嵬，湘水澄清，映带门墙。恰英豪萃聚，扬声癸甲；⑴师徒契合，请益徐杨。⑵愤切倒悬，忧除饥溺，起舞中宵意激昂。关心处，在生民解放，亿兆宁康。

继承历史荣光，有年少英多志气强。要春风夏雨，常思典范；澧兰沅芷，共挹芬芳。群众为师，劳动是友，革命精神作栋梁。同欢庆，看诞敷文教，化育湖湘。

附注：⑴一九一三年癸丑一九一四年甲寅，这时毛主席和蔡和森、何叔衡、罗学瓒、陈昌、张昆弟等都在一师学习。⑵徐特立、杨昌济为当时毛主席尊敬的教师。

北京市电车公司印刷厂出品　七三·六

(1352) 20×20=400

周世钊手书《沁园春》

副4　1920年4月21日 罗宗翰[①]致周世钊

东园[②]兄：

久未通信，昨接和畅信，知你仍任原职，甚善，老伯母大人丧事，想已完全办妥，你也不要常常念她。

润之[③]曾有长信寄府，谈求学事，他甚不主张你入学堂，及此时出洋。想组织同志到长沙设自修大学。此事固好，据我的意思，入学堂也未必不佳。因为现在的学堂，大非昔比，多主自由研究，不至为无谓功课所限，与自修同。我们这辈人，像你的读书力虽比我强得多，但是也不能不有顾问。就是自己能够全知，所费的工夫，一定要多，何如略用指导的快咧？并且一入学堂，还可省去许多无谓的纠缠，若自由研究，又恐发生他种变动，不能持久。

至于此时出洋，那本不太好，对于本国的学术没有弄清，外国的学术又没有条理明白，跑到外国，真是茫茫大海，所得必少。所以我主张在专门学校或大学毕业后，再出洋。我现在想考北京高师（此校自去年来，大加改革，与北大办法差不多，全任自由研究）。打算到高师毕业，再入该校研究科二年，然后设法出洋，计划再专读书十年，但能否如愿，第一决于今年之能否入学，第二要无他项重大变故，不过心志如此，他且不计。听说你的主意，也有升学一法，我看还是升学为好，不知你的意思决定没有？

此次经商[④]一事，迄今近五月，毫无生意，各伙友多抱悲观，行将倒闭，我想无论如何，还要干一下。看他到底怎样？社中[⑤]子任[⑥]往沪，仅我一人，外面已呈一种不可活动的状态，闷极！愤极！省中如有重要商

情，仍请草稿寄下，以便印发。老武⑦近日有信来否？教课有空，请示我一二，为感。此祝

平安。

弟 宗翰

九，四，二一⑧

【注释】

①罗宗翰：新民学会会员，毛泽东与周世钊在湖南一师时的校友。

②东园：即周世钊，毛泽东在湖南一师读书时的同班同学，当时任长沙修业学校教师。

③润之：即毛泽东。

④经商：指驱逐张敬尧。

⑤社中：指平民通讯社。

⑥子任：即毛泽东。

⑦老武：即何叔衡。

⑧此信录自“新民学会会员通讯集”。曾发表于《新民学会文献汇编》[14]等。

副5　1920年4月21日 肖旭东[①]致周世钊[②]

惇元[③]我兄足下：

两年不通信，有话说不尽!前薛君世纶来，曾带手示，到法后，竟失去，述其大意，谓兄有意来法，又问非工厂之工作。弟闻此两语，不待看信，全意已得。弟意兄来法与否，不应取决于非工厂工作之有无，工厂工作较非工厂工作获利多，自由得多，余时读书也较多，物质上精神上都较愉快（罗荣熙[④]李和笙[⑤]张芝圃[⑥]必有信来证实），弟直求之不得，因不能摆脱此苦差也。至非工厂之工作，当然较为难找，然亦非绝对之难，如兄果肯来，则弟之替手已得（弟去志已决，只候李石老返法，弟即当先入学读书）。然弟又不愿以己所不欲者而施诸人，更施诸兄也（此中原因尚多）。弟此刻不能多想，简单思之，卤莽灭裂言之，则兄果想来法勤工俭学，直可以一意来入工厂，来作铁工，各种工作惟此为远大切实。未知尊意以为如何？余候详函。兄今年行止为何？便乞示及。

即颂

近安！

弟 旭东 上

九年四月二十一日[⑦] 巴黎 西郊

【注释】

①肖旭东：即肖子昇（1894—1976），湖南湘乡人。毛泽东、周世钊在湖南一师时的校友。

②周世钊：即周世钊（1896—1976），字惇元，又名敦元、东园，湖南

宁乡人。在湖南省立第一师范学校时与毛泽东及罗学瓒同班同学，新民学会会员，当时任长沙修业学校主任教员。

③惇元：即周世钊。

④罗荣熙：即罗学瓒（1893—1930），湖南湘潭马家河人。在湖南省立第一师范学校时与毛泽东、周世钊同班同学，新民学会会员。

⑤李和笙：即李维汉（1896—1984），又名罗迈，湖南长沙人。毛泽东、周世钊在湖南一师读书时的校友。

⑥张芝圃：即张昆弟（1894—1930），毛泽东、周世钊在湖南一师读书时的校友，1930 年在洪湖牺牲。

⑦九年四月二十一日：即 1920 年 4 月 21 日，肖子昇自法国巴黎西郊致函在长沙的周世钊。

總角相知
肝胆相照
張國基題

副 6　1920 年 5 月 25 日罗学瓒致毛泽东周世钊陈书农蒋竹如

润之①惇元②启民③竹如④诸兄鉴：

近几个月，没有常通信……我在法国，近一年，绝不见官场的势力，也不听得人民说官场势力的话。他们国内的官，都是服役的性质，决不敢对人民为恶，就是为恶的，人民也决不能容忍他……

……近来诸兄人都好吗？

罗学瓒白

九年五月二十五日⑤

【注释】

①润之：即毛泽东。

②惇元：即周世钊，毛泽东在湖南一师读书时的同班同学，当时任长沙修业学校教师。

③启民：即陈书农。

④竹如：即蒋竹如。见本书正 15 注②。

⑤九年五月二十五日：即 1920 年 5 月 25 日，罗学瓒自法国致函在长沙的毛泽东周世钊陈书农蒋竹如，谈到法国绝不见有官场势力。

⑥此信摘录自“新民学会会员通讯集”，曾发表于《新民学会文献汇编》[14]等。

新民学会旧址

副7　1920年5月28日
蔡和森致毛泽东

润之[①]兄：

我到法约近5月……。

……启民[②]、惇元[③]，宜久在湘主持教育，不动。

……希望陶女士[④]和启民久顿周南，敦元[③]久顿修业，叔衡久顿楚怡……。

弟　彬

一九二〇.五.二十八

此信请转启民、惇元[③]、叔衡、殷柏[⑤]，诸会友未另，乞恕。

【注释】

①润之：即毛泽东。

②启民：即陈书农。

③惇元：即周世钊，毛泽东在湖南一师读书时的同班同学，当时任长沙修业学校教师。

④陶女士：即陶毅（1896—1931），又名陶斯咏，湖南湘潭人。

⑤殷柏：即彭璜（1896—1921），湖南湘乡人。

⑥本信摘录自“新民学会会员通讯集”。曾发表于《新民学会文献汇编》[14]等。1920年5月28日，蔡和森致毛泽东。信中研究社会主义，希望实现小学计划、劳动教育、合作运动、小册子、亲属合居等，我们须于文化运动更进一步等。

副8　1920年6月28日 周世钊致毛泽东

润之兄鉴：

前信想已收到。此时湘局略定，可贺！惟应建设的事，千头万绪，急待进行。吾兄平时，素抱宏愿，此时有了机会，何不竭其口舌笔墨之劳，以求实现素志之十一？相知诸人，多盼兄回湘有所建白，弟亦主张兄回省，其理由如下：（1）自修学社本有移湘之议，前因时局问题未能即行，此时当可达到初意。（2）生活问题，在湘比较容易解决。（3）湘中无健全的言论机关，如《大公报》《湖南日报》……都不见有特色；兄如回湘，于言论尽一番力，当有很大的影响。（现时我以为要有专门讨论湘省以后建设事业的报纸，造成舆论，一面促进人民自觉，一面指导政府。然而未见其报，未闻其言也。）（4）麓山自修社，现今大有可为，即兄前曾建议之新民学校，此时似亦可着手，因为易先生现已回湘也。有此四层，兄可回湘矣。闻叔衡①已筹钱汇兄处作川资，不知已到否？

敬祝健康！

世钊②

9年③6月28日④

【注释】

①叔衡：即何叔衡。

②世钊：即周世钊，毛泽东在湖南一师读书时的同班同学，当时任长沙修业学校教师。

③9年：即民国9年，公元1920年。

④此信摘录自“新民学会会员通讯集”，曾发表于《新民学会文献汇编》[14]等。

副9　1920年6月30日毛泽东按语

1920年6月30日，毛泽东在易礼容给毛泽东、彭璜信后的按语中谓：礼容[①]这一封信，讨论吾人进行办法，主张要有准备，极忠极切。我（毛泽东）的意见，于致陶斯咏[②]姊及周惇元[③]兄函中已具体表现。于归湘途中和礼容也说过几次。我觉得去年的驱张运动和今年的自治运动，在我们这一班人看来，实在不是由我们去实行做一种政治运动……明言之，即我们决不跳上政治舞台去做当局。我意我们新民学会会友，于以后进行方法，应分几种：一种是已出国的，可分为二：一是专门从事学术研究，多造成有根底的学者。如罗荣熙肖子升之主张。一是从事于根本改造之计划与组织，确立一个改造的基础，如蔡和森所主张的共产党。一种是未出国的，亦分为二：一是在省内国内学校求学的，当然以求学储能做本位，一是从事社会活动，可以从各方面发起并实行多种有价值之社会活动及社会事业。其政治运动之认为最经济最有效者，如“自治运动”“普选运动”等。也可从旁尽一点促进之力，惟千万不要沾染旧社会习气，尤其不要忘记我们根本的共同的理想与计划。至于礼容所说的结合同志，自然十分要紧，惟我们的结合，是一种互助的结合。人格要公开，目的要共同。我们总不要使我们意识中有一个不得其所的真同志就好。[④]

【注释】

①礼容：即易礼容，又名润生，生于1898年。

②陶斯咏：即陶毅。

③周惇元：即周世钊，毛泽东在湖南一师读书时的同班同学，当时任长沙修业学校教师。

④此按语录自“新民学会会员通讯集”。曾发表于《新民学会文献汇编》[14]等。

副 10　1920 年 7 月 14 日 罗学瓒致毛泽东

润之[①]兄：

我于七月到蒙达尔，……。

……以后用何方法整理，祈有暇时，详为说及。此请

近安

罗学瓒[②]

九年七月十四日[③]

在省垣各同志，如周东园[④]、陈启民、何叔衡、蒋竹如诸兄，请代为致意。

【注释】

①润之：即毛泽东。

②罗学瓒：毛泽东、周世钊在湖南一师读书时的同班同学。见本书副 2 注①。

③九年七月十四日：即 1920 年 7 月 14 日，谈到身体的大问题，四种迷，工学励进会与通信社，婚姻问题。

④周东园：即周世钊，毛泽东在湖南一师读书时的同班同学，当时任长沙修业学校教师。

⑤此信摘录自“新民学会会员通讯集”，曾发表于《新民学会文献汇编》[14]等。

副11　1920年8月13日
蔡和森致毛泽东

润之①兄：

湘局定，想已归……

……

无产阶级专政。

万贵一致的阶级色彩，不能带爱国的色彩。

叔衡②、启民③、敦元④，殷柏⑤诸友均此。

彬⑥

一九二〇.八.一三

【注释】

①润之：即毛泽东。

②叔衡：即何叔衡。

③启民：即陈书农

④惇元：即周世钊，毛泽东在湖南一师读书时的同班同学，当时任长沙修业学校教师。

⑤殷柏：即彭璜。

⑥彬：即蔡和森，毛泽东、周世钊在湖南一师时的校友。

⑦此信摘录自“新民学会会员通讯集”，曾发表于《新民学会文献汇编》[14]等。信中讨论社会主义，主张无产阶级专政。

青年毛泽东

副 12　1920 年 8 月肖旭东[①]致毛泽东

润之[②]兄：

多久想写信与你……

……

以外如润之、叔衡、书农、敦元[③]、章甫[④]、殷柏[⑤]、李思安[⑥]、瑾玎[⑦]诸君个性，亦由相知者提出向新会员介绍。

……

话说完了，问你人健。

弟　旭东
书于巴黎西郊[⑧]

此信自七月中旬写起，至八月初才完。

叔衡、瑾玎、启民、东园[⑨]、章甫、殷柏及在湘诸好友均此。

【注释】

①肖旭东：即肖子昇，毛泽东、周世钊在湖南一师时的校友。

②润之：即毛泽东。

③ 敦元：即周世钊，毛泽东在湖南一师读书时的同班同学，当时任长沙修业学校教师。

④ 章甫：即陈昌（1894～1930），字章甫，湖南浏阳人。

⑤ 殷柏：即彭璜。

⑥ 李思安：又名钦文（1892～1969），湖南长沙人。

⑦瑾玎：即熊瑾玎。

⑧巴黎西郊：此时肖旭东在巴黎勤工俭学。

⑨东园：即周世钊。

⑩此信摘录自“新民学会会员通讯集”。曾发表于《新民学会文献汇编》[14]等。1920年8月，肖旭东致毛泽东长信，约7000字，毛泽东作了按语：子昇这信，报告赴法会友在蒙达尔尼开会情况，并发表对于同志进行及会务发展的意见，颇关重要，是会友人人应该注意的。

1968年，周世钊在北京饭店。

副13　1920年9月16日 蔡和森致毛泽东

润之[①]兄：

上月寄一长信，大要系主张马克斯（思）主义及俄式革命，而注重于组织共产党。今子昇[②]归国，再陈其略……

……

……第二次资本家的大战战场必在中国。我们还不应准备么？

叔衡[③]、惇元[④]、殷柏[⑤]、启民[⑥]、章甫[⑦]，均此。

彬[⑧]

九月十六

【注释】

①润之：即毛泽东。

②子昇：即肖子昇。

③叔衡：即何叔衡。

④惇元：即周世钊，毛泽东在湖南一师读书时的同班同学，当时任《湖南通俗报》主编。

⑤殷柏：即彭璜。

⑥启民：即陈书农

⑦章甫：即陈章甫，陈昌。

⑧彬：即蔡和森，毛泽东、周世钊在湖南一师时的校友。

⑨此信摘录自“新民学会会员通讯集”。曾发表于《新民学会文献汇编》[14]等。1920年9月16日，蔡和森致毛泽东长信约7000字，进行了共产党之重要讨论。

副 14　1920 年 11 月 26 日
毛泽东致罗学瓒

荣熙[①]兄：

兄此信我自接到，先后看了多次。今天再看一次，尤有感动……李君声澥[②]以一师范学生在江南造船厂打铁，居然一两个月后，打铁的工作样样如意。由没有工钱以渐得到每月工钱十二元。他现寓居上海法界渔阳里二号，帮助陈仲甫[③]先生等组织机器工会……启民[④]在泰安里周南女校，惇元[⑤]在理问街通俗报……

弟　泽东

九年十一月二十六日[⑥]

【注释】

①荣熙：即罗学瓒。毛泽东、周世钊在湖南一师时的同班同学。

②李君声澥（1897—1951）：字印霞，又名中，湖南湘乡人。

③陈仲甫：即陈独秀。

④启民：即陈书农。

⑤惇元：即周世钊，毛泽东在湖南一师读书时的同班同学，当时任《湖南通俗报》主编。

⑥九年十一月二十六日：即 1920 年 11 月 26 日。

⑦此信摘录自“新民学会会员通讯集”。曾发表于《新民学会文献汇编》[14]等。

青年周世钊

副15　1920年12月3日 毛泽东要周世钊演讲

1920年12月3日《湖南通俗日报》刊载周世钊2日在第一师范附属小学的演讲：《怎样可以成功一个好学生》："前天毛先生[①]要我来这里说话"[②]。

【注释】

①毛先生：即毛泽东，时任湖南一师附属小学主事。

②此件摘自2021年7月6日的安源路矿工人运动纪念馆。

副16　1937年周世钊致毛泽东

毛泽东在1949年11月15日致周世钊函中说：“延安曾接大示。”复据《周世钊回忆录》：“大示”，即是1937年周世钊致毛泽东之信。还按《1949年10月28日周世钊致毛泽东》中说：“我记得在西安事变不久以前，奉读兄由延安来的信，欣喜之余，写了一封简单的复信”。此处所述“简单的复信”，即是《1937年周世钊致毛泽东》。

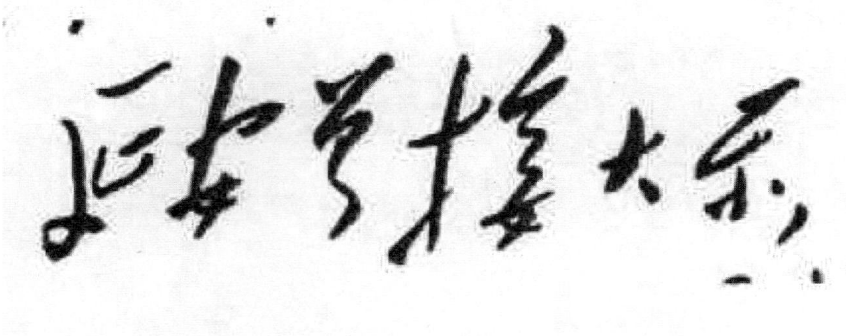

毛泽东手迹

副 17　1945 年 10 月周世钊致毛泽东

毛泽东于 1949 年 11 月 15 日致周世钊函中说：“寄重庆的信则未收到”。这封信是周世钊得知毛泽东到重庆与蒋介石谈判，周要毛提高警惕，注意安全，于是从湖南蓝田给在重庆的毛泽东寄信。遗憾的是毛没有收到该信。

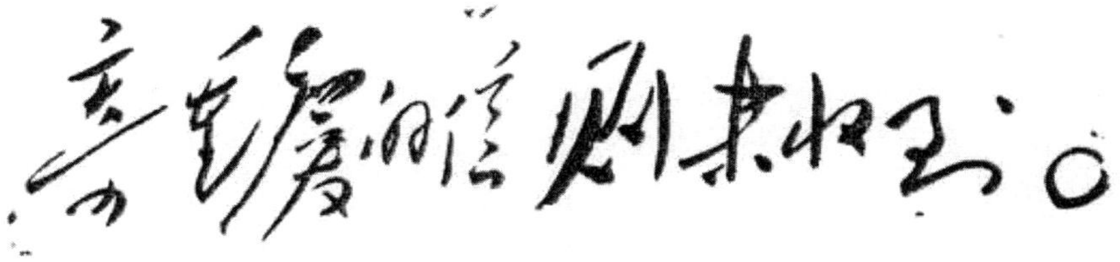

毛泽东手迹

副18 1949年10月28日 周世钊致毛泽东

润之[①]主席学长兄：

不见面已二十二年，不得书已十三年。我记得在西安事变不久以前，奉读兄由延安寄来的信，欣喜之余，写了一封简单的复信，这两次的信[②]不知已承收到否？

这些年来，我很惭愧，自己因循颓废，没有长进。因湖南自马日事变后，环境恶劣，我非豪杰之士，不能奋起斗争，不免渐渐堕入了苦闷、消沉的深渊，甚至完全丧失了前进的勇气。记得在抗战的末期我曾写了一些旧诗，中有一律[③]：“人世纷纷一戏场，独惊岁月去堂堂。沐猴有冕终为笑，载鬼同车亦自伤。卅载青氈凋骏骨，九州明月乱离肠。长沙自古称清绝，我欲高歌学楚狂。”如此，可见我生活烦恼的一斑了。

我固然不敢自己宽恕自己，但也不肯承认我是自甘暴弃的人，我还能在沉闷的生活中谨守我教书的岗位，和粉笔、黑板结了不解之缘。今年暑假，在长沙将解放的时候，由于同事和学生的强拉代理一师校长（原任一师的校长是熊梦飞）一直到现在，虽很想奋发精神，为文教事业尽一点力，但终恐事与愿违，不易收到很好的结果。

现在全国已将完全解放，革命大业也将达到完成的阶段。这一方面应可稍慰兄三十年艰苦奋斗的心怀，一方面也部分地满足了全国劳苦大众的期望。不过此后新社会新国家的建设工作至艰至巨，还要劳心力、绞脑汁，一切意外困难的袭击，恐怕也不能尽免。好在有着坚贞不渝精神和精练正确的决策，事业虽艰，成功可必。除新社会之烂汙，致斯人于康乐，使消沉已久的人能够看到这种空前伟大的盛况，真要感到无限欢欣和快适。只恨自己无能，不能为涓埃之助，又使我感到十分的惭愧。

长沙自解放后政治刷新，社会也日趋安定。不过大多数人的生活在这大变动中感到一些困苦，一些干部工作努力有精神，使人敬佩无极，但有的还或不能掌握政策，和中央的决定常生偏差，有的不免带些关门主义的色彩。此后对下级干部的训练恐怕也会要劳及领导者的心神。

第一师范的全体学生和前后校友早些时候听到外间传说，兄将于今年冬季回湘一趟，都极欢祈地、热切地盼望能早靓光彩、一聆教诲。如有一天真的南来，一定不会使他们失望。他们都很真诚地想为新民主主义的教育努力，只是有不知从何处下手之感，极望于万机之余多加指导。一师的一部分老同学组织了一个城南学社，宗旨是研究马列主义和毛泽东思想并参加实现新民主主义之革命工作，这个社的社员也极盼有详密的指导。

三十年前兄在修业小学教书时的一个小学生陈泽同[③]，后来在湖南大学学工毕业后做过很久的工程师，最近草拟了一个建设湘潭工业区的计划。他再三要我写一封介绍信同时将此计划书寄上。关于工程我是外行，不过，陈泽同是一个笃实努力的青年，对于他敬仰的老师的革命大业想竭尽他的能力来帮助，尤其想在兄正确的领导下继续学习。如果兄认为陈泽同的计划有可采的地方，可不可交到工业部门的负责的人去讨论。如有要陈泽同驱策的地方，他一定愿不顾一切地奋勇来干。他现在长沙等候指示。

要陈说的话很多，不知何处说起。又因为新政府开始组织，万机待理，日不暇给的时候，更不敢多烦清听了，如承蒙赐复至为企盼！

敬祝健康！

周世钊上

十月二十八日[⑤]

【注释】

①润之：即毛泽东。

②两次的信：此处似抄漏一句“1945 年寄重庆的信”。

③一律：为《七律 · 感愤》。

④陈泽同：见本书正 8 注③。

⑤十月二十八日：1949 年 10 月 28 日，在长沙的周世钊第一次致函在北京的毛泽东。

七律

感愤　1946年

人世纷々粉墨場，独惊岁月去堂々。沐猴加冕终贻笑，載鬼同車亦自傷。卅載青氈凋駿骨，九州明月繫離腸。~~漫天风雨~~煙塵滿眼天知晦，我欲高歌学楚狂。

周世钊手书《七律·感愤》

副19　1950年3月14日 毛泽东致蒋竹如[1]

竹如[1]学兄有道[2]：

得示极慰，迟复为歉。惠我瑶章，弥见勤勤恳恳，深情厚意，如对故人。律诗是一种少数人吟赏的艺术，难于普及，不宜提倡，惟用民间言语七字成句有韵而非律的诗，即兄所指民间歌谣体制，尚是很有用的。弟于律诗，不会作而好读，前复东园兄[3]信请他抄其旧作寄我，未见寄来，却似乎因此引出了吾兄寄来的诸多大作，使我非常高兴。韩信将兵，多多益善，寄重庆诗未收到，倘蒙多寄大作，极表欢迎。专此奉复，敬颂教祺！

问候东园兄[3]。

毛泽东

一九五〇年三月十四日

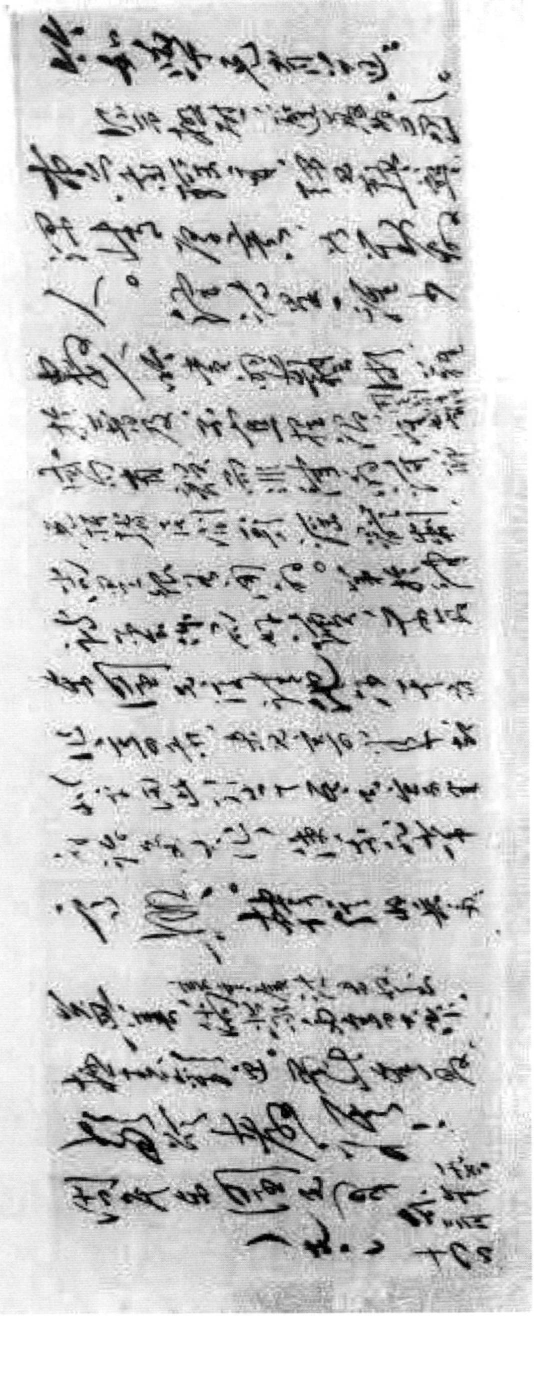

【注释】

①蒋竹如：见本书正15注②。

②有道：指有才艺或有道德的人。《论语·学而》："敏于事而慎于言，就有道而正焉。"

③东园兄：即周世钊，毛泽东在湖南一师读书时的同班同学，当时任一师校长。

④此信曾发表于《团结报》[20]等。1950年3月14日，在北京的毛泽东致函在长沙的蒋竹如。这是毛泽东最早的诗论文字，信中两次提到周世钊。

副 20　1950 年 4 月 19 日
毛泽东致熊科易[①]

集生[①]学兄左右：

三月二十六日来信受到，极为欣慰。国事多艰，尚祈相与努力。参加工作是很好的，唯弟不识兄的情况，未便有所主张，似可与惇元[②]兄等商酌为之。敬颂

健康

毛泽东

一九五〇年四月十九日

信封：南京张府园二十八号　熊集生先生　毛寄

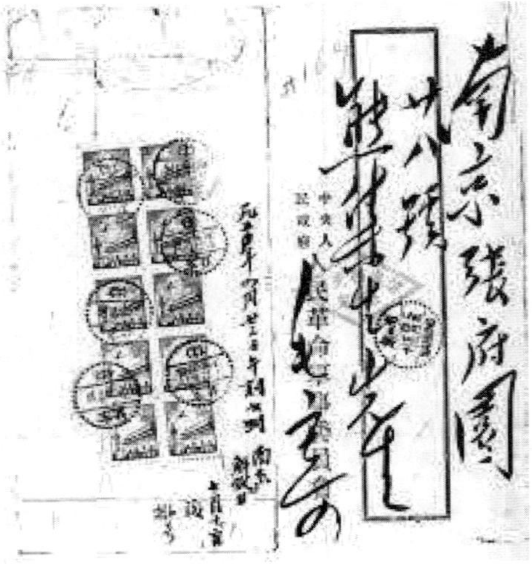

中國人民革命軍事委員會

傅作義先生左右：

三月廿六日來書收到，極為欣慰。國事為[illegible]，為社稷興衰，努力無窮，如何作為，望能好好團結。東不識兄之情況，未便多言，所請種人，似可與[illegible]兄等商酌為之。敬頌

健康！

毛澤東

一九五〇 四月九日

【注释】

①熊科易：熊科易（1893—1963），号集生，湖南桃江人。1918年6月毕业于湖南省第一师范，为毛泽东、周世钊校友，以后毕业于南京东南大学教育系。1926年任北京女子师范大学教务主任，1953年任南京文史馆馆员。

②惇元：即周世钊，毛泽东在湖南一师读书时的同班同学，当时任一师校长。

副21　1950年8月6日 毛泽东[1]致王首道[2]

毛泽东致信王首道：

湖南教育界民主人士王季范[3]、周惇元[4]二先生是我早年师友，有意来京一游，拟予同意。如果你们也赞成的话，请考虑为他们二位办理由长沙到北京的车票及章淼洪[5]同志的车票，并酌给路上费用，由章淼洪同志伴同来京。以上请予酌办为盼！[6]

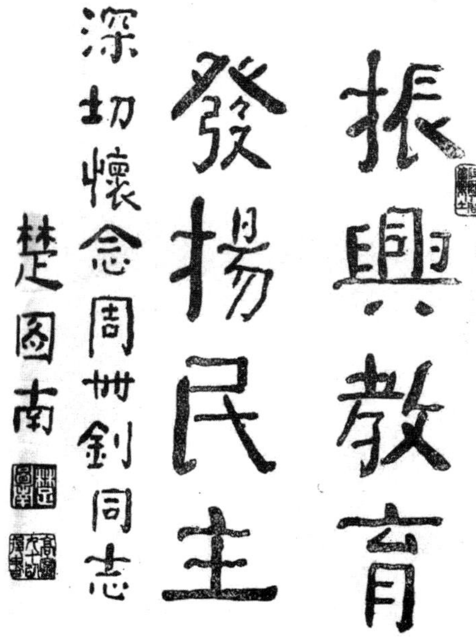
振興教育
發揚民主
深切懷念周世釗同志
楚圖南

【注释】

①毛泽东：王季范、周世钊的早年师友，当时任中央人民政府主席。

②王首道：当时任湖南省人民政府主席。

③王季范：毛泽东的姨表兄，毛泽东、周世钊在湖南一师读书时的教师。1950 年 11 月任政务院参事。

④周惇元：即周世钊，毛泽东在湖南一师读书时的同班同学，当时任一师校长。

⑤章淼洪：毛泽东的亲戚。

⑥此信曾发表于《毛泽东年谱（1949—1976）1》。

副22 1950年9月15日 杨韶华①致毛泽东[3]

杨韶华在《伦理学原理》②扉页上写道：

“此书系若干年前，毛主席润之兄在小吴门外清水塘住时所借阅。嗣后，各自东西，不复谋面，珍藏至今，深恐或失！兹趁周惇元③兄北上之便，托其奉还故主，借镜当时思想之一斑，亦人生趣事④也。”

杨韶华识

1950年9月15日

【注释】

①杨韶华：毛泽东、周世钊在湖南一师读书时的校友。

②《伦理学原理》：《伦理学原理》一书的原件，在毛泽东移居清水塘时的20年代初，他的一师同学杨韶华将这本书借去阅读。此后各自东西，未曾见面，书也未还。将近30年后的1950年9月，周世钊应毛泽东之邀去北京参加国庆观礼，杨同学托周世钊把这本书带去北京，奉还给毛泽东，使其物归原主。

《伦理学原理》为德国哲学家、伦理学家泡尔生（1846—1908）的主要代表作《伦理学体系》的一部分。原书约10万字，毛泽东不但写有约12 000字的批注，而且画了圈点等多种符号。文[3]以170页的篇幅全文刊出。据《湖南省立第一师范学校志》记载，讲授《伦理学原理》的时间是1917年下半年至1918年上半年。这是杨昌济讲授修身课的教材。

③周惇元：即周世钊，毛泽东在湖南一师读书时的同班同学，当时任

一师校长。

④人生趣事：据周世钊回忆，1950年，毛泽东和旧友周世钊重逢，又喜获原书《伦理学原理》，高兴地翻阅了自己写在书上的批语后对周世钊说："我当时喜欢读这本书，有什么意见和感想就随时写在这本书上。现在看来，这些话有好些不正确了。"

毛泽东又说："这本书的道理也不那么正确，它不是纯粹的唯物论，而是心物二元论，只因那时我们学的都是唯心论一派的学说，一旦接触到一点唯物论的东西，就觉得很新颖，很有道理，越读越觉得有趣味。它使我对于批判读过的书，分析过所接触的问题得到了新的启发和帮助。"

接着，周世钊要求将《伦理学原理》再赐予带归时，毛泽东表示不同意。

幸而这本书在长沙托周世钊转送时，当时的中共湖南省委宣传部部长李锐闻知此事。他颇为重视，首先手抄一些评语，最后因上车时届，只能照相全书。

毛泽东逝世后，《伦理学原理》中的批语公开发表了。这些还成为研究毛泽东早期思想的重要文献，当然也是毛泽东早期刻苦学习的物证。

周世钊在1962年出版的《毛主席青年时期的几个故事》中曾有回忆记载。

副 23　1950 年 11 月 6 日 徐特立[1]致周世钊[2]

敦元[3]校长足下：

嘱为省立第一师范学校题一有关校风的短语。特立对于师范教育没有特别的见解，而教育政策已由政协纲领第九章明确的规定，但把政策变为现实就必须有正确的思想和作风，就学校来说，就是校风。“实事求是，不自以为是[4]”是我们领袖毛泽东同志的作风。由他所领导的中国共产党自1935 年来就成为我们全党的党风。这种作风是对学习对工作对领导者和被领导者，对一切人一切事业都是需要的。它不是高深难了解的理论，也不是艰巨难做到的工作，是一句极平凡极老实的口号，但它的本质是马克思的辩证唯物论。没有它，一切革命，一切建设，一切工作和学习，都会有偏差，都会有走上歪风的危险。湖南省立第一师范曾经培养了不少的革命人物，同时也有反动人物，即正风和歪风并存，结果正风终占了上风。新民学会的领袖人物是今天人民共和国创造的领导人物——毛泽东。他在学生时代之学习目的是改造中国、此外无他目的。结果他的学习胜利了，成为一个彻底了解中国历史任务的中国通。毛泽东同志的作风是老老实实的作风，是彻底的马克思主义。特别希望第一师范以毛主席的作风——实事求是不自以为是——作为校风。

特立过去在第一师范任课只是任各种教学法和实习批评，其收获是在批评会。今天要来谈全面的教育原则只能提要提出，而基本上仍不能离辩证唯物论，即在实事求是不自以为是的作风中去训练自己。昨日（日昨？）所谈十分拉杂，仓卒无法整理，望足下回湘后有暇加以修改，并希望你们在工作中去体会去修改。今天下午如有时间即到车站送行。

敬祝

旅安！

季范[5]先生处未另函致意。

特立

11月6日

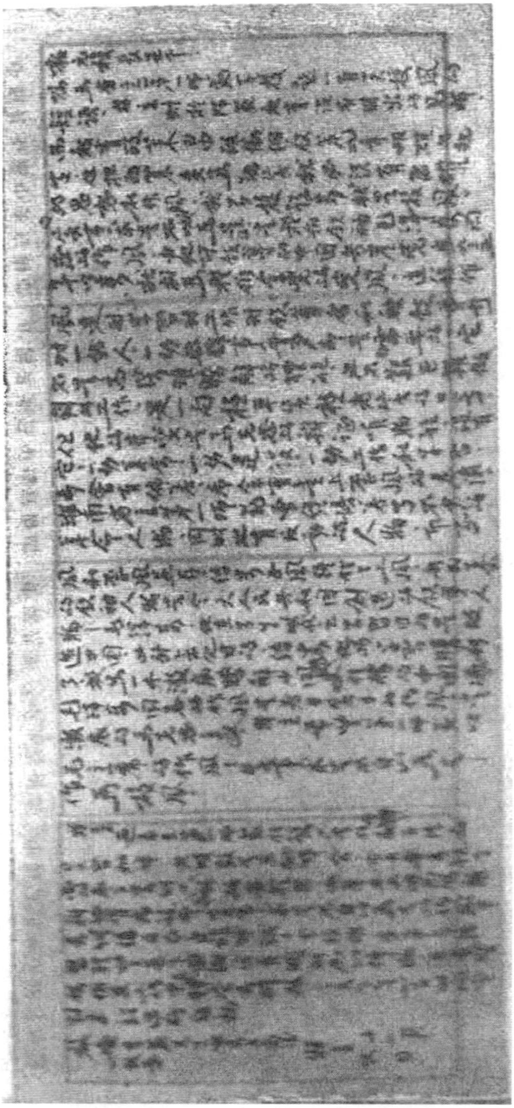

【注释】

①徐特立：徐特立（1877—1968），湖南长沙人。毛泽东、周世钊在湖南一师读书时的教员。当时任中共中央宣传部副部长、中央人民政府委员。

②周世钊：毛泽东在湖南一师读书时的同班同学，当时任一师校长。

③敦元：即周世钊。

④不自以为是：毛泽东研究家美国哈佛大学的罗斯·特里尔在其著作《毛泽东传》中说："他（毛泽东）信奉自作主张。"

⑤季范：即王季范（1884—1972），又名邦模，毛泽东、周世钊在湖南一师读书时学监及教员。毛泽东的姨表兄，王海容的祖父。1950 年 11 月任政务院参事。在徐特立去法国勤工俭学的几年中，王季范曾为徐特立筹备 2000 多元给以接济，其中一部分是王季范赠送的。

⑥此信曾发表于《相遇贵相知（4）》等。1949 年 10 月 1 日，徐特立的一师八班学生、周世钊的同班同学毛泽东被选为中央人民政府主席。1950 年 9 月下旬，毛泽东的亲戚章淼洪由京返湘省亲。毛泽东嘱章淼洪约周世钊和王季范往北京参加国庆观礼。王季范因出席全国教育工会会议已先入京。周世钊与章淼洪在 9 月 30 日到京。参加了 1950 年的国庆观礼，又看望了徐特立、王季范、谢觉哉、熊瑾玎、蒋竹如等师友。久别重逢，自有一番热情。

10 月 5 日，毛泽东派车接周世钊至中南海。握手寒暄后，毛泽东问周世钊到京后会见了哪些人。周举了徐、王、谢、熊诸老。毛泽东嘱秘书约他们来中南海叙谈。傍晚时，几位老人都已到齐，共进晚餐后，坐在客厅谈话。解放后担任湖南一师校长的周世钊向毛泽东提了一个要求："第一师范的师生，恳切希望得到主席的指示，请求为他们题示几句话"。毛泽东当即表示同意全校师生的要求，并对徐特立说："你是一师的老师，也写几句话给他带回去吧！"于是，在一个月以后的 1950 年 11 月 6 日，徐特立给周世钊写了这封著名的信件，信中提出了校风问题。

副24　1951年11月21日 毛泽东致王首道[①]

首道同志：

请酌予此人[②]以生活上的照顾。据周世钊[③]校长说，此人一生办教育（曾在第一师范当过教员），似无劣迹。

毛泽东

十一月廿一日

信封：长沙　王首道同志　毛寄

【注释】

①王首道：当时任湖南省人民政府主席。

④此人：指李醒安，原名李廉翘，曾在湖南省立第一师范学校当教员。

③周世钊：毛泽东在湖南一师读书时的同班同学，当时在华北人民革命大学进修。

④此信曾发表于《建国以来毛泽东文稿》[19]等。

要件
中央人民政府人民革命軍事委員會

主席：

我來京專誠謁候，因國事太繁，未得一親顏色，心殊悵結！臨行面託世釗兄，代致悃款，聊申鬱結於萬一！醒安此次在京，多承照顧，謹此鳴謝。我一生窮困，至老更甚。凡在人民，政府無不照顧其生活，懇予我一崗位，當效老死至老，不敢有懈。敬致

敬禮

李醒安上 十一月十三日

周世釗校長：此人王叔鋕青（曾在第一師範當過教員），似與書商孫？ 省送同志，請酌予此人以生活上的照顧。程

毛澤東 十一月廿日

副25　1951年11月22日 毛泽东致李维汉[①]

李维汉同志：

周世钊[②]兄等数人（又陈奎生[③]兄亦想参加），于革大毕业后，想去沈阳、大连、天津、济南、南京、上海等处参观学校教育，并经浙赣路返湘。我认为可行，如你也同意的话，请为他们办理旅行手续。

毛泽东

十一月廿二日

信封：李维汉同志　　毛寄

【注释】

①李维汉：李维汉（1896—1984），原名厚儒，字和笙，又名罗迈，湖南长沙人。毛泽东、周世钊在湖南一师读书时的校友，当时任中共中央统战部部长。

②周世钊：毛泽东在湖南一师读书时的同班同学，当时在华北人民革命大学进修。

③陈奎生：陈奎生（1891—1984），字槐三，湖南长沙人。毛泽东、周世钊、李维汉在湖南一师时的校友，教授、体育教育家。1921年、1932年两度在一师任教。1937—1938年任湖南一师校长。

⑤此信曾发表于《建国以来毛泽东文稿》[19]等。

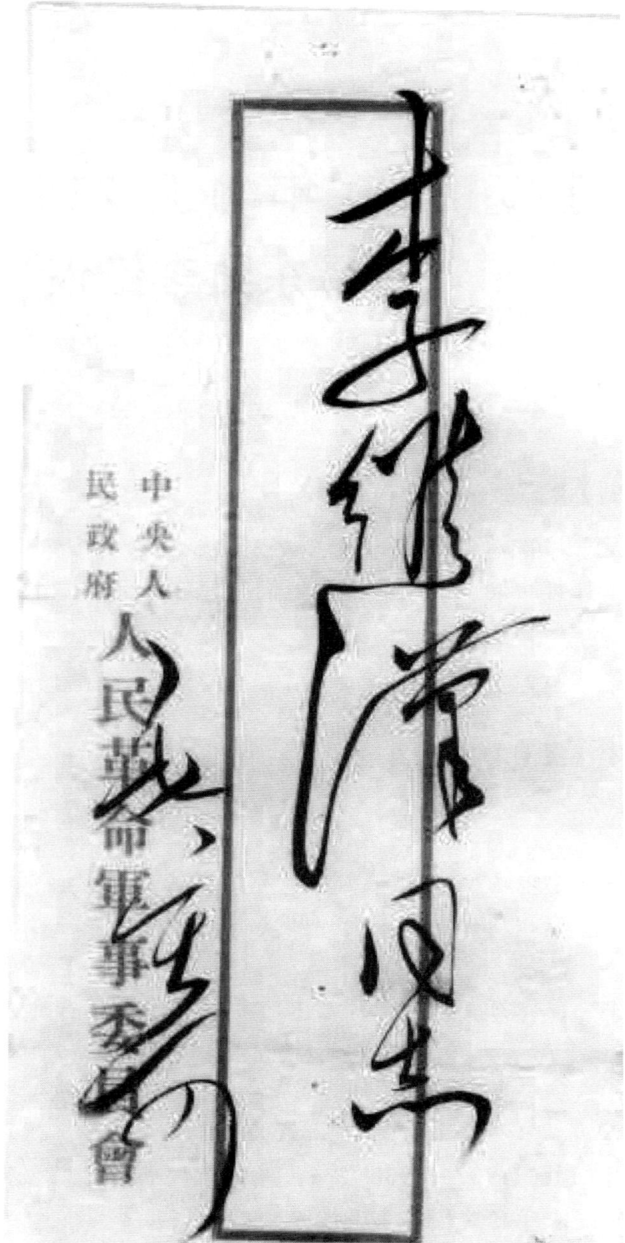
中央人民政府
人民革命軍事委員會
毛泽东

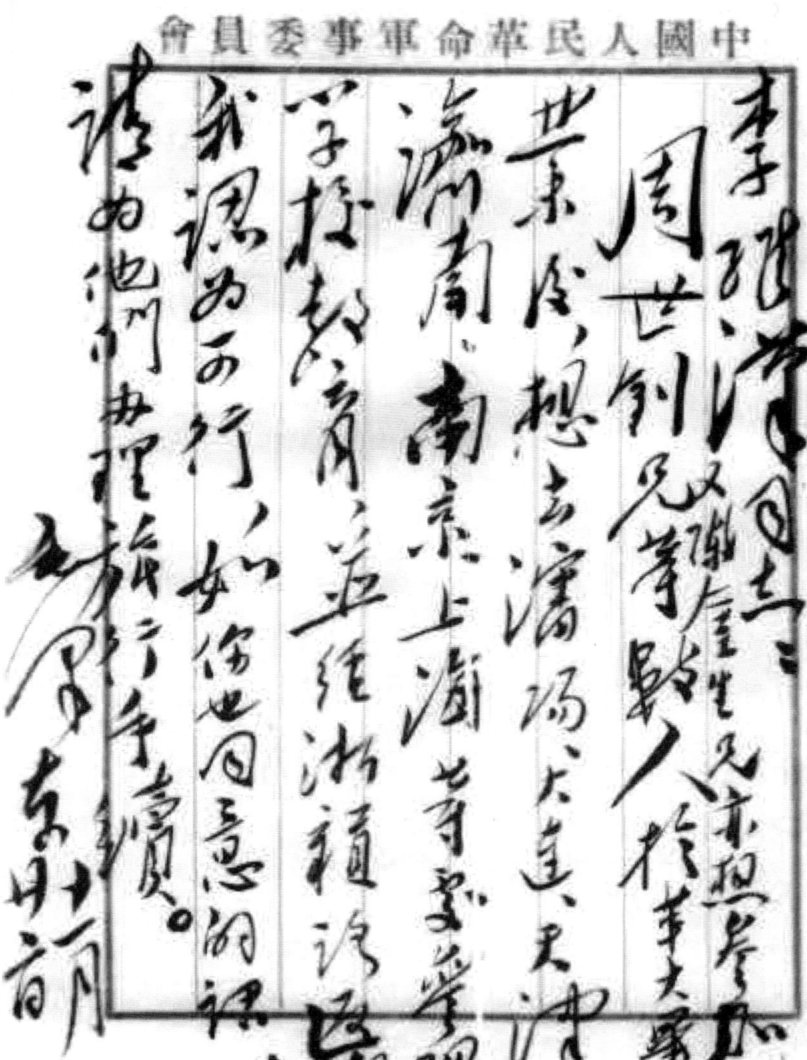

中國人民革命軍事委員會

李張諸同志：

周世釗兄等數人（又陳金生兄亦擬參加）於華大畢業後，想去濟南、大連、天津、瀋陽、南京、上海等處參觀學校教育，並經湘籍諸同志照顧。我認為可行，如無困難的話，請為他們辦理旅行手續。

毛澤東

六月廿日

副26　1959年6月25日毛泽东著《七律·到韶山》①

一九五九年六月二十五日到韶山。离别这个地方已有三十二年了。

别梦依稀咒逝川，故园三十二年前。
红旗卷起农奴戟，黑手高悬霸主鞭。
为有牺牲多壮志，敢教日月换新天。
喜看稻菽千重浪，遍地英雄下夕烟。

【注释】

①《七律·到韶山》：我们是否可以设想，在1959年6月27日毛泽东会见诗友周世钊同学时，他就以当时新作示周，并征求意见。当天他们还合影留念。

我们是否可以作另一种设想，据李锐《庐山会议实录》一书记载，毛泽东29日一上庐山，就将新作《到韶山》《登庐山》写给周小舟，附信征求意见。周世钊与周小舟相交情深。周小舟很可能在不久即将《到韶山》示周世钊以早睹为快，同时请教国文老师周世钊。

1964年，周世钊在其著作《伟大的革命号角　光辉的艺术典范》中写道："我们看到早几年传抄出来的这诗的末句是'人物风流胜昔年'"。还有一稿为"人物峥嵘变昔年"。

周世钊读了这首《七律·到韶山》后，于次年导引著了《江城子·国庆日到长沙》。

②此诗曾发表在《毛主席诗词》[18]等。

毛泽东在韶山与毛小青等

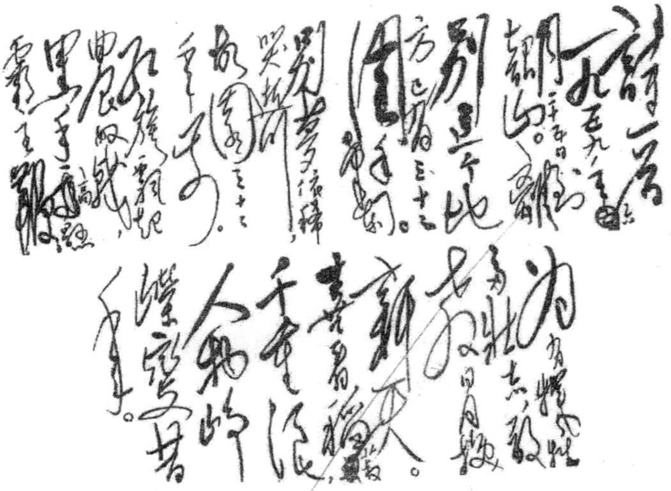

（一）

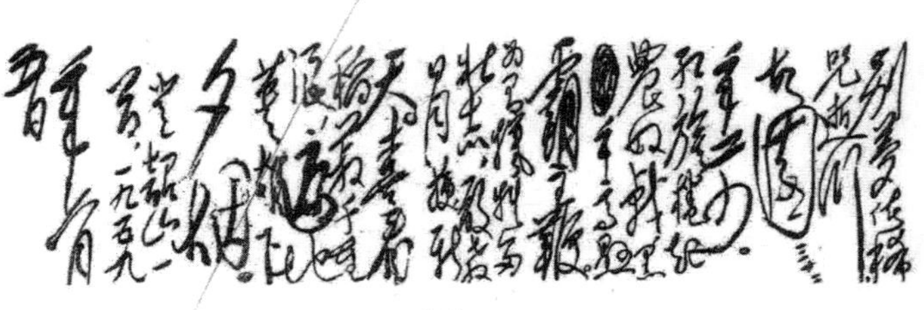

（二）

副27　1960年8月22日 毛泽东关于夏在伯等的批语

此信及附件，请秘书室寄湖南省委统战部酌量处理。另有田士清[①]先生、蒋竹如[②]先生二位也有同样问题。这三人（夏在伯[③]、田士清、蒋竹如）是否有资格可以参加湖南省文史馆作为馆员，请省委统战部同志与湖南副省长周世钊[④]先生一商，因周先生知道这三人的情况，周在京开民盟会议，昨天我和他谈过此三人的问题。如不合资[⑤]，不要勉强引入。

毛泽东

一九六〇年八月二十二日

【注释】

①田士清：田士清（1893—1970），原名士良，号懋斋，湖南益阳人。毛泽东、周世钊在湖南一师读书时的同班同学。经毛泽东提名，1961年被聘为湖南省文史馆馆员。

②蒋竹如：见本书正15注②。

③夏在伯：毛泽东、周世钊在湖南一师读书时的校友。

④周世钊：毛泽东在湖南一师读书时的同班同学，当时任湖南省副省长兼一师名誉校长。

⑤资：可能是“资格”。

⑥此批语曾发表于《建国以来毛泽东文稿》[19]等。

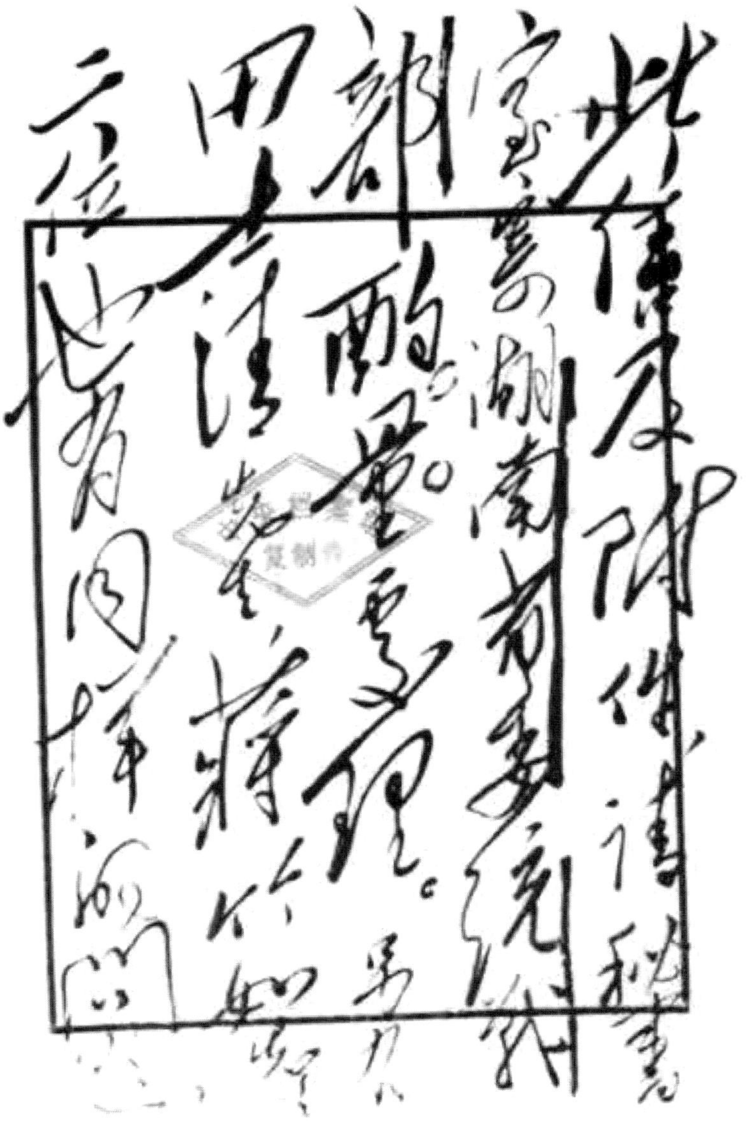

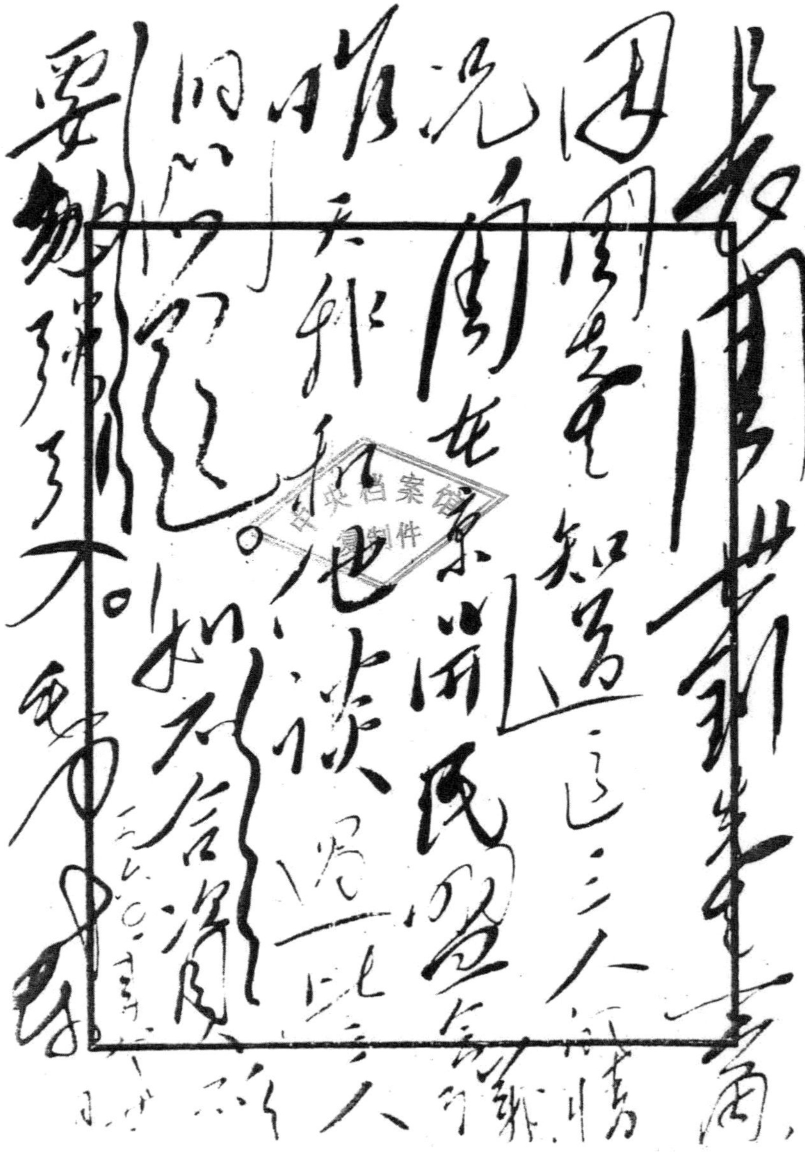
中央档案馆
复制件

副28　1960年9月2日 毛泽东致田士清

懋斋①学兄：

前后收到两信，极感高谊。“欲东”之志，已与周东园②兄筹商，并已致函湖南省委统一战线部，请其酌情处理。专此敬复。

毛泽东

一九六〇年九月二日

【注释】

①懋斋：即田士清（1893—1970），原名士良，号懋斋，湖南益阳人。毛泽东、周世钊在湖南一师读书时的同班同学。经毛泽东提名，1961年被聘为湖南省文史馆馆员。

②周东园：即周世钊，毛泽东在湖南一师读书时的同班同学，当时任湖南省副省长兼一师名誉校长。

③此信曾发表于《毛泽东手书真迹 · 书信卷》[21]等。

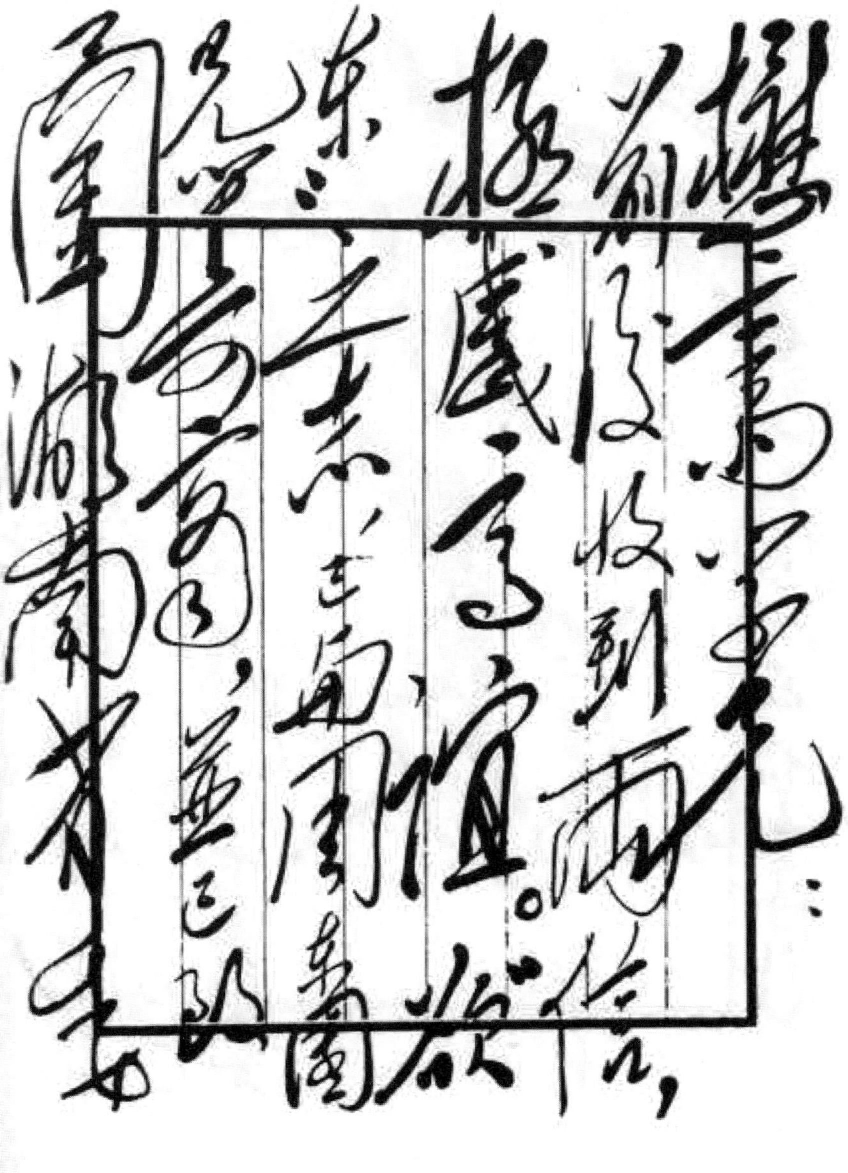

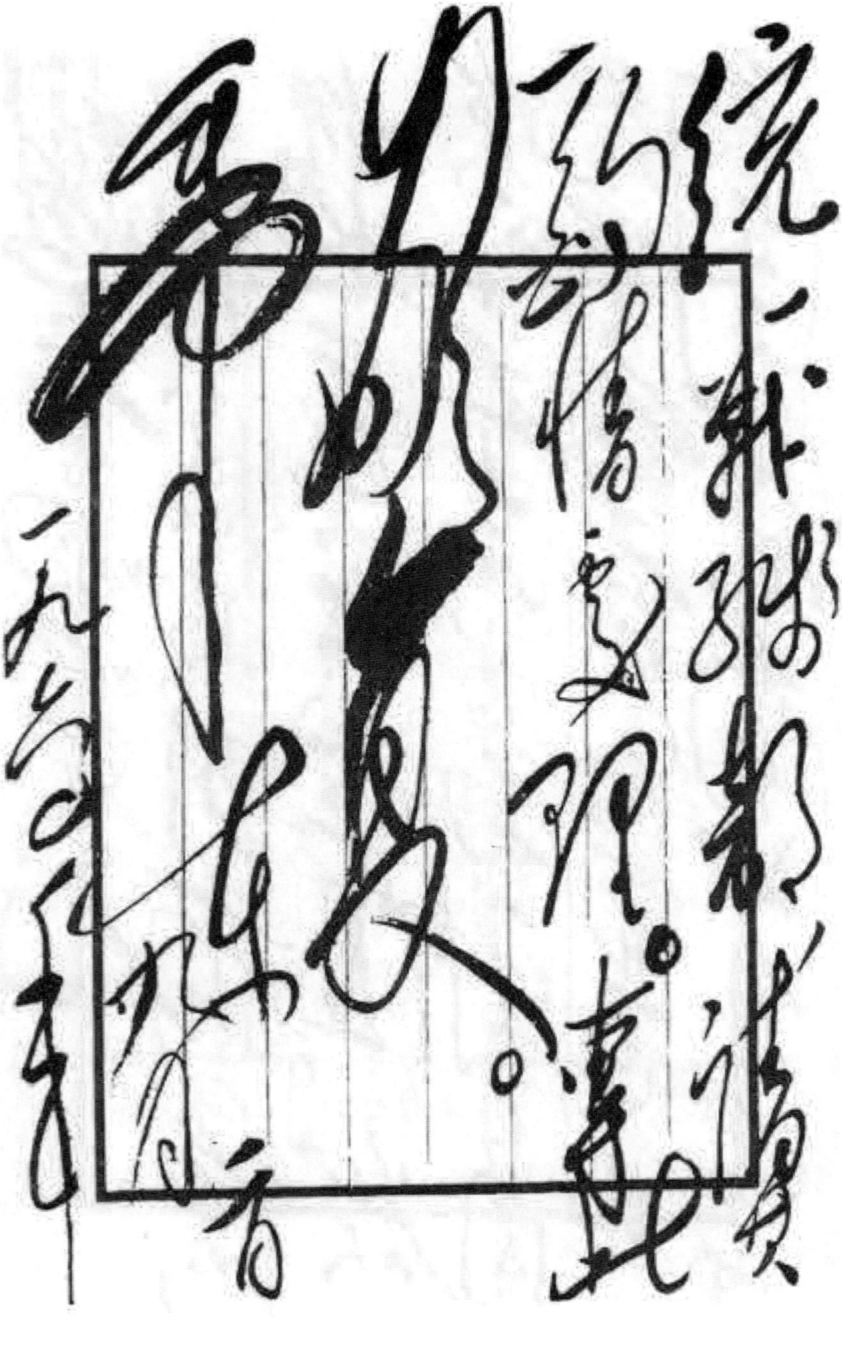

1971 年 6 月，周世钊在延安宝塔山。

副 29　1960 年 10 月 1 日周世钊著《江城子·国庆日到韶山》

江城子·国庆日到韶山①

良辰佳庆到韶山，赤旗边，彩灯悬。万朵红霞荡漾碧波前。似水人流流不尽，腾语笑，久留连。　　夜来场上响丝弦，鼓填填，舞翩翩。革命斗争唱出好诗篇。唱到牺牲多壮志，人感奋，月婵娟。

【注释】

①国庆日到韶山：1960 年 10 月 1 日，周世钊到韶山 ，写下了一首词《江城子 · 国庆日到韶山》[13]。显然，我们不难看出，周世钊先生创作的这首词，是在他读了毛泽东的《七律 · 到韶山》之后，并受到毛诗的影响，两诗标题均有“到韶山”。周的“唱到牺牲多壮志”句，就化自毛的“为有牺牲多壮志”句。倘若周世钊在 1960 年 10 月 1 日之前没有读到毛泽东的《七律 · 到韶山》，他就不会写出“唱到牺牲多壮志”的诗句。此词是确实及时寄赠毛泽东请其审正的。

②此词曾发表于《周世钊诗词选》[13]等。

王季范（左三）、周世钊（左四）在韶山毛泽东旧居。

副30 1963年5月26日 毛泽东致张干

次崙[1]先生左右：

两次惠书，均已收读，甚为感谢。尊恙情况，周惇元[2]兄业已见告，极为怀念。寄上薄物若干[3]，以为医药之助，尚望收纳为幸。敬颂早日康复。

毛泽东

一九六三年五月二十六日

信封见本书正29。

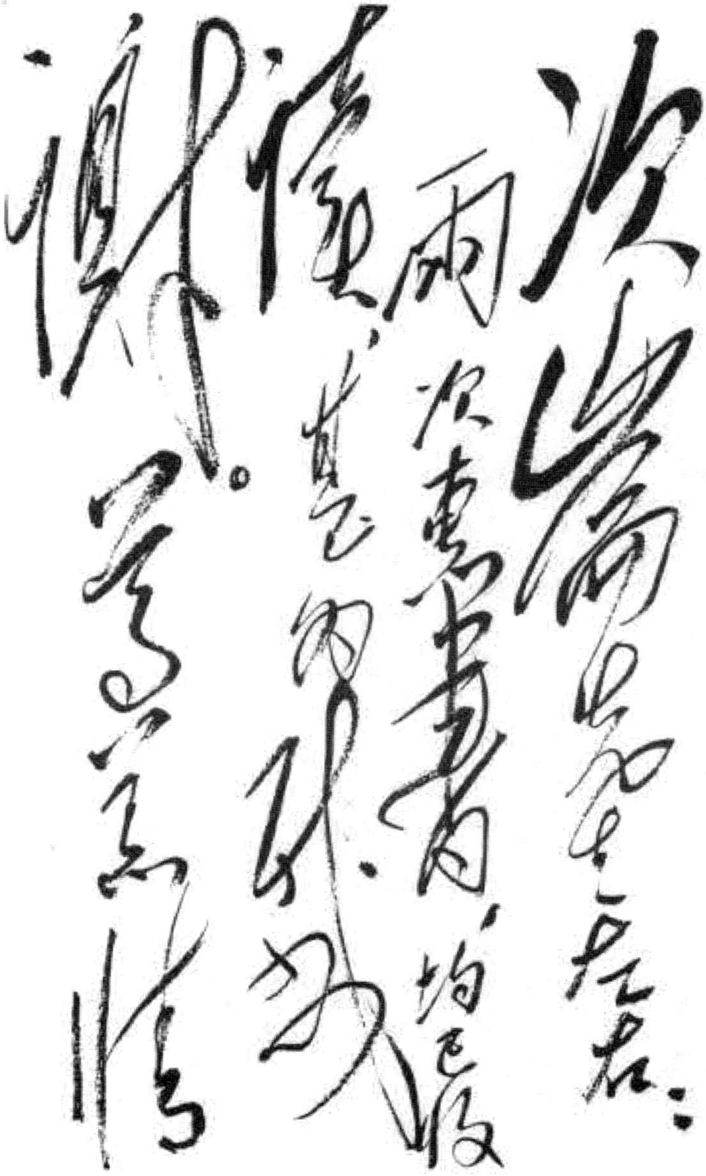

【注释】

①次崙：张干，字次崙。见本书正 27 注 ④。

②周惇元：即周世钊，毛泽东在湖南一师读书时的同班同学，当时任湖南省副省长兼一师名誉校长。

③薄物若干：指托周世钊带去的 2000 元钱。

④此信曾发表于《毛泽东书信选集》[1]等

1962 年 10 月，摄于北京师范大学西门，后排右四为周世钊，前排右四为照片提供者、周世钊学生雷晋虞。

副31　1971年5月
周世钊致毛泽东[①]

尊敬的主席：

五一庆祝晚会时，很幸福地见到您，并承殷殷指示，感到无比兴奋！但因时间不许可，有些想汇报请示的问题，未能覼缕陈述，祇好过一些时候，另以文字奉闻。

原想在此次来京之便，陪同王季范先生前往延安，瞻仰革命圣地，但王先生近以皮肤病入医院治疗，不愿外出。我现在打算在没有同伴的情况下（张国基同学极想瞻仰延安圣地，但他不敢向您提出这个请求），单独去延安一次（有秘书陈明新跟随），返回后，在京稍作摒挡，再从京沪路南返，便道参观南京长江大桥等处，然后乘轮西上，以便看到长江沿岸的新风貌。区区心愿，藏之已久，特托海容同志代陈，未审得蒙许可否？敬恳谅其过分之求，给予特殊照顾。临颖不胜感盼！

（下缺）

【注释】

①周世钊：毛泽东在湖南一师读书时的同班同学，当时任一师名誉校长。

②致毛泽东：在周世钊逝世后，整理遗稿时发现了一封恳求信的草稿，写信时间为 1971 年 5 月，收信人是毛泽东，传信人是王海容。半封信的原稿如上。

这封信送出不久，即蒙友人照准，毛泽东批转中共北京市委安排，组成了有周世钊、王季范、张国基、楚中元等十余人的参观访问团，5 月离京，到西安、延安访问后于 6 月返京。

周世钊一行，在西安时受到李瑞山、黎原等的热情接待。

在西安、延安，周世钊有许多咏怀吟景诗作，抄录数首[13]：

五律·入潼关

报道潼关过，山河望忽开。
华骊皆北拱，泾渭尽东来。
青爱菘香溢，黄看麦浪回。
秦川八百里，佳气日崔嵬。

七律·自京赴延安

絺衣藤箧软轮车，千里西行正及瓜。
不顾凄凉渭城曲，唯寻烂漫枣园花。
万山拱揖迎红日，一塔轩腾接彩霞。
踏遍芳芜人未倦，延安道路达天涯。

七律·瞻仰延安革命圣地有感

北国风光著两间，延安灯火照人寰。
十年伏虎真奇伟，三座移山只等闲。
奔逸绝尘趋步晚，光华无极颂歌难。

欲知覆地翻天秘，四卷从头仔细看。

七绝·陕游竹枝词·瞻仰延安革命圣地志感

万里长征到陕边，延安灯火照新天。
低徊此日难离去，恨不早来三十年。

1971年周世钊和王季范、张国基、楚中元等人去北戴河疗养避暑。周世钊在北戴河写下了一些诗篇[13]，其中有两首，足以说明他当时的心情。

一首是：

鹧鸪天·北戴河海滨游泳场

瞻仰延安宿愿酬，又承嘉惠海滨留。
凌波破浪犹称健，枕石眠沙且自休。
经盛暑，入新秋，世情国事绕心头。
海天廖廓升红日，美雨欧风次第收。

又一首为：

五律·夜坐

瞑色入窗寮，银灯破寂寥。
史诗方罢读，戍鼓已频敲。
搏浪崩沙岸，鏖风折柳腰。
耳边生万籁，深味静中嚣。

其时其景，真是绕心头的静中嚣。周世钊等是7月20日去北戴河，8月20日回到北京的。

1972年6月8日，周世钊写了一首七律，题目就是《六月八日作》[13]。1971年6月1日，周世钊自西安飞抵延安，8日又从延安飞返西安，至今恰好一年。这一年发生林彪叛国投敌，自取灭亡，美帝侵犯越南，轰炸升级等事。全诗为：

枣园杨岭别经年，万叠云山望不穿。
槛外榴花红似火，梦中延水碧如天。
心警北鄙投豺虎，盼切南溟扫瘴烟。
独愧书生无计略，徒将忧愤寄诗笺。

1972年10月2日，毛向周戏改古诗画林彪，如附1。

③此信曾发表于《毛泽东与周世钊》[4]等

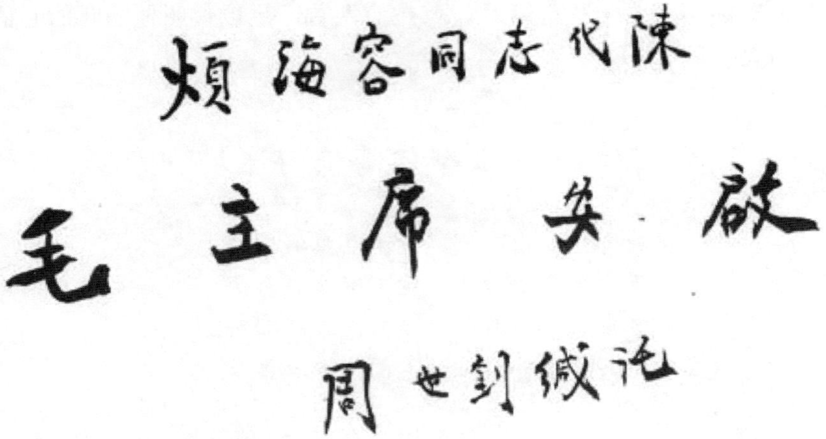

周世钊托王海容代陈毛泽东的信封

尊敬的主席：

五一慶祝晚會時，很幸福地見到您，並承親切指示，感到無比興奮。但因時間不許可，有些想當面請示的問題，未能親自陳述，祇好遲一些時候，另以文字奉聞。

原想在此次來京之便，陪同王季範先生前往延安，瞻仰革命聖地。但王先生近以皮膚病入醫院治療，不願外出。我現在打算在沒有同伴的情形下（張國基同志曾經想瞻仰延安聖地，但他不敢向您提出這個請求）單獨去延安一次（有秘書陳娟新跟隨）返回後，在家稍作休息，再從京漢路南返，便道參觀南京長江大橋等處，然後乘輪西上，以便看到長江沿岸的新風貌。區區心願，藏之已久，特託海容同志代陳，未審得蒙許可否。敢懇諒其逾分之求，給以特殊照顧。臨穎不勝感盼！

1971 年 5 月周世钊致毛泽东信手迹

副32　1976年初周世钊致毛泽东[1]

昨日中央文史馆长杨东莼[2]来院，言及全国政协行将开会。他为了推介原湖南大学教授，现中央文史馆员马宗霍[3]为备选人，已向中央统战部专函介绍。我认识马君很久，但往还不多。他是章太炎的学生，精通小学，于古代文史造诣甚深，著作出版者不下十种，对于王充论衡、船山遗书用力尤多，书虽未经印行，而考订精详，有裨于法家著作之研究。特别是船山遗书，曾国荃金陵书局刻印之本，为了多所隐讳，字句的空白缺落页页有之，甚至段段有之。马宗霍经过十年的搜罗谘访，手自抄录，日积月累，卒将空白缺落的字句全部补充，成为昭晰可读之原书。做此种工（功）夫的全国不闻有第二人。窃认为他对法家著作补苴罅漏，张皇幽眇之功实不可没。

马宗霍年已七十九，平生除读书教书整理古籍外，不多问它事，作风正派；不汲汲于名利，生活虽艰困，而绝口不向人谈穷诉苦，以此知道他的人不太多。诚恐统战部置之不……

……

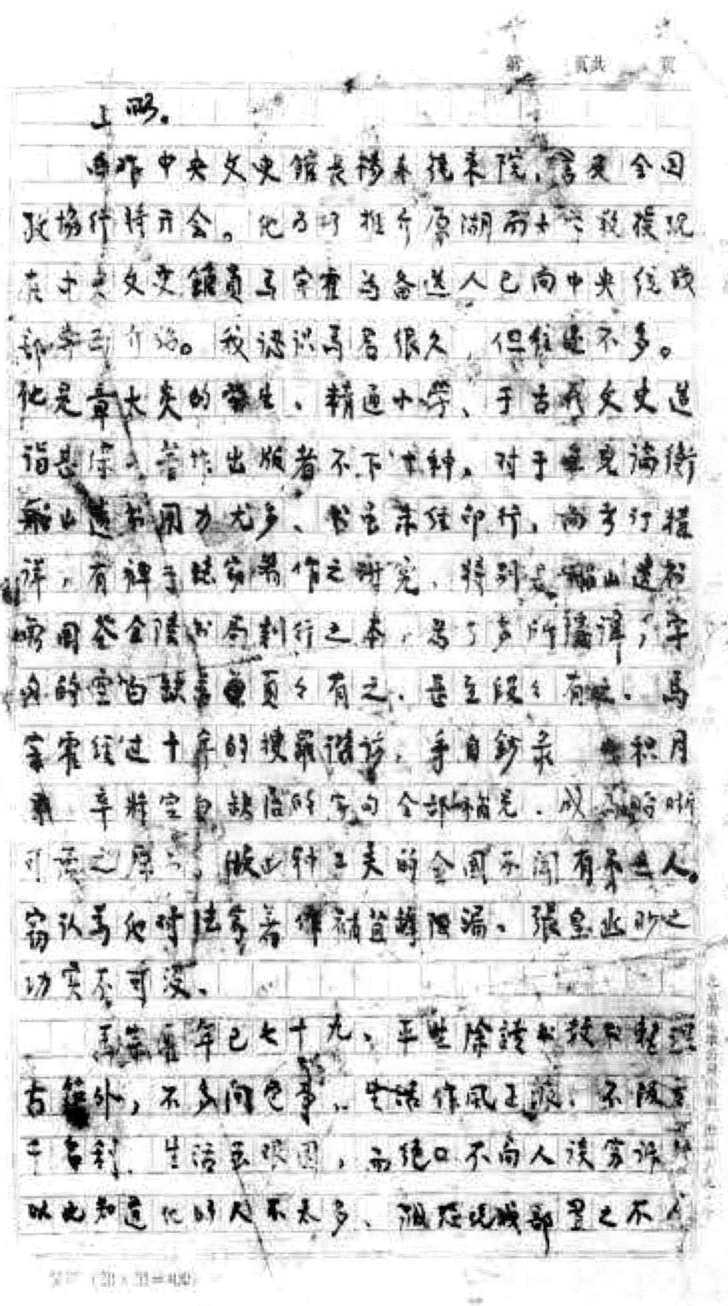

第　贰决　页

上那。

昨中央文史馆长杨东莼来谈，说是全国政协行将开会。他可以推介原湖南大学教授现在中央文史馆员马宗霍为备选人已向中央统战部举荐介绍。我认识马君很久，但往还不多。他是章太炎的学生，精通小学，于古代文史造诣甚深，著作出版者不下十种。对于王充论衡、船山遗书用力尤多，曾自集资印行，而考订精详，有裨于后来学者之研究。特别是船山遗书旧因金陵书局刻行之本，马宗霍所据校，字内的空白缺漏页页有之，甚至段段有缺。马宗霍经过十年的搜罗考订，手自钞录，日积月累，卒将空白缺漏的字句全部补完，成为船山遗书可读之原本。做此种工夫的全国不闻有第二人。窃认为他对该书补苴罅漏、张皇幽眇之功实不可没。

马宗霍年已七十九，平生除读书研究整理古籍外，不多问世事，生活作风正派，不慕荣利，生活亦很困，而绝口不向人谈穷诉苦，以此知道他的人不太多、但在统战部里之不少

周世钊致毛泽东信手迹

【注释】

①致毛泽东：1976 年初，周世钊在北京医院就医，稍愈后返湘。不几天，又因病住入湖南医学院附属第二医院。此时，他重病缠身，仍在思考国家大事，念念不忘他的好友毛泽东。他对多人说过：要给毛泽东写一长信，直至逝世，此愿未能实现。但在最后的日子里，他曾向毛泽东致了一封短函。此函之草稿在周逝世后不久发现；“可惜缺页较多，兹将残留部分抄录于上。此信是迄今所知，周世钊写给毛泽东的最后一信。

②杨东莼：时任中央文史馆馆长。

③马宗霍：中央文史馆馆员。

④此信曾发表于《毛泽东与周世钊》[4]等

1976 年 3 月 10 日，周世钊与宁乡亲友。

附　录

1972年春节，家人合影。前排右起为：周孟瑜、周世钊、周启明、余寅、韦安云、周星艺；二排右起为：周用同、周彦瑜、张亮、张勤；后排右起为：吴美潮、周思益、周思源、张雨林

附1 1972年10月2日毛泽东向周世钊戏改古诗

1972年10月2日，毛泽东即将进入80大寿，周世钊也早已年逾古稀，两位老人在中南海畅谈，也是他们最后一次面谈，谈话持续三个小时。其中谈到两首古诗，兹记述于下。谈到林彪问题时，毛、周都极度愤慨。毛泽东念了一首古诗，诗是明代李攀龙所著，诗为：

豫章西望彩云间，九派长江九叠山。

高卧不须窥石镜，秋风怒在侍臣颜。

念罢，毛泽东接着说，如将“侍臣”改为“叛徒”，将此诗送给林彪是最恰当不过的。这也是对林彪的画像。

据说，诗中的“豫章”指的是江西。“彩云间”，这是指黄昏时候的云彩。而“九派长江九叠山”，是说长江是我国第一大江，由九条大支流汇成。

毛泽东谈兴正浓时，又念了一段杜甫的诗：

群山万壑赴荆门，生长明妃尚有村。

一去紫台连朔漠，独留青冢向黄昏。

念罢，毛泽东又说：“明妃”指的是林彪。

周世钊在那几天的日记中记载着：9月28日，改写上主席的信，9月30日晚7时半，在人民大会堂参加国宴（18席）。10月2日晚九时，王海容乘车来饭店，邀同往中南海谒见主席，12时才辞出，参加谈话还有汪东兴和唐闻生同志。主席戏改两诗[4]。

戏改的两诗如上所述。

我们查证，杜甫的诗为《咏怀古迹五首之一》，全诗为：

群山万壑赴荆门，生长明妃尚有村。

一去紫台连朔漠，独留青冢向黄昏。
画图省识春风面，环珮空归月夜魂。
千载琵琶作胡语，分明怨恨曲中论。

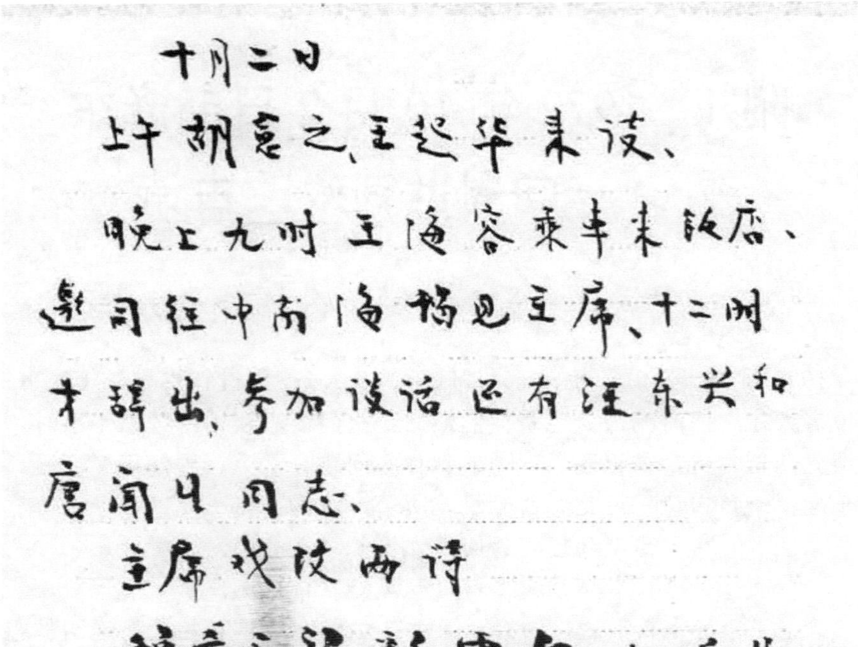
十月二日
上午胡愈之、王起华来谈、
晚上九时王海容乘车来旅店、
邀同往中南海谒见主席、十二时
才辞出、参加谈话还有汪东兴和
唐闻生同志、
主席戏改两诗
豫章西望彩云间、九派长江九叠山，高卧不须窥石镜，秋风怒在侍儿颜（侍儿指叛徒
群山万壑赴荆门、生长明妃尚有村、一去紫台连朔漠、独留青冢向黄昏。（明妃指林彪）

周世钊手迹

附 2 1983 年 12 月 27 日 冯蕙著文摘录

在纪念毛泽东九十诞辰的时候，中共中央文献研究室编辑的《毛泽东书信选集》出版了。冯蕙在《人民日报》上写了《毛泽东书信选集介绍》的文章[22]。

文章说，收入《书信选集》的 372 封书信，是从现已收集到的毛泽东的 1500 多封书信和约 200 件具有书信性质和形式的电报和批示中挑选出来的。

文章指出，中国革命取得胜利后，毛泽东的一些亲朋故旧纷纷写信给他。有他的近亲毛家、文家、杨家的人，有他少年时代的同学、朋友乡邻，有辛亥革命后他在湖南新军中的同事，有他在湖南省立第一师范学校读书时的同学，新民学会的会友，有他的老师，有烈士的遗属，还有湖南的社会名流，等等。他们在信中追叙旧谊，表示怀念和敬意，一些人也提出某些个人要求。国家初建，百废待兴，毛泽东担负着党和国家繁重的领导工作，但是对于亲朋故旧的来信，他都亲自作复……

文章着重指出，在同旧友的通信中，给周世钊的最多，共选入了十封，从谈诗论词、酬唱奉和到研究历史唯物主义，探讨对受任新职的态度，既有对他从事教育工作的鼓励，也有对他接触实际的督促。这些书信，情意拳拳，不拘形迹，亲切感人。

1971 年 5 月，周世钊（前排右一）、吴起凡、阮银妹（吴美潮之母）、周彦瑜（后排右一）及吴美潮在西安。

附 3　20 世纪 50 年代毛泽东致周世钊函的年份考

有一封毛泽东致周世钊的书信，作者没有写明年份。周世钊在 70 年代整理毛泽东来信时，误将其年份定为 1956 年，以致文[3]也以 1956 年刊出。后经中央档案馆齐得平先生过细地考证研究后，确定它是 1959 年的信函。他的文章发表在文[23]上，其有关部分如下：

毛泽东写信的时间同是“十二月二十九日”，没有写明年份。这三封信是分别写给钟学坤[①]、孙燕[②]和周世钊[③]的，1976 年毛泽东逝世以后由中共中央办公厅转到中央档案馆收藏。收信人和有关机关在上交时，对每一封信的写成时间都做了说明。给钟学坤的信为 1959 年，给孙燕的信为 1960 年，给周世的信为 1956 年。

为了考证毛泽东给周世钊那封信的写成年份，1992 年 6 月 11 日，我同周老的女婿吴美潮探讨过。我说，我认为比 1956 年要晚一些。他赞同我的意见。我请他查查周老有无对此事的记录。同年 6 月 30 日，吴美潮同其夫人周老之女周彦瑜写信告诉我：“关于 1956 年 12 月 29 日的信，时间确实错了，经我们再三研究辨认，查阅周老的记录，现已可初步确定为 1959 年 12 月 29 日。以后如有所得，必整理成文寄上。”吴美潮后来说，1956 年 12 月 5 日，毛泽东给周世钊写过一信，说“两次惠书均已收到，情意拳拳极为高兴……今年游长江填了一首水调歌头，录陈审正”。非有急事，不到一个月再次写信，是不大可能的。我认为吴美潮的看法很有道理。1997 年初吴美潮又告诉我：“周老的秘书陈明新（现任湖南省政协民族委员会副主任）编著的《领袖毛泽东与周世钊》一书中说那封信是 1959 年的。书中写道：“我从 1958 年起至 1976 年止，任周世钊的秘书，时间长达 18 年。

在这期间，我亲眼目睹了毛泽东和周世钊的许多次交往”，“我留心地作了部分记录”，“仅从 1958 年我任周世钊的秘书以来，由我经手的毛泽东来信就有 10 余封”。该书“三十 毛泽东的诗友究竟是谁？”一节中例举了毛泽东给周世钊的 12 封信。其中“第七次是 1959 年 12 月 29 日，毛泽东复信给周世钊说：‘信及诗收读，甚快。我尚好。某先生楚辞，甚想一读。请你代候蒋竹如兄。又请你代候曹子谷先生，谢谢他的赠诗及赠南岳志’”。读完此书，我写信询问作者认为“十二月二十九日”的信写于“1959 年”的根据。答复是：关于毛主席第七次给周老信的问题，“我查了一下记录，没有记是哪天收到的。但是当时的情况我记得很清”，“请您相信，我是对的。”问题已经十分清楚，毛泽东“十二月二十九日”写给周世钊的那封信是 1959 年，而不是 1956 年。

综上所述，我认为，根据书体、书写用纸、当事人和有关人员的证明，可以肯定，毛泽东“十二月二十九日”写给孙燕、周世钊的两封信和毛泽东写给钟学坤的信同是 1959 年写的。

复据该信信封是：湖南省政府　周副省长世钊。周世钊是 1958 年才担任副省长的，可见该信绝不是 1956 年的。2013 年，《毛泽东年谱》已订正为 1959 年 12 月 29 日。

【注释】

①钟学坤，曾在庐山疗养院担任护士。1959 年，毛泽东在庐山开会时，她被安排为毛泽东做保健工作。

②孙燕，陈玉英之女，又名孙佩君。陈玉英，1926—1931 年春在毛泽东和杨开慧家当保姆。

③周世钊，字惇元，又名东园，是毛泽东在湖南省立第一师范读书时的同窗好友。

附 4　1949 年毛泽东致周世钊函的日期考

1949 年，毛泽东曾致函周世钊。信的原稿中写的是收到了 10 月 28 日的周函，而信的落款日期是 10 月 15 日，这里显然存在笔误的问题。为此，中央文献研究室将“10 月 28 日”订正为“9 月 28 日”。而我们经过详细考证，认为“10 月 28 日”是对的，“10 月 15 日”却是“11 月 15 日”之误。兹将考证依据分析如下。[24]

（1）毛泽东原函之误写

毛泽东原函为：

敦元学长兄：

迭接电示，又得十月二十八日长书，勤勤恳恳，如见故人……谨此奉复。敬颂

教祺

毛泽东

一九四九年十月十五日

从信中看，毛泽东说，他收到了周世钊 10 月 28 日的信，却是在 10 月 15 日复函的，这是矛盾的，两个日期中肯定有一个是误写的。

（2）中央文献研究室的误订

1983 年，为了纪念毛泽东诞辰 90 周年，中共中央文献研究室出版了《毛泽东书信选集》。这本书的《出版说明》中说：少量书信作了个别文字和标点的订正。其中就将毛泽东 1949 年致周世钊函的“十月二十八日”订正为“九月二十八日”了。20 年后的 2003 年，这本书再版时仍是将“十”

字订正为“九”。我们经过考证查阅认为，这是误订，“十月二十八日”是对的。

（3）“十月十五日”应是“十一月十五日”之笔误

早些年，毛泽东1949年致周世钊函中提到的陈泽同先生的女儿陈淞女士提供给我们一本陈泽同先生的手稿，手稿中有周世钊、陈泽同1949年10月28日致毛泽东函的陈泽同的抄写件，周信长达7页。其中陈泽同的《上毛主席书》的第1页上写有书信来往日期。周世钊致毛泽东函的投邮日期为“1949、10、29”（阴历九月初八）中午11时。10月28日写的信29日投邮是正常的。手稿还写有“十一月二十四日周敦元先生在第一师范接到毛主席复信”字样。这可以证明毛泽东1949年致周世钊函系11月15日所写，11月24日周世钊才收到。所以，毛信中的“十月十五日”应是“十一月十五日”之笔误。中央文献研究室亦应订正此处才是。

我们认为，周写信于10月28日的第二个证据是：周世钊致毛泽东信的最后一页中写道：“正当新政府开始组织，万机待理，日不暇给的时候。”所以是在中央人民政府（新政府）成立之后的10月28日，而决非在10月1日中央人民政府成立之前的9月28日。2013年，《毛泽东年谱》已订正为11月15日。

附5 周世钊三读毛泽东[25]

2006年是先父周世钊与毛泽东逝世30周年。他们同在湖南第一师范学校同学5年半，并且终生相交达63年，始终不渝，他们生不同庚，仙逝同岁，这在毛泽东的友人中是仅有的。今天，我们重新研读了先父的部分遗稿，怀着沉重与崇敬的心情追思过去的日子，写下这篇纪念文字，以缅怀父亲与毛泽东。

父亲是著名的教育家、诗人和爱国人士，字惇元，又名敦元、东园。1897年，他出生于湖南省宁乡县花明楼区石子冲的一个农民家庭，1976年逝世于长沙。1913年，他考入湖南省立第四师范学校，后转入一师，1918年毕业，其间与毛泽东同班学习。1918年，他首批参加新民学会。一师毕业后，曾在长沙市修业小学教书，后与谢觉哉轮流主编《湖南通俗报》。1921年，父亲考入南京东南大学学习教育与文学，1927年毕业。1925年开始，他陆续在周南女子中学等校教书，直至1949年。1949年后，他继续从事教育工作，同时担任了一些行政工作，如湖南第一师范校长、湖南省教育厅副厅长、湖南省副省长、湖南省政协副主席及全国人大代表、全国人大常委会委员等。

父亲最崇拜的是毛泽东，他与毛泽东有着“三同”与“三友”的关系。“三同”即同乡、同学和同事，韶山冲与石子冲相距15公里，同在一师同班读书，同在修业教书。“三友”即会友、文友与诗友，共同参加新民学会，合著文章，切磋诗艺。

然而，即使父亲与毛泽东有着“三同”与“三友”的关系，有着许多共同的观点、思想和经历，他也从不掩饰自己与毛泽东的不同观点与思想。正因为父亲与毛泽东有广泛的、长远的交往，彼此间有深刻的、全面的了解，也因为他对毛泽东的事业和成就佩服之至，他才敢于坦然提出一些不同意见。

1920 年 3 月 14 日，毛泽东从北京致函给父亲。毛说：“我很希望我的计划和你的计划能够完全一致，因此你我的行动也能够一致。我现在觉得你是一个真能爱我，又真能于我有益的人，倘然你我的计划和行动能够一致，那便是很好的了。”

毛泽东所希望的“完全一致”，在不到一年后的 1921 年元旦就表现出“不一致”了。元旦期间，新民学会在长沙召开会议，在讨论“达到目的需采用什么方法”时，何叔衡与毛泽东主张过激主义，父亲认为“惟于过激主义不无怀疑，束缚自由，非人性所堪”。接着何叔衡又说：“不必说主义，但要人人作工。”毛泽东则谓：“人人做工，就是一种主义，所谓泛劳动主义。”父亲则针锋相对地在会上发言，不赞成泛劳动主义，谓劳农势力之下，摧残人才。主张须有从事科学艺术之自由，不必人人作工。父亲与毛泽东志趣有异，观点相左，但在会上能肝胆相照，知无不言，言无不尽，各抒己见，坦率真诚。这可以说是父亲一谏毛泽东，也可说是青年时代的谏劝。

1949 年 10 月 28 日，父亲在和毛泽东阔别 22 年后致函这位刚刚上任政府主席的老同学。信中有一段说：长沙自解放后政治刷新，社会也日趋安定。不过大多数人的生活在这大变动中感到一些困苦。一些干部工作努力有精神，使人敬佩无极，但有的还或不能掌握政策，和中央的决策常生偏差，有的不免带有关门主义的色彩。此后对下级干部的训练恐怕也要劳及领导者的心神。

1950 年 10 月 27 日上午，毛泽东在中南海会见周世钊与王季范时，周世钊就抗美援朝问题，每每提问：有胜的把握吗？志愿军抗美援朝，是不是会影响和平建设呢？是不是有胜利的把握呢？假如它不在朝鲜战场上打而派大军从我国海岸登陆怎么办？假如美帝用飞机滥炸我国重要都市呢？毛泽东就这些问题作了一一解答，但周世钊未必能完全理解。

1958 年，毛泽东曾称父亲是贤者与能者可以兼的人。一次，父亲与杨开智先生被邀去中南海，和毛泽东讨论了有关“反对资产阶级右派分子”的问题，父亲发表了某些不同意见。

1959 年，毛泽东曾给父亲写了一封信：

东园兄：

上次谈话未畅，历史唯物论观点讲得不透，可以再来一谈否？如愿意来，企予望之，不胜欢迎之至！

祝好！

毛泽东

1959，5月10日上午九时倚枕书。

尚未睡觉，心血来潮，写此数语。

毛泽东通宵达旦地工作、学习，直到上午9时，在临睡前刻，倚枕写了这封信。信中的“历史唯物论观点”是关于郭沫若的历史剧《蔡文姬》的，郭沫若为曹操翻案，涉及如何评价历史人物。毛认为应该为曹操翻案，是符合历史唯物论观点的。父亲持有不同的看法，认为曹操人品不好，不该为曹操翻案，对毛泽东坦率地表示了自己的观点。事后，父亲谦逊地说：“毛泽东对文学和历史的研究有很多精辟的见解，可惜那天我因外出未能赴约，失去了一个难得的学习机会。”

仍是在1959年，第二届全国人民代表大会期间，父亲和罗方中被召进中南海，会见了毛泽东。当天主要谈论知识分子问题，当时把大多数知识分子都划入资产阶级范畴，父亲对此颇有异议，他对毛说：“谁是资产阶级知识分子，我就不承认自己是资产阶级知识分子。”

在经过反对资产阶级右派运动的政治运动后，在毛泽东的无比崇高的威望之下，一般人哪敢发表不同意见？然后上述几件事反映了父亲为了坚持自己认为的真理，直谏不曲，而毛泽东却对他表现了空前的“豁达大度”，还表示“谈话未畅，欢迎再谈”。这些可认为是父亲二谏毛泽东，也可说是壮年时代的谏劝。

1966年，“无产阶级文化大革命”开始了，在十年史无前例的动乱中，父亲也遭受了多次冲击，身心受到摧残。他对许多问题不能理解，对许多做法存有疑虑。他对毛泽东亲自发动和领导的这场运动，不是火上加（浇）油，也不是袖手旁观，而是直言谏劝。

1966年7月间，他对运动甚不理解，致函致电毛泽东，要求面谏。毛泽东复函称：“不必来京，事情可以合理解决。”

1967年，抄家风风靡全国，父亲到北京面见了毛泽东。毛风趣地询问：“听说‘红卫兵’照顾了你的家？”父亲回答说：“一身之外别无长物，抄家者一无所获，不过搞乱了我好些旧书，弄得残缺不全，可惜！可惜！痛心！痛心！”他对肆意抄家深恶痛绝。此后，抄家风有所收敛，直至杜绝。

1972年，“文化大革命”势头不减，许多问题暴露出来了，演化成“积重难返”的局面。父亲毅然在10月2日会见毛泽东时谏陈3小时，最后面交了写于8月间的一封长信[①]。全信论述了八个问题，近4000字。摘录如下：

——窃以为理工科大学要特别重视提高教学质量……文科大学中是否指定几个有条件的设置历史研究所（或单独设立），招收大学毕业生中的文史学习比较有基础的入学，用适当长点的时间，研读古今文史名著，章学诚谓：六经皆史……目前能胜任这种研究所的教师的老人已不多，再过几年将更难物色。因此能早为之所，便利较多。至于近代史和世界史当然也更为重要。

——青年工人、农民和学生除政治理论外没有多的书可读。窃以为五四以来一些比较好的书可以经过审查开放一部分，同时文教领导部门应组织力量编写新的读物，凡革命斗争故事、革命先进人物、战斗英雄、劳动模范、革命知识分子、好的村史、家史和一切好人好事，都应以生动浅显和笔端带感情的文字写出来。历史上的民族英雄、农民革命的英杰，一切好的发明家、工程技术人员、艺术家、哲学家、文学家、科学家、医药家、教育家也可以一分为二地写出具有教育作用的部分……另外，还应编写一些有关农业基础知识、工业基础知识、气象常识、史地常识等等自然科学和社会科学常识读本，以提高读者的文化科学知识。

——我们看到一些基层干部除以私人关系开后门的作风颇为严重之外，又每每以派性和私隙作祟，借机会报复、打击别人，也由于官僚主义作风严重，对于应该处理的群众提出的要求，搁置不予处理，以种种借口把提出要求的人推出门了事……窃以为中央和省市可考虑设置这类报告或控诉的机关，负责对所提问题深入调查，作出结论，经过有关上级的审核批示解决问题。

……

父亲能在1972年8月的政治气候中提出如此八条，把矛头指向“文化大革命”，风险不谓不大，胆子不谓不壮。这种认识与胆识来自对祖国、对人民、对领袖、对友人的赤诚之心，来自人格修养的求真精神，来自畏友、诤友、挚友的气魄，只有交深才能言重。人与人之间的最大信任莫过于进言。苏浚在《鸡鸣偶记》中给畏友下了个定义：“道义相砥，过失相规，畏友也。”而著名的《胡氏家训》则称“畏友甚于严君”。这是父亲三谏毛泽东的记录，也即晚年时代的谏劝。

一个是政治家加诗人，一个是教育家加诗人，这两个思想、性情、境遇、阅历各异的友人，纵然有许多不同之处，并不妨碍彼此间情谊的诚挚和绵长。

三谏的事实反映了父亲是一个真正的爱国主义者。在“五四”时代的中国，列强入侵，政治衰败、民族面临严重生存危机，中国向何处去？过激主义乎？教育主义乎？在头脑发热、违背客观规律高举三面红旗而使全国陷于“困难时期”时，是推波助澜，还是有所觉察？在全中华陷入灭绝文化的灾难性的“十年动乱”时代，逆时代潮流的言行该是爱国知识分子最大的心声。

关于三谏的内容，孰是孰非、是非曲直的问题非我们所能评述，自有历史评论。但父亲的这种求真精神，应是中华魂魄，应是民族精神，值得永远纪念。

难怪文[26]称：“周世钊为人襟怀坦荡，正直无私，实事求是，反映下情民意，言人之不敢言，是一位敢和主席面对面交锋的终身诤友。”

【注释】

①长信：见本书副 32。

附 6　毛泽东四评周世钊[34]

毛泽东对周世钊有多次褒扬式的评品，体现了他的价值观，他的是非观，他的爱。这些评品抓住本质，切中要害，鞭辟入里。兹将多种文献中的 4 次评品综述如下。

（1）爱我、益我

1920 年 3 月 14 日，毛泽东由北京致函长沙的周世钊，信长两千余字，信中写道：

惇元吾兄：

接张君文亮的信，惊悉兄的母亲病故！这是人生一个痛苦之关。象吾等长日在外未能略尽奉养之力的人，尤其发生“欲报之德，昊天罔极”之痛！这一点我和你的境遇，算是一个样的！

早前承你寄我一个长信，很对不住！我没有看完，便失掉了！但你信的大意，已大体明白。我想你现时在家，必正绸缪将来进行的计划，我很希望我的计划和你的计划能够完全一致，因此你我的行动也能够一致。我现在觉得你是一个真能爱我，又真能于我有益的人，倘然你我的计划和行动能够一致，那便是很好的了。

……

信中强调：“我现在觉得你是一个真能爱我，又真能于我有益的人”，简言之是一个“爱我、益我”的人。

（2）骏骨未凋

1949 年 11 月 15 日，毛泽东由北京致信长沙的周世钊，信中写道：

敦元学长兄：

迭接电示，又得十月二十八日长书，勤勤恳恳，如见故人。延安曾接大示，寄重庆的信则未收到，兄过去虽未参加革命斗争，教书就是有益于人民的。城南学社诸友来电亦已收到，请兄转告他们，感谢他们的好意。兄为一师校长，深庆得人，可见骏骨未凋，尚有生气。倘有可能，尊著旧诗尚祈抄寄若干，多多益善。

……

1949年的毛泽东称道周世钊“深庆得人，可见骏骨未凋，尚有生气”。其中 “骏骨未凋”系回应周世钊在1949年10月28日致毛泽东信中所述诗句“卅载青氈凋骏骨，九州明月系离肠”的。

（3）贤者与能者

1958年10月25日，毛泽东由北京致信长沙的周世钊，信中写道：

惇元兄：

赐书收到，10月17日的，读了高兴。受任新职，不要拈轻怕重，而要拈重鄙轻。古人有云：贤者在位，能者在职，二者不可得而兼。我看你这个人是可以兼的。年年月月日日时时感觉自己能力不行，实则是因为一不甚认识自己；二不甚理解客观事物——那些留学生们，大教授们，人事纠纷，复杂心理，看不起你，口中不说，目笑存之，如此等类。这些社会常态，几乎人人要经历的。此外，自己缺乏从政经验，临事而惧，陈力而后就列，这是好的。这些都是实事，可以理解的。我认为聪明、老实二义，足以解决一切困难问题。这点似乎同你谈过。聪谓多问多思，实谓实事求是。持之以恒，行之有素，总是比较能够做好事情的。你的勇气，看来比过去大有增加。士别三日，应当刮目相看了。我又讲了这一大篇，无非加一点油，添一点醋而已。

……

1958年的毛泽东称道周世钊是贤者加能者，是可兼贤与能的。

（4）名人、老实人

1971年8月27日，毛泽东在长沙与华国锋、卜占亚、汪东兴等谈话。他肯定地说：民主党派还要存在，有的地方说不要了，不要太急了，急不得。你们湖南有一个人叫周世钊，是个名人，是我的老同学。“五一”节周世钊来了，上了天安门。我问他民主党派还要不要，这个人算是个老实人，他说民主党派里也有现行反革命分子，有些历史上有一点反革命行为。这是对个人讲的。对民主党派来说，他们没有搞翻案，他们也没有发指示。作为民主党派来说，还是可以存在的。但作为民主党派内部某个人来说，有的人是有问题的，少数人问题很严重。他们中间也有左派，也有中派，也有右派。不要笼统地说民主人士都好或都不好。

1971 年的毛泽东评品周世钊是“名人”，是“老实人”。这段话是 2012 年由当代中国出版社出版的《汪东兴回忆：毛泽东与林彪反革命集团的斗争》中说的。同样的评品还在其他文献中得到佐证。

附7 关于毛泽东词《游泳》的5种手迹

1986年，人民文学出版社出版的《毛泽东诗词选》中选用了《游泳》的作者手迹，见图1。这幅手迹是毛泽东一气写成的完整的手迹吗？不是的。这是作者在写给周世钊的信中的手迹经技术处理拼凑而成的书法作品。

毛泽东的《水调歌头·游泳》，目前能见到的有5种手迹。第一种是1956年12月5日稍后时间公布的一种拼凑标准手迹，见图1。第二种是1956年12月5日致周世钊信中所书，见图2。第三种是1956年12月4日致黄炎培信中所书，见图3。第四种是1961年赠蒙哥马利元帅时所书，见图4。1961年，蒙哥马利再度访问中国。在武汉，毛泽东和蒙哥马利谈了两次话。夜晚，蒙哥马利下榻的宾馆，工作人员忙忙碌碌地为他准备行装。第二天，他将启程返回英国。这时毛泽东来了。毛泽东说："为你送行，送你一件礼物。" 蒙哥马利喜出望外，握着毛泽东的手久久没有放开。毛泽东送给他的礼物是一幅由毛泽东创作并亲笔书写的《水调歌头·游泳》。陪同蒙哥马利的中国人告诉他："这是无价之宝，主席亲笔写下自己的诗词送给外国客人是极罕见的事情。"陪同毛泽东前来的中国人告诉他："这是主席早晨四点钟起床后写的，上面还飘着墨香呢！"蒙哥马利端详着遒劲有力的方块汉字，连声向毛泽东道谢。毛泽东说："不要忘了，我们还将在长江进行游泳比赛呢！"第五种是半幅《水调歌头·游泳》的手迹，见图5。2014年3月31日，我们向中央档案馆要来这半幅字迹，极为珍贵。当时中央档案馆利用部的档案中写道：这幅字迹写于1956年12月5日。这似不可能，因为12月5日给周世钊的信中是写"长江"，同时两幅手迹的字体和用笔有明显差异。

现在所缺的手迹则是1956年6月毛泽东原始创作时的手稿，该手稿尚未披露。

《水调歌头·游泳》的5幅手迹中。最具代表性的则是图1那幅拼凑稿；即是常被人引用的一幅。例如1957年建成的武汉长江第一桥桥头就立了《游泳》碑。《毛泽东诗词选》等著作选用这幅手稿。季世昌著的《毛泽东诗词鉴赏大全》把这幅手稿用在书脊上。毛泽东的堂侄女毛小青开办的“韶山毛家菜馆”在显著地位立了《游泳》碑。

为什么说《水调歌头·游泳》那幅手稿就是周世钊信中的呢？毛泽东诗词研究家季世昌在其著作中写道：

笔者曾在一本关于毛泽东诗词讲解的书中谈到毛泽东曾于1956年12月将一首《水调歌头》词书赠黄炎培、周世钊二先生，标题均为《水调歌头·长江》，而另有一幅手书却题为《水调歌头·游泳》。

1993年，周世钊先生之女儿周彦瑜、女婿吴美潮给我来信指出：“另有一种手书，其实即为赠周世钊的稿，只是把词题处理了而已。”（意思是将“长江”改成了“游泳”）我据以核对，果然，目前最为流行的《水调歌头·游泳》的那一幅手书，即为从毛泽东1956年12月5日致周世钊信中所录，且最后的署名和书写日期——“毛泽东一九五六年十二月五日”都一模一样，毫无二致。手书上有两处做了改动：一是标题，诚如前述，将《水调歌头·长江》改为《水调歌头·游泳》；二是“逝者如斯夫”的“夫”字原文笔误作“乎”，后改为“夫”。

这一幅手书是在毛泽东生前发表的，因而可以认为，这幅手书的改动是得到毛泽东本人认可的；同时，这一幅字写得行云流水，潇洒美观，可以认为是毛泽东的得意之作。具有书法经验的人都知道，要写得一幅好字，有时是可遇而不可求的。也许这就是为什么要在这幅字上将标题和“夫”字作改动而不另写的缘故吧。因而我们也就可以知道这幅字之所以在群众中广泛流传，受到特别喜爱的原因了。

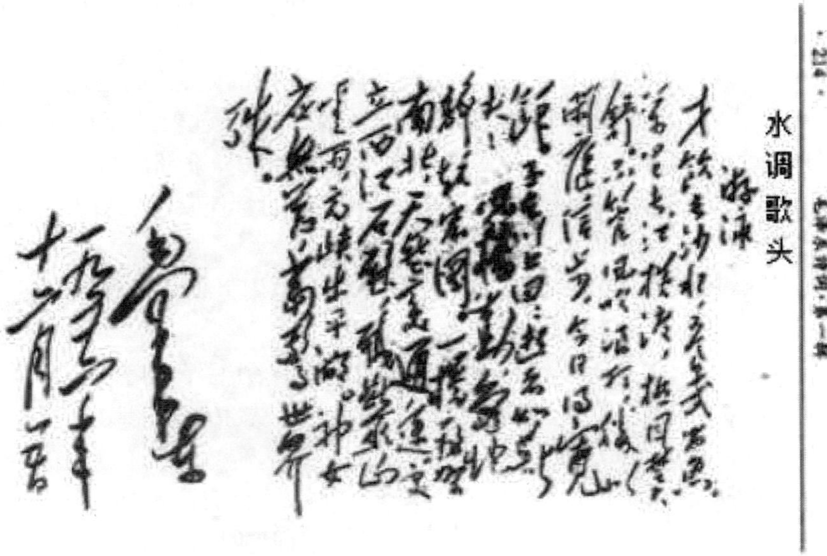

图 1

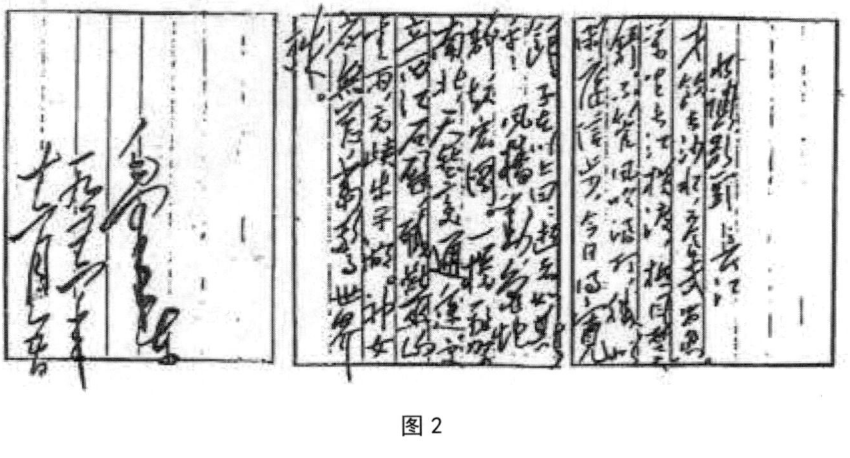

图 2

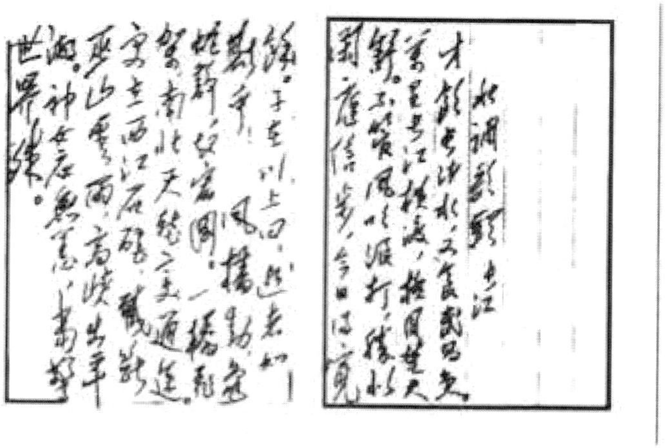
水调歌头 长江

才饮长沙水，又食武昌鱼。万里长江横渡，极目楚天舒。不管风吹浪打，胜似闲庭信步，今日得宽馀。子在川上曰：逝者如斯夫！风樯动，龟蛇静，起宏图。一桥飞架南北，天堑变通途。更立西江石壁，截断巫山云雨，高峡出平湖。神女应无恙，当惊世界殊。

图 3

图 4

图5

打，胜似闲

庭信步，

今日得宽馀。

子在川上曰：

逝者如斯夫

附8　毛泽东诗《答友人》的4幅过程稿

充满神秘色彩的毛泽东诗《七律·答友人》，一般人均认为它没有留下手稿，所以谁是友人，可以胡乱猜想或伪造。半个世纪来，出现了各种各样的友人。

研究毛泽东诗词，必须弄清真实的史实。只有真实的历史事实才是研究毛泽东诗词的基石。在毛泽东诗词的数十年研究中，《答友人》中的友人，存在不少问题。曾松亭先生在《中国青年报》及东方出版社中认为“友人”系乐天宇，还有不少著家认为“友人”是周世钊、李达、乐天宇，还有更多的其他说法。笔者认为，“友人”只有周世钊一人，有毛泽东手稿为证，所有其他说法均涉及作品的著作权纠纷。

2012年5月28日，我们多次申请后，中央档案馆通知我们去取毛泽东诗《七律·答友人》的原始档案复印件，这是一份十分珍贵又极其可信的文献。毛泽东为这一首诗改有4个版本。

（1）《答友人》的原始过程稿

我们将中央档案馆给我们的经毛泽东多次修改的手稿修改过程还原，并运用逻辑思维，发现此诗的来龙去脉。

《七律·答友人》的原始稿撰著于1961年，其标题为：诗一首 答周世钊，另起一行的作者为毛泽东，如图1。

（2）《答友人》的第一次改诗过程稿

1963年，人民文学出版社在编《毛主席诗词》向毛泽东送审定稿时，毛泽东在答周世钊后面加上“同学”两字，诗题为“答周世钊同学”了，如图2。

“答周世钊”过程稿

（3）《答友人》的第二次改诗过程稿

1963 年，毛泽东再次将《毛主席诗词》审改时，毛泽东用细笔将“答周世钊同学”6 个字画去，删去“诗一首”及“毛泽东”，同时加上“友人”及“七律”四字，如图 3。

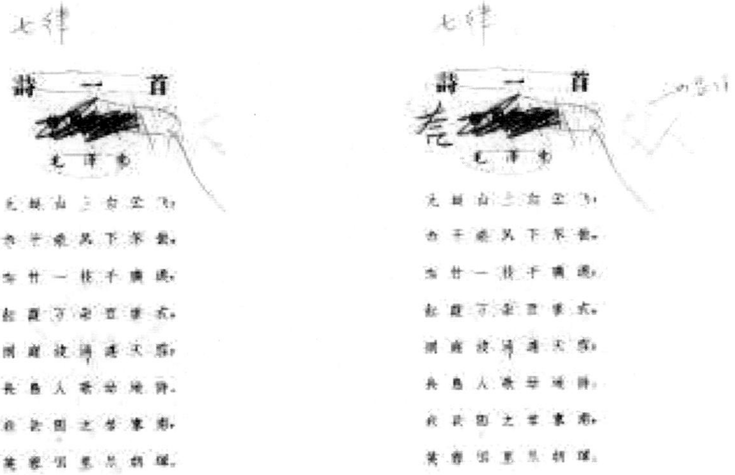

“答友人”过程稿

（4）《答友人》的最后改诗过程稿

1963 年，毛泽东最后将《毛主席诗词》定稿时，毛泽东用粗笔在“友人”前加一个“答”字，并用粗笔涂一下“答周世钊”，于是形成了“答友人”； 最后编辑加工在“答友人”处注上“四长仿”字样，如图 4。

图 4 也就是保存在中央档案馆的毛泽东手稿，万分珍贵。

（5）4 幅过程稿的价值

多少人以为《答友人》没有手稿，于是他们研究时就可以“百花齐放”了。否也！《答友人》的标题是有毛泽东手稿的，不但有，而且可以还原 4 幅。笔者从中央档案馆要到的复印件，千真万确的 4 幅手稿。它价值无限，是史实，是证据，白纸黑字，铁证如山。与《答友人》的 4 幅过程稿相互印证的则是毛泽东在以后关于友人的两次肯定答复。

1964 年 1 月 27 日，毛泽东应《毛主席诗词》英译者的请求就自己诗词中的一些词句，一一作了口头解释。其中第 22 题的问话为：“《七律 · 答友人》中的‘友人’指谁？”毛泽东答：“‘友人’指周世钊”。这是最权威的论断。

1964 年 2 月 4 日，袁水拍就一些有争论，或者不太清楚的问题请示了毛泽东。毛泽东对自己的诗词作了 14 点解释，其中第 8 点为：“长岛”：指长沙。长沙是沙洲变的，许多人住在那里，不知道那个地方的来历。友人，是一个长沙的老同学……此处的“友人，是一个长沙的老同学”一语，基本上等同于“友人是周世钊”。

附 9　胡愈之等的信函

1963 年 12 月，随着《毛主席诗词》的出版，《七律·答友人》也正式发表了。1964 年 1 月 7 日，胡愈之曾专函周世钊，信中说："据闻主席此诗是送给你的，可能是和你所作的诗。"如图 1，图 2。

在将《七律·答友人》翻译成英语时，袁水拍又专函周世钊，问询"友人"应是单数，抑或复数。其他还有很多人和一些报刊编辑部函询过周世钊。其中，1966 年 6 月，文物出版社为了索借手稿发了公函如图 3。

对于这些函件，周世钊均淡然处之，淡泊名利。

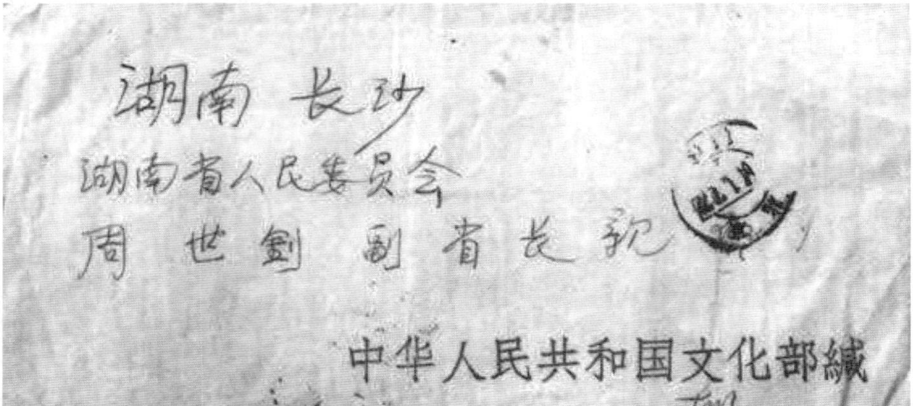

胡愈之致周世钊信封

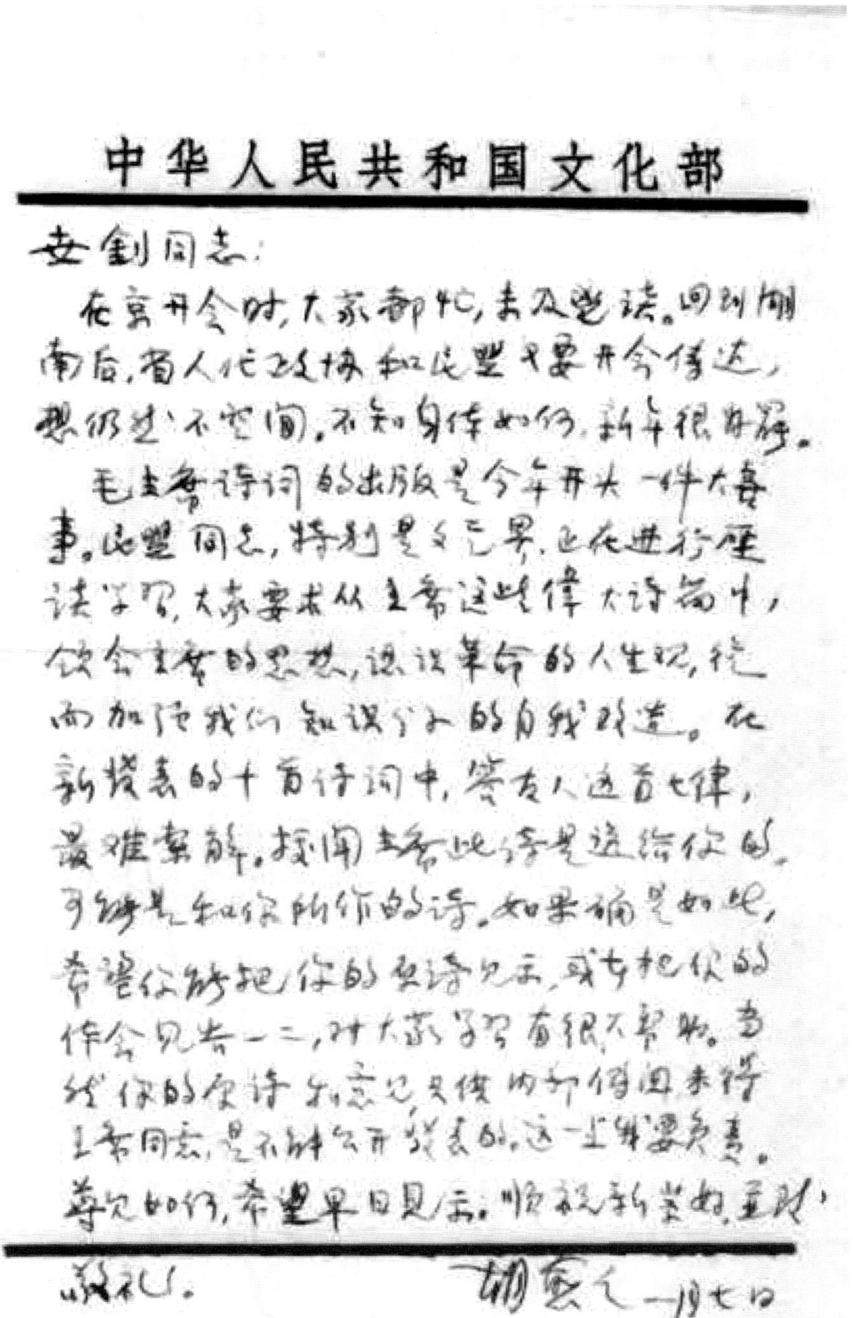

中华人民共和国文化部

世钊同志：

在京开会时，大家都忙，未及晤谈。回到湖南后，省人代政协和民盟又要开会传达，想仍然不空闲。不知身体如何，新年很好罢。

毛主席诗词的出版是今年开头一件大喜事。民盟同志，特别是文艺界，正在进行座谈学习，大家要求从主席这些伟大诗篇中，领会主席的思想，认识革命的人生观，从而加强我们知识分子的自我改造。在新发表的十首诗词中，答友人这首七律，最难索解。据闻主席此诗是送给你的，可能是和你所作的诗。如果确是如此，希望你能把你的原诗见示，或者把你的作意见告一二，对大家学习有很大帮助。当然你的原诗和意见只供内部传阅，未得主席同意，是不能公开发表的，这一点我要负责。尊见如何，希望早日见示。顺祝新岁好，並致

敬礼。

胡愈之 一月七日

文 物 出 版 社（　　　　）

（66）社务 字第 82 号

事由：請借用毛主席手稿《七律·答友人》来京照相

主致：湖南省 周副省長世釗同志

抄致：

附件：

拟办与批办：

装 订 线

（覆文，来函请注明本社发文号和发文日期）

今年二月承您借用毛主席手稿《水调歌头·游泳》来京照相，现已用完，即日归还，请查收。裱装印制品俟后另寄。

据闻您还收藏有毛主席手稿《七律·答友人》，为了满足读者的需要，希您能将此原件借我社，携来北京照相制版，用完即负责归还。

感谢您对我们工作的大力支持。此致

敬礼

文物出版社

1966.6.

附10 毛泽东手书“周世钊”集锦

1 周君世钊 1918.8.11

2 周世钊 1949.8.11

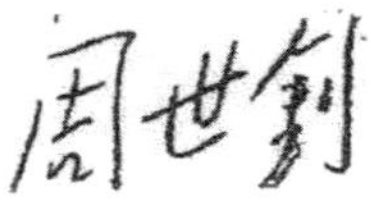

3 敦元 1949.11.15

4 周世钊 1949.11.22

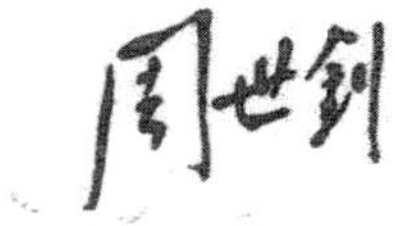

5 东园 1950.3.14

6 东园 1950.3.14

7 惇元 1950.4.19

8 周校长 1950.12.29

9 惇元 1950.12.29

10 周惇元 1951.3.19

11 惇元 1951.3.19

12 周世钊 1951.11.21

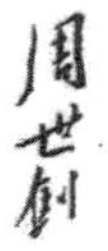

13 周世钊 1951. 11. 21

14 周世钊 1951. 11. 21

15 周世钊 1951. 11. 22

16 周校长1952. 3. 11

17 惇元 1952. 3. 11

18 周惇元 1952. 10. 10

19 惇元 1952. 10. 10

20 周惇元 1955. 5. 1

21 惇元 1955. 5. 1

22 惇元 1955. 10. 4

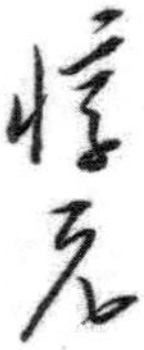

23 周惇元 1955. 11. 24

24 惇元 1955. 11. 24

25 周世钊，1956. 12. 5

26 惇元 1956. 12. 5

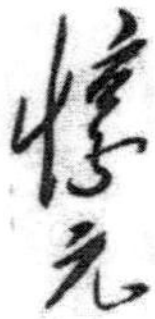

27 周惇元 1957. 12. 17

28 惇元 1957. 12. 17

29 周世钊 1958. 10. 25

30 惇元 1958. 10. 25

31 周世钊 1959. 5. 10

32 东园 1959. 5. 10

33 周世钊 1959.12.29

34 东园 1959.12.29

35 周世钊 1960.8.22

36 周东园 1960.9.2

37 周世钊 1961.12.26

38 世钊 1961.12.26

39 周世钊 1963.3.24

40 惇元 1963.3.24

41 周世钊 1963.5.26

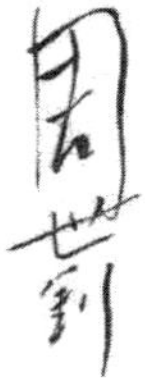

42 惇元 1963.5.26

43 周惇元 1963.5.26

44 周世钊 1963.12.13

45 惇元 1963.12.13

46 周世钊 1964.1.31

47 惇元 1964.1.31

48 周世钊 1965.1.12

49 惇元 1965.1.12

50 东园 1966.1.29

51 惇元 1972.9.4

[redacted]

附 11　毛泽东手书“毛泽东”集锦

1　1918、8、11

2　1918、8、11

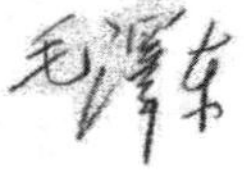

3　1949、8、11

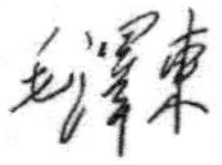

4　1949、11、15

5　1949、11、22

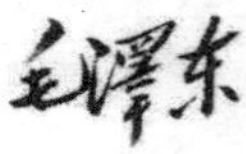

6　1950、3、14

7　1950、4、19

8　1950、12、19

9　1950、12、29

10　1950、12、29

11　1951、3、19

12　1951、11、21

13　1951、11、21

14　1951、11、22

15　1952、3、11

16　1952、10、10

17　1955、5、1

18　1955、10、4

19　1955、11、24

20　1956、12、5

21 1957、12、17

22 1958、10、25

23 1959、5、10

24 1959、5、10

25 1959、12、29

26 1960、8、22

27 1960、9、2

28 1961、12、26

29 1961、12、26

30 1963、3、24

31 1963、5、26

32 1963、5、26

33 1963、12、13

34 1964、1、31

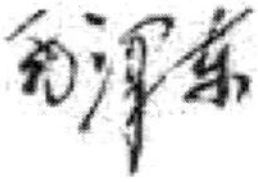

35 1965、1、12

36 1966、1、29

37 1972、9、4

后　　编

后 1　周世钊逝世

周世钊曾因病三次住入北京医院。第一次系 1971 年 3 月 8 日到 4 月 4 日，周世钊在 3 月 5 日从长沙动身去北京，下午车到信阳，下车在站台上买了几个广橘，突然右手发麻、拿不到找到台上的票子，但上车后又好了。到北京后，右手仍间歇地发麻，他未十分重视。到 3 月 8 日吃中饭时，手拿不好筷子，将筷子跌落到地板上，才由王季范家送他入北京医院，住在高干病室，并得到毛泽东的关怀，用四种方法进行了治疗。周世钊认为，此次发生这种危险的病症（可发展为中风或半身不遂），幸而在北京，医院医疗条件好，治疗和护理都很周到，同时又得到多方面的关心照顾，使病症很快得到控制、好转，可说是不幸中的大幸。

周世钊第二次住入北京医院，是在第一次住院的三年之后。1974 年 3 月 7 日至 5 月 5 日，周世钊又住入北京医院高干病室的三楼西 316 室，和郭沫若邻居，条件较好。

1975 年 10 月，周世钊第三次住入北京医院，直至 12 月出院。

周世钊住北京医院，开始被安排在二层。毛泽东曾派他的保健医生前去诊治，进行了仔细的检查，回到中南海向毛泽东作了汇报，告知周世钊住在二层，病情较重，于是毛泽东嘱其安排到三层西领导人病室，即住北京医院 316 室。

在病院里，周世钊写了《病院吟》：翛然留病院，久矣寄危楼。明月虚窗夜，清风老树秋。灵台犹坦荡，世局几沉浮。何日腰身健，江山赋远游？

1976 年初，周世钊因病住湖南医学院附二医院十四病室。由于他年迈体弱，病情越来越严重。

1976年4月，周世钊病危期间，中共湖南省委和省委统战部的负责同志多次到医院探望，中共湖南省委办公厅还向中共中央办公厅和毛泽东作了汇报。毛泽东和中共中央办公厅在周世钊病危时做了决定，于4月20日凌晨从北京医院选派了两名医师乘飞机专程到湖南为周世钊治病。但是就在1976年4月20日早晨6时，从北京来的医生还没有来得及给周世钊看病，周世钊就在长沙与世长辞了。

1976年4月5日，在庄严的中国北京天安门广场发生了“天安门事件”，全国乱哄哄的。病重的周世钊既得不到良好治疗，还得经受忧国悲愤。1976年4月20日凌晨，周世钊不幸于长沙逝世。4月27日的《人民日报》和全国许多家报纸都刊登了有关消息。中央人民广播电台及许多省市电台都广播了这一消息。其中《人民日报》在第三版上刊登了周世钊遗像，标题为：

人大常委会委员、政协湖南省委副主席周世钊先生追悼会在长沙举行，朱德委员长、华国锋总理，周建人、许德珩副委员长和人大常委会、政协全国委员会送了花圈。湖南省负责人张平化等组成周世钊先生治丧委员会。于明涛主持追悼会，尚子锦致悼词。

周世钊逝世消息的电文为：

> 新华社长沙1976年4月26日电　第四届全国人民代表大会常务委员会委员，政协湖南省委员会副主席，民盟湖南省委员会主任委员，湖南省原副省长周世钊先生，因长期患病，医治无效，于1976年4月20日在长沙逝世，终年八十岁。

周世钊逝世后，中共湖南省委员会、湖南省革命委员会及有关部门负责人组成周世钊先生治丧委员会，由中共中央委员、中共湖南省委第二书记、湖南省革命委员会第一副主任张平化任主任委员，万达、于明涛、张立宪、李振军、毛致用、黄炳秀、童国贵、尚子锦、凌霞新、方鼎英、卢惠霖任副主任委员。4月26日上午举行了周世钊先生追悼会。

人大常委会委员长朱德、国务院总理华国锋，人大常委会副委员长周建人、许德珩向周世钊先生送了花圈。送花圈的还有人大常委会、政协全国委员会、中共中央统战部、民盟中央、民进中央以及中共湖南省委、湖南省革命委员会、湖南省军区、政协湖南省委员会、民盟湖南省委员会、民盟长沙市委员会、民进长沙市委员会、湖南省第一师范学校等单位。周世钊的生前友好也送了花圈。

追悼会由中共湖南省委书记、湖南省革命委员会副主任于明涛主持，中共湖南省委委员、湖南省革命委员会副主任尚子锦致悼词。

悼词中说："周世钊先生是湖南宁乡县人。解放前在湖南教书，曾任中学、师范学校教员，湖南省第一师范学校代理校长等职。解放后历任湖南省第一师范学校校长、湖南省教育厅副厅长、湖南省副省长、政协湖南省委员会副主席、民盟中央委员、民盟湖南省委员会主任委员、第二届和第三届全国人民代表大会代表、第四届全国人民代表大会常务委员会委员等职。周世钊先生早在 1918 年在湖南第一师范读书时，就同情革命，曾参加过我国著名革命团体'新民学会'。后来长期从事教育工作，同情中国人民解放事业，对国民党卖国、独裁、镇压人民的反动统治深为不满。解放后，周世钊先生努力学习马克思主义、列宁主义、毛泽东思想，努力改造世界观。他热爱伟大领袖毛主席，热爱中国共产党，热爱社会主义祖国，热情宣传毛泽东思想和毛主席的伟大革命实践……"[28]

毛泽东身边工作人员，外交部副部长，毛泽东、周世钊在湖南一师读书时的教师王季范先生的孙女，毛泽东的姨表侄孙女王海容对周世钊逝世发了唁电并献了花圈。

一位热情宣传毛泽东思想和毛主席的伟大革命实践的友人——周世钊先他的友人几个月去世了。

1983 年，第一师范八十周年校庆展览室展出了周世钊的照片数帧并作了介绍，全文如下：周世钊（1897—1976），字惇元，宁乡人，教育界老前辈，他与毛泽东是同班同桌同学，他爱好文学，品学兼优，深受同学们的推崇，在 1917 年的"人物互选"中，仅次于毛泽东名列第二。毛泽东主持学友会期间，他担任了文学部部长，并是工人夜学的管理员之一。解放前长期任一师国文教员。解放后，历任湖南省教育厅副厅长，湖南省副省长，全国人大代表，四届人大常委会委员，并一直兼任第一师范校长，1976 年因病逝世。[5]

后2　毛泽东逝世

1976年4月5日的“天安门事件”和7月的唐山大地震，严重地影响了毛泽东的身体健康。

9月9日下午4时，宁静的祖国大地的工厂、农村、机关、学校、海岛、山坳里，收音机、扩音喇叭中传出了低沉抑郁的哀乐，宣告了一个震惊世界的噩耗：毛泽东主席逝世了。一颗巨星陨落了！

全中国的人闻悉这个消息，大家都沉浸在长时间的无言默哀之中，人人都有说不出的凄惶与悲痛，每个人都深深为祖国未来的命运而担忧。报刊、电台、电视台轮番播放着沉痛的哀乐，报道各地悼念毛泽东的悲壮场面，回顾毛泽东伟大的一生。悼念的信函、电报、电话纷纷涌向北京。毛泽东的友人周世钊已先他5个月离开了人间，为了纪念这两位友人的友谊，周世钊的亲属周彦瑜、吴美潮于9月9日自西安向中共中央发了唁电，全文如下：

北京，中共中央

惊悉伟大领袖毛主席逝世不胜哀痛我们深切怀念毛主席对先父周世钊先生的六十三年关怀

1976年9月16日，周世钊先生的亲属在湖南、北京、西安等地参加了当地的多种悼念活动。

63年，一个甲子又三年，63年如一日，人间不寻常的友谊。这两位不是同年生，却是同年逝的友人把他们的友谊交往遗留给后人。朋友是容易相交的，但要像他们一样友谊始终不渝却很难。

周世钊在《毛主席青少年时代的几个故事》中曾经写过：“改造中国与世界”是毛泽东早期革命活动的一个鲜明主题，他来到长沙后，通过学习、研究，扩大了眼界，开始从韶山的绝大多数“痛苦的人”，想到全中国、全世界绝大多数“痛苦的人”；从绝大多数“痛苦的人”的穷困境况追溯到他们穷困的原因是“存在人剥削人、人压迫人的制度”。他由此得出结论说：这种制度“是不应该存在的，应该推翻，彻底改造”！他决心挑起这副重担，为推翻这种制度，“为全中国痛苦的人，全世界痛苦的人贡献自己全部力量”。

后 3　最好的怀念

1983 年 12 月 26 日，毛泽东诞生 90 周年纪念的日子里，胡耀邦发表了《最好的怀念》一文。文章写道〔27〕：

> 毛泽东同志在中国共产党和中国革命中的地位与作用，是无人可以比拟的。他是我们党的创始人之一。他是光荣的中国人民解放军的主要缔造者……毛泽东同志的功绩永垂不朽。毛泽东思想的光辉将与世长存。
>
> 毛泽东同志能够获得这样伟大的成就，决不是偶然的，他从少年时代起就立志救国。青年时代成为马克思主义者以后，他把全部身心献给了中国人民的解放事业，并为之奋斗了一生……他知识的渊博，是一切同他接触过的人，都感到惊讶和敬佩的。他的过人精力，是同他的伟大革命抱负联系在一起的。毛泽东同志的这种革命精神，值得我们永远学习。
>
> ……
>
> 毛泽东同志几十年披荆斩棘所创立的丰功伟绩，使我们思慕感奋不已，激励着我们为完成他的未竟事业奋发向前。我们应该努力。

1976 年 4 月 20 日，周世钊与世长辞。延安“怀安诗社”的女诗人姜国仁到其故居吊唁，即情赋诗：

悼周世钊学长

世钊学长去世后三日，余访其故居，凄然有作。

人生何短促，死别太匆匆。

诗词墨犹湿，文章篇未终。
病妇哭床头，儿女各西东。
庭院虽如旧，人亡感室空。
骏骨已成灰，长留质朴风。

从事自然科学研究，在现代尖端科技领域——电子计算机方面做出重大贡献的国防科技大学曾石虞教授，在1976年4月26日参加了周世钊追悼会后，对他当年交往最是密切的老同学的逝世赋诗悼念，以示纪念。诗为：

湘江水美久传名，并有峰青秀入云。
汉帝轻才来贾谊，楚王失德窜灵均。
潭梁有识倡新学，黄蔡因公得峻莹。
继起承先多俊杰，群情希望重斯城。

王海容的舅父萧长迈先生的挽诗为：

挽周东园

月前祝寿献诗篇，忽报游仙重黯然。
海宇相期怀老宿，死生无奈厄英贤。
少时交好情毋间，旧雨凋零窃自怜。
诀别遗容感沉痛，不禁哀涕涌如泉。

在周世钊逝世一周年的1977年4月20日，香港《大公报》刊登了李铁铮的《怀念周世钊先生》一文。李铁铮是我国外交界资历颇深、专门研究国际关系学的一位爱国老人。1949年前在国民党政府外交部工作多年，先后担任过驻伊拉克公使，驻伊朗、泰国首任大使，驻联合国大使衔代表等职。1949年后旅居美国，攻读博士学位，并被聘为终身教授。1964年，他毅然抛弃舒适、优裕的生活享受，回到北京，任教外交学院，为建设祖国争作贡献，曾任全国政协常委。他与周世钊相交半个世纪，尤其在1964年后，来往颇多。对周世钊的逝世，他深表悲痛。

后 4　三本遗著问世

毛泽东与周世钊，虽然不是同年诞生，却在 1976 年同年辞世了。他们虽然离开了人间，而他们的业绩永驻人间，他们的友谊永留世间，他们交往的故事永为后人所传颂。

年年岁岁，岁岁年年，有人评说，有人怀念。毛泽东与周世钊如在天有灵，也会感到欣慰的。

柳宗元在《吊屈原文》中写道：“先生之貌不可得兮，犹仿佛其文章。”十多年来，毛泽东与周世钊的音容笑貌已不可得，而他们的道德文章不断出版发行，怀念他们的文章更是经常发表。他们的文章、书信、诗词和他们的业绩一样，是不朽的。

友人虽然同年离开人间，而他们的思想可以永远影响人民，他们的著作将永放光芒，激励后人。

1977 年 6 月，中国少年儿童出版社出版了周世钊著的《毛主席青年时期的故事》。编后记说：我们重新出版了周世钊同志在 1962 年为《红色少年》丛刊写的《毛主席青年时期的几个故事》。新华社 1977 年 9 月 14 日电：回忆毛主席伟大革命实践，歌颂毛主席丰功伟绩。周世钊同志写的《毛主席青年时期的故事》一书，叙述了毛主席青年时期在长沙的革命活动。1977 年 9 月，陕西和西安人民广播电台的少年儿童节目广播了该书。1977 年 10 月 26 日，中国少年儿童出版社给周世钊亲属的信中说，该书出版后，好几个省市的电台都广播了，民族出版社也和我们联系过，要译成好几个兄弟民族的文字出版，1978 年 1 月的《光明日报》作了报道：周世钊的《毛主席青年时期的故事》亲切地叙述了毛主席青年时期为寻求救国真理在长沙的革命活动。1979 年第一期的《全国新书目》中介绍说：周世钊著的《毛主席青年时期的故事》已分别由黑龙江、新疆、江苏、浙江、福建、河南、湖北、湖南、广东、广西、四川、云南等省人民出版社重印。这就是周世钊逝世后出版的周世钊著的关于毛泽东的第一本书。周世钊关于毛泽东的第二本书是在 1978 年 12 月，人民体育出版社出版的《毛主席青少年时期锻炼身体的故事》。本书曾以“毛主席锻炼身体的故事”为题，1958 年在《新体育》杂志上连载，后经作者作了较大修订。在本书正式出版前的 1977 年 12 月下旬，中央人民广播电台体育节目组就广播了该书中的“少年时代的游泳池、东台山下、冷水浴、游泳在湘江、与天奋斗、爱晚亭畔、六段体操、体育之研究”等故事。本书第一次就印了 50 万册。

周世钊关于毛泽东的第三本书是：1979 年 6 月上海少年儿童出版社出版的《少年毛泽东的故事》。本书原写于 1962 年，通过 22 则小故事，生动通俗地反映毛主席青少年时期刻苦学习和锻炼身体的事迹。

周世钊著述毛泽东的三本书，都写作于 1960 年前后，却在他们逝世后的 1977 年、1978 年、1979 年连续出版发行。“三本书”作为他们间友谊的记录，将永放光芒。

图书封面影印

6802
毛主席青年时期的故事

6804
少年毛泽东的故事
SHAONIAN MAO ZEDONG DE GUSHI
周世钊著

后5　《毛泽东书信选集》出版

在纪念毛泽东九十诞辰的时候，中共中央文献研究室编辑的《毛泽东书信选集》出版了。冯蕙在《人民日报》上写了《毛泽东书信选集》介绍的文章[22]。

文章说，收入《书信选集》的372封书信，是从现已收集到的毛泽东的1500多封书信和约200件具有书信性质和形式的电报和批示中挑选出来的。

文章着重指出，在同旧友的通信中，给周世钊的最多，共选入了十封，从谈诗论词、酬唱奉和到研究历史唯物主义，探讨对受任新职的态度，既有对他从事教育工作的鼓励，也有对他接触实际的督促。这些书信，情意拳拳，不拘形迹，亲切感人。

从这十封发表的信中及其他保存的信中，可以清楚地看出友人的亲密无间。10封信，占了全部书信选372封信的近3%。

还是1983年12月，文物出版社出版了《毛泽东书信手迹选》。共收入毛泽东1936年至1965年期间的书信84封，其中有给周世钊的2封，即，1950年12月29日及1959年12月29日的信[29]。

《毛泽东书信选集》和《毛泽东书信手迹选》出版后，中央有关部门向周世钊亲属赠送了样书，周的亲属把它们作为珍贵的纪念品收藏。

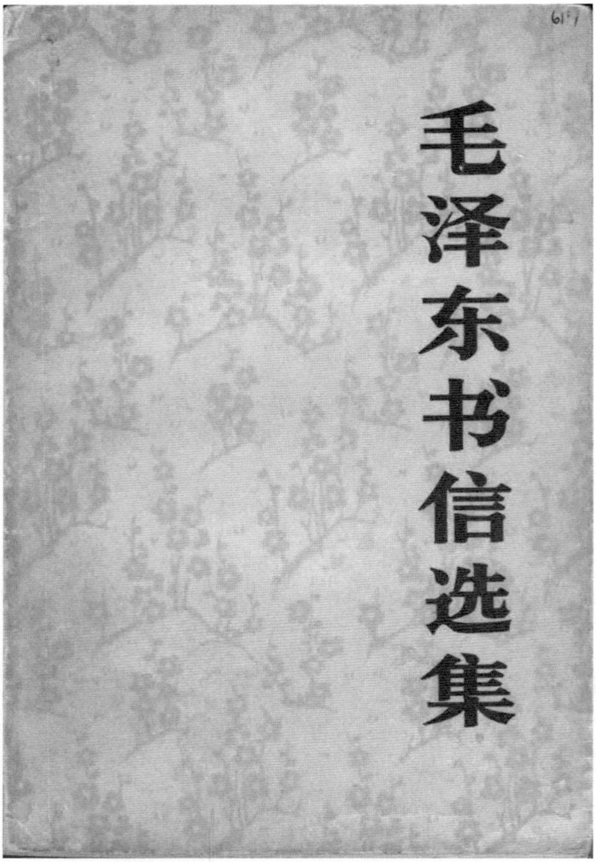

《毛泽东书信选集》封面

后 6　肝胆相照　情意拳拳

1985 年第 3 期的《毛泽东思想研究》上，发表了本书作者写的《肝胆相照　情意拳拳——记毛泽东和周世钊交往的几个片断》。文章写道：

> 63 年，在人生的旅程中不是稍纵即逝的短暂岁月。但人要在 63 年的交往中，情意拳拳、肝胆相照，确实极为难得。毛泽东是中国共产党的最早党员和几十年的领袖，周世钊则没有加入中国共产党，1949 年后参加中国民主同盟，但是毛泽东与周世钊就有 63 年的长期交往而友谊始终不渝。

文章接着写了八个片段，即：同学于湖南第一师范、你是真能爱我的人、骏骨未凋、酬唱奉和、贤者与能者、答友人、坦率陈书及信件最多的旧友。

文章发表后，一些报刊做了摘载。如：上海的《文汇读书周报》于 1985 年 10 月 12 日摘载，题为“周世钊坦率陈书”。接着，长沙的《文萃周报》于 1985 年 10 月 25 日刊出了题为“周世钊坦率上书毛主席”的文章；北京的《北京政协报》于 1985 年 10 月 27 日刊了题为“周世钊上书毛主席”的文章。等等。这样，引起了一些读者的兴趣和共鸣。

1985 年 12 月 26 日，《湖南日报》第一版刊登了李津身的《毛主席与周世钊同志一席谈》[30]，文章不长，兹录于下：

> 湖南日报社出版的《文萃》周报，前些时候转载了周世钊同志在“文化大革命”中给毛主席的一封信。文章体现了周老在十年动乱中关心国事、敢于直言的风格，读后颇有所感。由此我不禁联想到“文化大革命”中，周老对我谈到的毛主席与他的一席谈话。

时间约在十年动乱抄家高潮之后，当时我已被彻底抄家。周老是我的国文老师，一九五八年我调回湖南工作后，曾多次到他家闲谈。现在,他处境怎样？他当时住在教育厅附近的一条小巷的末端楼房里。当我冒着风险到他家向他申陈慰问之意后，谈及抄家事。我问周老是否受惊，并解释说现在全都如此，不必在意。周老面有不豫之色，说："我刚从北京回来，见到毛主席，他老曾询及此事，我回答主席说，一身之外无长物，抄家者一无所获，不过搞乱了我好些旧书，弄得残缺不全，可惜，可惜！痛心，痛心！"言下仍有痛惜之感。接着又告诉我主席对他说："……这对你不起，由我负责赔偿，你那些旧书，我这里都应该有，任你挑选拿去作赔，只不得抄我的家……"周老告诉我，主席还对他说："……你不要心存芥蒂，湖南的事，你还是要管的，当说的说，可管则管，至少是教育方面的事，你要管，不必负气……"周老当时回答说："我连个党员都不是，怎能管事，怎么管事？……"主席说："你愿入党我可作介绍，你是副省长嘛！即使造反，你也应管，再说你又是湖南民盟的负责人，……怎能袖手旁观……"周老答道："今天这个局面，民主党派还能起什么作用。连个庙都没有了……"主席说："庙可以重修嘛！修庙是积福的事，我出点香火钱。"我听周老绘声绘色地介绍情况后，感觉这一席谈话，不仅诚挚隽永，而且含意（义）深远。事虽已隔多年，原话我难全记准确，可自信大意不差，记之可见党中央和毛主席对民主党派、爱国人士爱护关切之深，和"长期共存"之至意。充分体现了"肝胆相照，荣辱与共"的真挚精神。今主席和周老都已久离我们，特回忆写下这一件往事，以表纪念之意。

李津身的文章，形象地说明了两位友人的拳拳情意。只有肝胆相照的人，才能在"文革"动乱年代直言不讳。

后 7　十年祭

1986 年 9 月 9 日，是毛泽东逝世十周年的纪念日。为了纪念毛泽东逝世十周年，中央出版了三本书。

1986 年 8 月，中共中央文献编辑委员会编辑了《毛泽东著作选读》一书，分上下册，由人民出版社出版。该书开卷就是毛泽东在新民学会长沙会员大会上的讲话。

1986 年 9 月，人民文学出版社出版了《毛泽东诗词选》。书中收进了毛泽东给周世钊的三首诗词，即 1955 年的《七律 · 和周世钊同志》、1956 年的《水调歌头 · 游泳》和 1961 年的《七律 · 答友人》。

1986 年 9 月，生活 · 读书 · 新知三联书店出版了《毛泽东的读书生活》一书。书中收入了龚育之、逄先知、石仲泉、田松年、高路等人的文章。这本书的三处引用了毛泽东和周世钊的交谈。其中第 5 页写道[31]：

> 1951 年 4 月中旬的一天，毛泽东邀请周世钊和蒋竹如到中南海作客，曾对他们说：我很想请两三年假学习自然科学，可惜，可能不容许我有这样长的假期。

第 14 页写道：

> 毛泽东的早年同学周世钊，在谈到毛泽东青年时代读书情况时，说毛泽东有“四多”的习惯，就是读得多，想得多，写得多，问得多。这个“四多”正是反映了毛泽东酷爱读书而又不迷信书本，具有独立思考和追根究底的精神。

第204页写道：

毛泽东把《红楼梦》看作是一部描写封建大家族衰亡和封建社会阶级斗争的小说，给予高度评价，也充分肯定了小说描写的主要人物贾宝玉对封建制度的叛逆性格。同时又指出，书中的两位主角贾宝玉和林黛玉，对现代青年来说是不足为训的。贾宝玉不能料理自己的生活，连吃饭穿衣都要丫头服侍。林黛玉多愁善感，常好哭脸，她瘦弱多病，只好住在潇湘馆，吐血，闹肺病。我们不需要这样的青年！我们今天需要的青年是有活力，有热情，有干劲和坚强意志的革命青年。

（文后有页下注：这段话是1951年秋，毛泽东与周世钊等人谈话时说的。）

在纪念毛泽东逝世十周年的时候，各报刊发表了一些怀念文章。1985年1月，中国青年出版社编辑并出版了《难忘的回忆——怀念毛泽东同志》一书。书中收进了聂荣臻、王震、薄一波、伍修权、杨成武、许德珩、周谷城、周世钊、毛岸青、邵华等人的文章。周世钊的文章是写于30年以前的遗作《难忘的一天》。他写的是毛泽东渡湘江的一天，也就是毛泽东写诗《七律·和周世钊同志》的缘由。

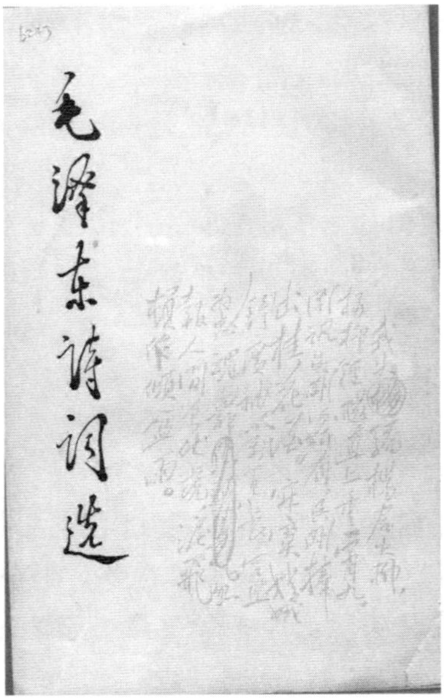

《毛泽东诗词选》封面

后 8　纪念毛泽东百年诞辰

1993年，毛泽东百年诞辰。有关部门出版了一些纪念文字。中共中央文献研究室等在新华出版社出版了《毛泽东画册》。

1993年，周世钊长子周思永在《人民日报》发表了《尊前谈笑人依旧》。周世钊女儿周彦瑜、女婿吴美潮在吉林人民出版社出版了《毛泽东与周世钊》。由周世钊著，周彦瑜、吴美潮编著的《毛泽东青少年时代的故事》在未来出版社出版。

1993年，12集电视剧《毛泽东》中，周世钊儿子周思源及女儿周彦瑜参加了其中4集的拍摄。

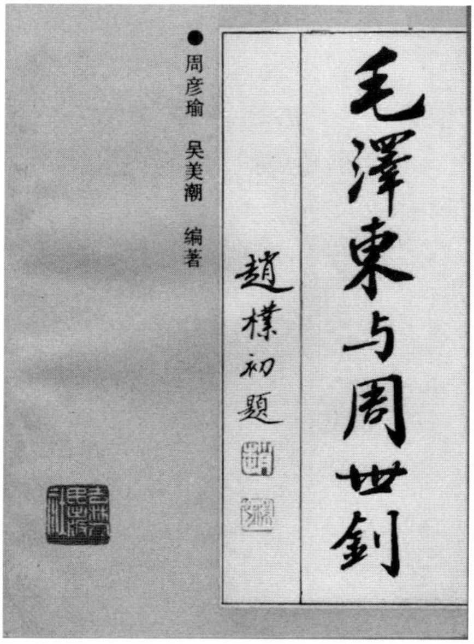

《毛泽东与周世钊》封面

后9 研究毛泽东与周世钊

1987 年，辽宁教育出版社出版了《相遇贵相知》，书中收录了周彦瑜、吴美潮的《长岛人歌动地诗》。

1996 年第 2 期《炎黄春秋》刊出周彦瑜、楚泽涵、吴美潮《“文革”中胡愈之等痛切晋言前后》。

1997 年，中共中央党校出版社出版了陈明新编著的《领袖情：毛泽东与周世钊》。

1997 年第 1 期的《毛泽东思想研究》刊吴美潮、周彦瑜的《毛泽东说：“友人”指周世钊》。

1999 年，中国文史出版社出版《肝胆相照见真情》，书中收录了周彦瑜、吴美潮《长岛人歌动地诗》。

2000 年第 3 期的《毛泽东思想研究》刊吴美潮、周彦瑜的《互为“第一诗友”的毛泽东与周世钊》。

2000 年，湖南人民出版社出版了《周世钊诗词选》。

2001 年第 2 期《上海交通大学学报（社科版）》刊吴美潮、吴起凡、周彦瑜的《毛泽东答和周世钊三首诗词的周著原诗考》。

2001 年 4 月，中央文献出版社的《建党风云》收录了周世钊的《湘江的怒吼》。

2004 年第 3 期的《湖南第一师范学报》刊吴美潮、周彦瑜的《毛泽东〈七律・答友人〉之友人考》。

2006 年第 1 期的《纵横》刊周彦瑜、吴美潮的《周世钊三谏毛泽东》。

2007 年第 1 期的《党的文献》刊吴美潮的《毛泽东〈七律・答友人〉的“友人”原诗》。

2007年第3期的《中共党史资料》刊吴美潮、周彦瑜、吴起英的《谁是毛泽东〈七律·答友人〉中的友人》。

2007年7月3日的《团结报》刊吴美潮、周彦瑜的《毛泽东自释〈沁园春·雪〉比较》。

2008年第1期的《信阳师范学院学报》刊周彦瑜、吴美潮的《周世钊是毛泽东〈七律·答友人〉中的唯一友人》及《评毛泽东〈七律·答友人〉中的“友人”三人说》。

2009年第1期《中华儿女》刊余玮《周世钊与毛泽东63年交往传奇》。

2009年第9期《百年潮》刊周彦瑜、吴美潮的《毛泽东和周世钊谈抗美援朝战争》。

2011年5月3日的《湖南日报》刊周彦瑜的《先父周世钊与新民学会》。

2011年第11期的《文史精华》刊刘立军的《文革中民主党派向毛泽东告状》。

2012年的《中国毛泽东诗词研究会第12届年会论文集》刊吴美潮、周彦瑜的《毛泽东与周世钊的传奇诗交》。

2013年，余玮在团结出版社出版了《知情者细说毛泽东》。

2015年，湖南人民出版社出版了《毛泽东与周南中学》，中国人民大学出版社出版了《新中国口述史》，书中刊出周彦瑜、吴美潮的《毛泽东和周世钊谈抗美援朝》。

2016年第7期的《百年潮》刊吴美潮、周彦瑜的《毛泽东四评周世钊》。

2019年12月，长江文艺出版社出版了由周世钊著，周彦瑜、吴美潮、王金昌整理的《毛泽东青少年时代的故事》。

2019年，北京出版社出版了《老一辈革命家在香山》，书中刊出武凌君的《骏骨未凋励友》。

2020年，三联书店出版了冯蕙著的《毛泽东著作编研文存》。

后 10　二十年祭

1996 年，毛泽东逝世 20 周年时，中共中央文献研究室编的《毛泽东诗词集》由中央文献出版社出版。《诗词集》共收毛泽东诗词 67 首，其中有关周世钊的有 3 首，即《七律·和周世钊同志》《水调歌头·游泳》及《七律·答友人》，约占 4%。《诗词集》收附录 12 件，其中有 1958 年 10 月 25 日的《毛泽东致周世钊》。

《诗词集》在 2003 年重印时，在《七律·和周世钊同志》后收录了周世钊原诗《七律·从毛主席登岳麓山至云麓宫》。从而《诗词集》中他人的诗词由 5 首增为 6 首。《诗词集》中的 12 幅手迹中有 1956 年 12 月 5 日答周世钊的一幅毛泽东手迹《水调歌头·游泳》。

2000 年，湖南人民出版社出版了《周世钊诗词选》。它是在 1996 年编就的。

《毛泽东诗词集》封面

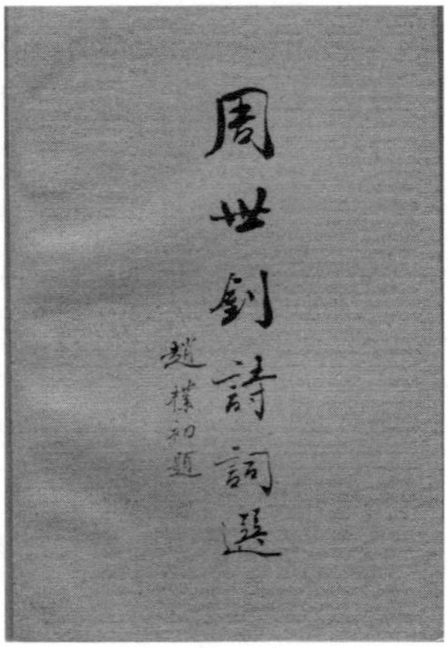

《周世钊诗词选》封面

后 11　前范后继的子孙

2006 年 8 月，孔冬梅在中央文献出版社出版了《与王海容谈毛泽东外交往事》，书中引用了周世钊在 1978 年第 7 期《芙蓉》杂志发表的《毛主席的青年时代》中的文字。

2006 年 10 月，纪念辛亥元老黄兴逝世 90 周年会议在人民大会堂举行，周思永、李敏、王海容等参加会议并合影留念，如下图。

2007 年 3 月 25 日，吴美潮、吴起凡、阮银妹（吴美潮母亲）去北京西山毛岸青灵堂吊唁，李敏、刘思齐、毛新宇接待并合影留念。

2008 年 6 月 28 日，吴美潮去北京西山邵华灵堂吊唁，与李讷合影，蒙王景清赠大作《神府红军》。7 月 2 日，周彦瑜参加在八宝山革命公墓举行的遗体告别仪式。

2009 年 7 月 18 日，毛小青的女儿女婿结婚仪式在北京南郊毛小青酒楼举行，周彦瑜、吴美潮、吴起凡受邀参加并合影留念。

2009 年 10 月 12 日，周世钊亲属周思源、周彦瑜、吴美潮、吴起凡参观了湖南一师，并与校领导进行座谈。

2010 年 10 月 16 日，周彦瑜、吴美潮在长沙瞻仰了新民学会旧址。

2012 年 1 月 11 日，《谢觉哉日记·1921 年手稿》首发式暨谢觉哉夫人王定国百岁寿辰庆祝会在北京举行。李敏、吴美潮、彭小奇（湖南一师校长）交谈并在会上合影留念，如下图。

2012 年 2 月 11 日，周彦瑜、吴美潮去李讷、王景清府中拜访，招待中餐并赠予油画《纪念毛泽东主席 118 周年诞辰》（限量复制品），如下图。

2019 年 12 月 20 日，由中国毛泽东诗词研究会书法艺术研究分会等主办的“毛泽东书信与书法文化研究会”在北京举行，吴美潮受邀参加了大会并发言。

后 12　毛泽东年谱[32]

2013 年 12 月，为纪念毛泽东 120 周年诞辰，中共中央文献研究室编撰的《毛泽东年谱（1949—1976）》，由中央文献出版社出版。全书共 6 卷，近 300 万字。这是一部毛泽东执政 27 年生平、业绩的编年体著作。这部年谱以中央档案馆保存的档案资料为主要依据同时又使用了其他文献资料。同时再版的还有《毛泽东年谱（1893—1949）》，共上中下三卷。9 卷《年谱》中收录了毛泽东致周世钊信函近 30 件。记述了毛泽东与周世钊的交往多起，还有一些毛泽东致其他人信函中涉及周世钊的。

毛泽东年谱（1949—1976）》的《后记》中还写了如下一段，令周世钊亲属欣慰不已，充分感觉到研究毛泽东与周世钊是有价值的。

《后记》中说："王任重的亲属王正谦为本书提供了重要材料。西藏自治区原党委书记阴法唐、军事科学院军史部部长曲爱国、总参谋部离休干部王贵、中央档案馆退休干部齐得平、国防大学退休干部周炳钦、周世钊亲属吴美潮等，多次接受本书编写者关于一些史实问题的咨询，并提供相关资料。山东档案馆、陕西档案馆提供了少量档案资料。"基于认真对待咨询，《年谱》主编逄先知、冯蕙惠赠《年谱》9 册给吴美潮，并有附函。这是社会对吴美潮多年研究毛泽东，尤其是研究毛泽东与周世钊的肯定。

《年谱》第 4 卷第 45 页的注说："周彦瑜、吴美潮编著的《毛泽东与周世钊》一书中说：根据周世钊长子周思永回忆，这封信中的 '历史唯物论观点' 系指为曹操翻案问题。毛泽东认为应该给曹操翻案，这是符合历史唯物论观点的，周世钊不同意为曹操翻案。"

我们编著的《毛泽东致周世钊书信手迹》严格按照《年谱》的文字，希望尽量符合历史原貌，保证史实的准确性。

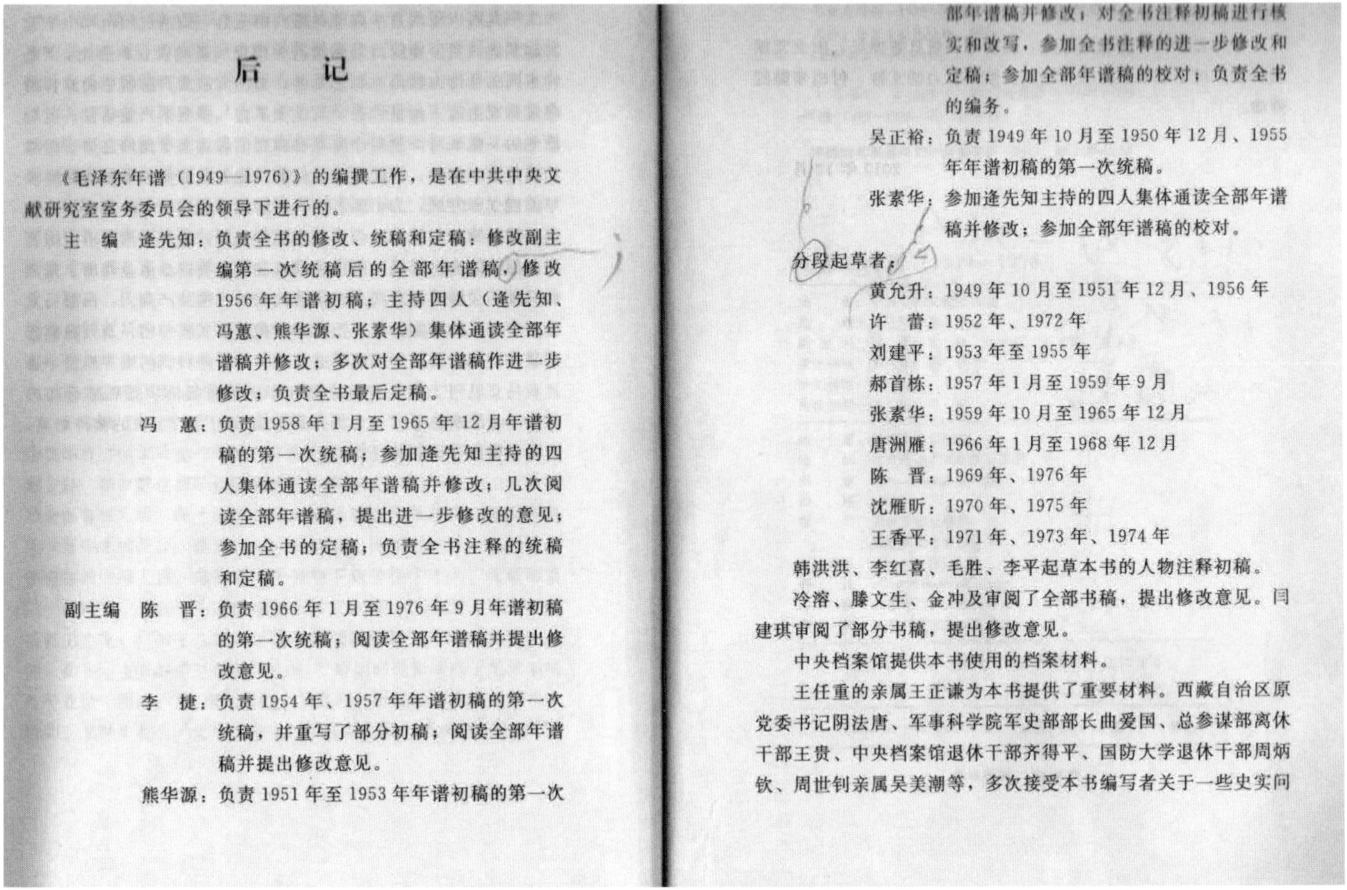

后　记

《毛泽东年谱（1949—1976）》的编撰工作，是在中共中央文献研究室室务委员会的领导下进行的。

主　编　逄先知：负责全书的修改、统稿和定稿：修改副主编第一次统稿后的全部年谱稿，修改1956年年谱初稿；主持四人（逄先知、冯蕙、熊华源、张素华）集体通读全部年谱稿并修改；多次对全部年谱稿作进一步修改；负责全书最后定稿。

冯　蕙：负责1958年1月至1965年12月年谱初稿的第一次统稿；参加逄先知主持的四人集体通读全部年谱稿并修改；几次阅读全部年谱稿，提出进一步修改的意见；参加全书的定稿；负责全书注释的统稿和定稿。

副主编　陈　晋：负责1966年1月至1976年9月年谱初稿的第一次统稿；阅读全部年谱稿并提出修改意见。

李　捷：负责1954年、1957年年谱初稿的第一次统稿，并重写了部分初稿；阅读全部年谱稿并提出修改意见。

熊华源：负责1951年至1953年年谱初稿的第一次部年谱稿并修改，对全书注释初稿进行核实和改写，参加全书注释的进一步修改和定稿；参加全部年谱稿的校对；负责全书的编务。

吴正裕：负责1949年10月至1950年12月、1955年年谱初稿的第一次统稿。

张素华：参加逄先知主持的四人集体通读全部年谱稿并修改；参加全部年谱稿的校对。

分段起草者：

黄允升：1949年10月至1951年12月、1956年

许　蕾：1952年、1972年

刘建平：1953年至1955年

郝首栋：1957年1月至1959年9月

张素华：1959年10月至1965年12月

唐洲雁：1966年1月至1968年12月

陈　晋：1969年、1976年

沈雁昕：1970年、1975年

王香平：1971年、1973年、1974年

韩洪洪、李红喜、毛胜、李平起草本书的人物注释初稿。

冷溶、滕文生、金冲及审阅了全部书稿，提出修改意见。闫建琪审阅了部分书稿，提出修改意见。

中央档案馆提供本书使用的档案材料。

王任重的亲属王正谦为本书提供了重要材料。西藏自治区原党委书记阴法唐、军事科学院军史部部长曲爱国、总参谋部离休干部王贵、中央档案馆退休干部齐得平、国防大学退休干部周炳钦、周世钊亲属吴美潮等，多次接受本书编写者关于一些史实问

后 13　毛新宇长沙祭祖

2015 年清明节，毛新宇少将及夫人刘滨去长沙扫墓，他深有感触地对记者说：“在长沙，对我爷爷一生影响最大的是湖南第一师范。我们全家人对一师也是很有感情的。” 一师 8 年，对毛泽东影响最深的至少有这样几个人，一是他的岳父杨昌济，一是教员徐特立，一是他的同班同学、后任一师校长多年的周世钊。8 年时间，可以说，一师是毛泽东青年时期生活得最长的地方，在这里，他不仅学到了知识，而且完成了自己由学生到教师到职业革命家的转变。

文[33]可以认为是毛新宇少将的作品，他说的毛泽东的湖南一师“三师友”——杨昌济、徐特立、周世钊应该是他多年的研究结论，也是比较符合客观实际的评述。

晚年毛泽东亲笔给他人复函极少。据文[32]第 6 卷记载，自 1966 年 10 月 1 日至 1976 年 9 月 9 日的 10 年时间中毛泽东一共写了 7 封信，其中 2 封是给周世钊的，即 1968 年 9 月 29 日及 1972 年 9 月 4 日的。如果按 1966 年 1 月 1 日至 1976 年 9 月 9 日止毛泽东共写了 15 封信，其中 3 封是给周世钊的，即 1966 年 1 月 29 日的等 3 封，比例为 3/15。毛致周函的比例很高，老而弥笃。

2015 年清明节，毛新宇和夫人、儿女故乡祭祖。

后 14　中国诗词大会

2018 年 4 月 4 日 20 时至 22 时，中央电视台第 1 套节目现场直播《中国诗词大会》第三季总决赛。参加决赛的《诗刊》编辑、北大中文系硕士彭敏抽到了一题：“我欲因之梦寥廓，芙蓉国里尽朝晖”，这里的“芙蓉国”指的是：A 四川　B 湖南　C 湖北？彭敏答：毛主席是我们湖南人，所以我选择 B。主持人董卿说：回答正确。

接着，点评老师——北京师范大学文学院教授、博士生导师康震说：“新中国成立以后，其实毛泽东的诗很少公开发表，像这首诗还有我们知道的《水调歌头•游泳》他都没有公开发表，都是在给周世钊的信里边带出来的。而且主席这个人很浪漫，因为周世钊的确是当时他们同班同学，就是湖南第一师范当时有个做法，就跟我们现在评这个各种品德的一样，它叫什么呢？有一种叫敦品，这就是人品、文学、胆识、言论。那么，毛泽东在胆识、言论、敦品都是第一，但是周世钊在文学上是第一，所以他跟周世钊这个关系特别好。像这个诗，它在给周世钊的信里边说：‘秋风万里芙蓉国，暮雨千家薜荔村，同志，你处在这样的环境中，岂不妙哉！’这种话只有他跟周世钊这样的老同学在信里边才会这样，而且他给周世钊的信抬头都不是像写什么世钊同志，他就叫什么：敦元先生，敦元兄。所以很能看出来，主席实际上在（20 世纪）五六十年代的时候，他写了很多诗，但这些诗只是在朋友和最亲密的同学之间，才给你‘秀’一下，后来是因为臧克家办《诗刊》没办法了，他把这些东西都拿出来了，很有意思。”

另一位点评老师南京师范大学文学院教授郦波说：“其实这封信里头交代了他为什么就是叫它‘芙蓉国’，因为谭用之，五代的诗人，当时湘江边遍植芙蓉嘛，秋风万里芙蓉国，它有典出的，对，很有意思，这些事情。”

中国的诗词大会第 3 季选用的近代诗人只有两位，毛泽东与鲁迅。毛泽东的诗选上了《答友人》，即《答周世钊》。

后 15　湖南一师校长童小娇一行赴北京拜访八班校友后人

2021 年第 1 期的《湖南第一师范学院校友会简讯》刊出《湖南一师校长童小娇一行赴北京拜访八班校友后人》。全文如下：

2021 年 5 月 30 日，校长童小娇带队赴北京，拜访了我校八班校友后人毛主席的孙子毛新宇及其夫人刘滨、周世钊的女儿周彦瑜及女婿吴美潮。随行人员有副校长蒋蓉、“毛泽东与第一师范”纪念馆馆长艾建玲、国际合作与交流处处长何晓斓。

童校长感谢大家对主席母校的关心和支持，并向大家介绍了学校的发展近况和规划。交谈中，毛新宇夫妇非常关心学校的师范教育，就如何加强师德师风建设、培养学生的教育情怀等方面提出了很好的意见，建议学校加强毛泽东教育思想研究，并希望明年能来湖南长沙看看爷爷的母校。

周彦瑜夫妇对童校长一行的到来表示热烈欢迎，热情地介绍了在北京的一师校友后代情况，对学校校友联络和宣传工作提出了宝贵的建议。他们回忆起父亲周世钊讲述的一师相关情况，并找出了很多父亲的手稿，向学校赠送了由周世钊著，周彦瑜、吴美潮等整理的《毛泽东青少年时代的故事》一书。

童校长对他们为学校发展和校友工作提出的意见和建议表示衷心感谢，并特别感谢他们给学校提供了许多宝贵的信息和资料，并诚挚地邀请他们来学校指导工作。

校友动态

校长童小娇一行赴北京拜访八班校友后人

19

后 16 毛泽东电报专题展

2021 年 11 月 9 日，北京香山革命纪念馆编研部的石碧兰女士邀请周彦瑜、吴美潮去香山录制关于毛泽东与周世钊的口述史。录制后，她还陪同他们参观了“毛泽东电报专题展”。

1949 年，毛泽东在香山的几个月中共发电报 202 件，此次选择性地展出 150 余件，其中给周世钊的一件，单独列了一个专题：挂念家乡与老友，其电文导读为：

毛泽东在湖南省立第一师范学校学习和生活了八年，他在这里打下了深厚的知识基础。在这里，他与周世钊相知，他们之间的情谊可以用“同声相应，同气相求”来形容。正是他的师长和一群意气风发、志同道合的同学，成为他投身伟大事业的襄助者和同道人。毛泽东在回复母校校友会和老友周世钊的电报中，鼓励全校师生加紧学习并参加人民革命事业，在后来还以“骏骨未凋”激励故友，体现出毛泽东对师友的浓浓情谊。

相框中展出毛泽东于 1949 年 8 月 11 日复周世钊电，即是本书正 6 的电报。如附图。

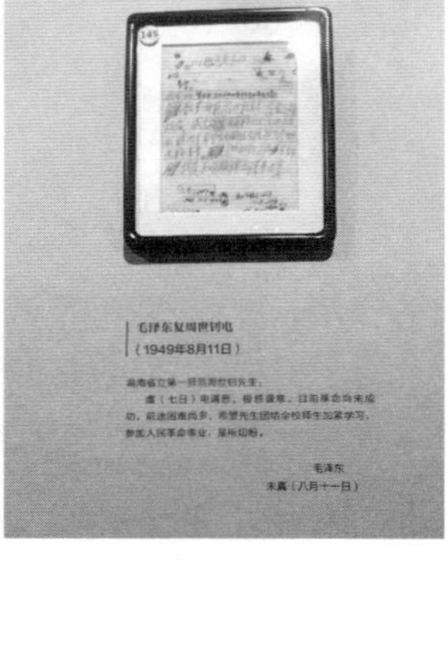

后 17　周世钊亲属照片

1971 年，周世钊（前排）与陈重（后排右一）、周晨阳（右二）、周思永（右三）在北京。

1997 年 7 月 7 日，周世钊夫人余寅与外孙女吴起英合影。

2009 年 10 月 12 日，湖南一师彭小奇院长（右三）陪同周思源（右一）、吴美潮（右二）、周彦瑜（右四）等参观。

2009 年 10 月 12 日，彭小奇院长（左一）与吴美潮（左二）及周彦瑜（左三）等在湖南一师座谈。

2010 年 10 月 16 日，周彦瑜与吴美湖在新民学会旧址合影。

2010 年 10 月 17 日，（右起）陈出娅、周思源、余象梅、王耕礼及周思益在长沙先人周世钊、余寅墓地。

参考文献

[1]毛泽东. 毛泽东书信选集[M]. 人民出版社，1983
[2]王树山、王建夫. 毛泽东书信赏析[M]. 山东人民出版社，2004
[3]毛泽东. 毛泽东早期文稿[M]. 湖南出版社，1990
[4]周彦瑜、吴美潮. 毛泽东与周世钊[M]. 吉林人民出版社，1993
[5]孙海林. 湖南第一师范校史[M]. 湖南人民出版社，2003
[6]王毅. 岳麓山诗词选[M]. 湖南人民出版社，1985
[7]毛泽东. 毛泽东诗词选[M]. 中央文献出版社，1986
[8]吴正裕、李捷、陈晋. 毛泽东诗词全编鉴赏[M]. 中央文献出版社，2003
[9]李子建. 毛泽东诗词美学新探[M]. 中央文献出版社，2003
[10]龚国基. 诗家毛泽东[M]. 中央民族大学出版社，2004
[11]冯锡刚. 最喜诗人高唱至[J]. 载《毛泽东诗词研究丛刊（Ⅱ）》，中央文献出版社，2005
[12]钱理群、袁本良. 20世纪诗词注评[M]. 广西师范大学出版社，2005
[13]周世钊. 周世钊诗词选[M]. 湖南人民出版社，2000
[14]湖南省博物馆历史部. 新民学会文献汇编[M]. 湖南人民出版社，1979
[15]夏远生. 故园、故地、故国[J]. 载《毛泽东诗词丛刊（Ⅱ）》，中央文献出版社，2005
[16]吴功正. 毛泽东诗词鉴赏[M]. 江苏古籍出版社，2001
[17]毛泽东. 毛泽东诗词集[M]. 中央文献出版社，1996
[18]毛泽东. 毛主席诗词[M]. 人民文学出版社，1963
[19]毛泽东. 建国以来毛泽东文稿[M].
[20]吴美潮、周彦瑜. 毛泽东三次诗论及其时代影响[N]. 团结报，2010. 10. 07
[21]杨宪金. 毛泽东手书真迹·书信卷[M]. 西苑出版社，2003
[22]冯蕙.《毛泽东书信选集》介绍[N].人民日报，1983、12、27

[23]齐得平.毛泽东三封书信写成年份考[J].党的文献，1998（3）
[24]吴美潮.毛泽东1949年致周世钊函的日期考[J]. 中共党史研究,2007(2)
[25]周彦瑜、吴美潮. 周世钊三谏毛泽东[J].纵横，2006（1）
[26]佘玮.周世钊与毛泽东63年交往传奇[J].中华儿女，2009（1）
[27]胡耀邦.最好的怀念[M]. 北京：红旗出版社，1984
[28]新华社.周世钊先生追悼会在长沙举行[N].人民日报，1976.4.27
[29]中共中央文献研究室、中央档案馆. 毛泽东书信手迹选[M]. 北京：文物出版社，1983
[30]李津身.毛主席和周世钊同志一席谈[N]. 湖南日报，1985.12.26
[31]龚育之、逄先知、石仲泉. 毛泽东的读书生活[M].北京：三联书店，1986
[32]中共中央文献研究室. 毛泽东年谱[M]. 北京：中央文献出版社，2013
[33]刘矩、康笑琴.毛新宇率妻子刘滨和与双儿女回长沙扫墓[N]. 长沙晚报，2015.04.05
[34]吴美潮、周彦瑜.毛泽东四评周世钊[J]. 百年潮，2016（7）

编　后　语

见证毛泽东与周世钊相交的《毛泽东致周世钊书信手迹》应是从1913年开始的，迄今已有100余年的历史。100年来，战火烽起，颠沛流离，天灾人祸，尽管精心呵护，仍不免丢失、缺损，留下许多遗憾。兹将1966年以后的经历纪要如下。

1966年，“无产阶级文化大革命”蔓延到长沙，红卫兵“照顾”了周世钊家，拿走了一些旧书和衣物之类的东西。当红卫兵从箱底里搜出毛泽东给周世钊写的一大堆信时，有的红卫兵看到毛泽东给周世钊的每封信都是称“惇元兄”或“东园兄”时，就问周世钊：惇元和东园是哪一个？周世钊回答说：“惇元和东园都是我，是我的别号。”有个红卫兵一听，笑开了：“你真是死不改悔的走资派！毛主席比你大得多，你怎么要他称你是兄啊？你这不是反对毛主席、反对毛泽东思想是什么？”对于红卫兵的这种无知和可笑的追问，周世钊只好采取无可奉告的态度。幸运的是，红卫兵没有取走或毁弃这些珍贵的信件。

1973年前后，周世钊对视为第一家珍的毛泽东手稿极为重视，利用到北京出差的机会，自己掏出颇为干瘪的腰包，花了400元，几次来往荣宝斋，全部裱装成册。当年的400元，相当于二级工十个月的工资，轰动全国的毛泽东援助李庆霖也才300元。

1976年，周世钊、毛泽东先后离世。中共中央通知，要上交毛泽东手稿，周世钊家属悉数上交，现在北京西山的中央档案馆被妥为保管，仅赠给家属复印件，很可惜，如需查阅，需办理比较困难的相关手续。

以后，在有关毛泽东的文献中，看到有少量书信手稿被披露。

1998年，担任毛泽东机要秘书达十年之久的高智编了一本《毛泽东书信手迹选》。该书共收录毛泽东书信手迹61件，其中给周世钊的有18件。

高智说："我们可以从这些书信中学习与领悟毛主席的思想、品德，受到教育；也可以从书法的角度体会其深刻的意境和内涵。"该书由西安三秦出版社出版。

2006 年，我们编写了这本书的初稿，一直未能付印。

又是过了 16 年，中国文史出版社准备出版该书。我们能看到这册汇编竣工留存，除万分欣慰外，还堪以告慰先人的在天之灵。

向所有关心与支持该书的领导、老师、亲属与朋友，表示最衷心的感谢！向本书编写过程中参考和引用文献的作者表示深深的谢意！对中共中央文献研究室和中央档案馆对本书的支持和指导表示最诚挚的谢忱！感谢责任编辑全秋生的辛勤工作。

毛泽东与周世钊虽不是同年出生，但却在 1976 年同年仙逝。在他们去世 46 周年的时候，在毛泽东 130 周年诞辰时，我们谨以这本《毛泽东致周世钊书信手迹》的出版纪念两位先人。

我们德不进，学不修，只是为了保存与披露这些书信的历史真相，根本无力对历史真相进行评述，因此欢迎尊敬的读者不吝赐教和补充，对于所有信件或电子函件，我们保证在健康允许的情况下一律给予回复。我们的 Email 是 wumc1001@sina.com。

编者　于北京亚运村

2022 年 5 月 4 日

图书在版编目（CIP）数据

毛泽东致周世钊书信手迹 / 毕桂发主编;吴起凡,
周彦瑜,吴美潮编著.-- 北京 : 中国文史出版社,
2023.5
（毛泽东谈文论史全编）
ISBN 978-7-5205-4578-5

Ⅰ.①毛… Ⅱ.①毕…②吴…③周…④吴… Ⅲ.
①毛泽东著作—书信集 Ⅳ.①A43

中国版本图书馆CIP数据核字(2023)第245030号

责任编辑：全秋生

出版发行：中国文史出版社
地　　址：北京市海淀区西八里庄路69号　邮编：100142
电　　话：010—81136602　81136603　81136606（发行部）
传　　真：010—81136655
印　　装：廊坊市海涛印刷有限公司
经　　销：全国新华书店
开　　本：787mm×1092mm　1/16
印　　张：21　　字数：330千字
版　　次：2024年1月北京第1版
印　　次：2024年8月第3次印刷
定　　价：66.00元